"十四五"普通高等教育本科部委级规划教材

大学生
社会实践专实融合概论

段薇静　李亮◎主　编
姚瑶　孙杰　曾玉竹　许超◎副主编

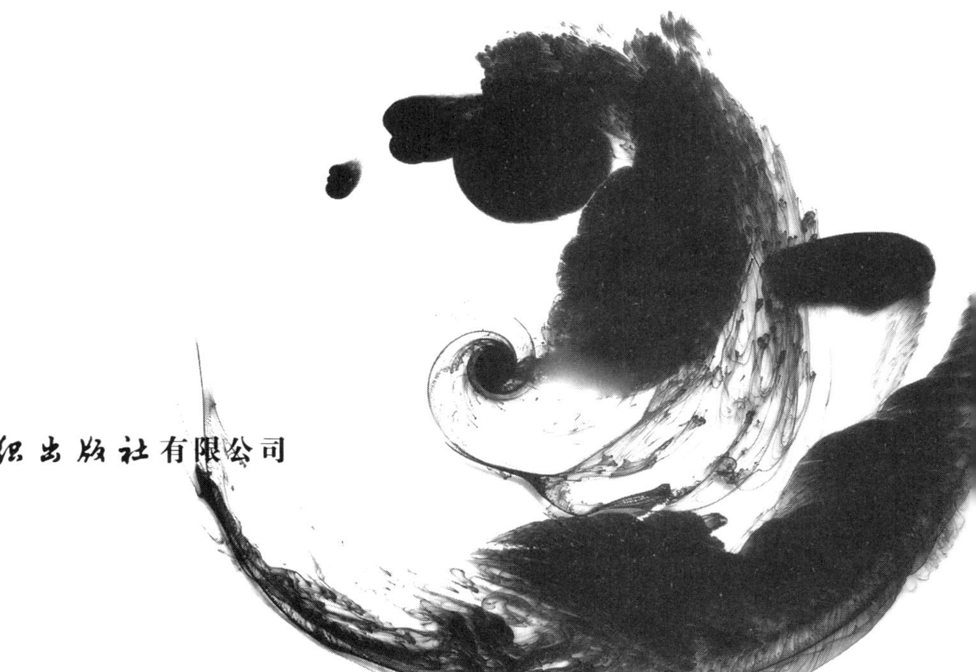

中国纺织出版社有限公司

内 容 提 要

本书从理论出发，清晰讲述高校学生社会实践的发展历程，对社会实践的方法、组织、管理等进行了阐述，围绕纺织类高校特色，探索了专业课程与专业实践、社会实践的结合。书中选取的案例曾多次获得全国大中专学生“三下乡”社会实践“千校千项”表彰，实践案例中的部分团队连续多年获得湖北省“三下乡”暑期社会实践优秀团队的荣誉，实践育人事迹先后被新华社、人民网、《中国教育报》与《中国青年报》等主流媒体报道，对于提升实践育人与专业学习的深度融合，提高人才培养质量，具有指导意义。

全书内容丰富，专业贴合度高，发挥实践品牌活动育人优势，实现了专业知识到能力应用的转变，适合纺织类高校管理者、教师、学生在实践教学管理中参考使用。

图书在版编目（CIP）数据

大学生社会实践专实融合概论 / 段薇静，李亮主编 ；姚瑶等副主编. -- 北京 ： 中国纺织出版社有限公司，2024. 1

“十四五”普通高等教育本科部委级规划教材

ISBN 978-7-5229-1154-0

Ⅰ. ①大… Ⅱ. ①段… ②李… ③姚… Ⅲ. ①大学生－社会实践－高等学校－教材 Ⅳ. ①G642.45

中国国家版本馆CIP数据核字（2023）第202940号

Daxuesheng Shehui Shijian Zhuanshi Ronghe Gailun

责任编辑：李春奕　　责任校对：江思飞　　责任印制：王艳丽

中国纺织出版社有限公司出版发行
地址：北京市朝阳区百子湾东里A407号楼　邮政编码：100124
销售电话：010—67004422　传真：010—87155801
http://www.c-textilep.com
中国纺织出版社天猫旗舰店
官方微博 http://weibo.com/2119887771
三河市宏盛印刷有限公司印刷　各地新华书店经销
2024年1月第1版第1次印刷
开本：710×1000　1/16　印张：15
字数：265千字　定价：59.80元

凡购本书，如有缺页、倒页、脱页，由本社图书营销中心调换

目录

CONTENTS

第一章 大学生社会实践概述

PART 1

实践的观点是马克思主义哲学首要的问题和基本的观点，物质生产活动不仅是人类最基本的实践活动，而且在这一活动中，人类的实践实现了客观性、物质性、现实性、自由性、能动性与创造性的统一。理论联系实际是党的优良传统和作风，教育与生产劳动和社会实践相结合是党的教育方针的重要内容，组织高校大学生参加社会实践是中国特色社会主义高等教育的重要组成部分，是全面贯彻党的教育方针，推进大学生素质教育的重大措施和不可缺少的环节，是促进教育与科技、经济结合的重要形式和途径。让学生参加社会实践，是培养德智体美劳全面发展的人的不可缺少的重要环节。现代社会化大生产越来越要求人的全面发展，也就是德育素质与智育素质、思维能力与操作能力的均衡发展及体力劳动能力与脑力劳动能力的和谐一致。所有的一切，都要求学校所培养的人不能只是学习书本知识，还必须参加社会实践。

第一节 大学生社会实践综述

大学生的社会实践是整个高等教育体系的重要组成部分，也是共青团工作的一大支柱。高校的社会实践教育是大学生按照学校培养目标的要求，有目的、有计划、有组织地参与社会政治、经济和文化活动的一系列教育活动的总称。普通高校各类学生实践教育活动的范围既包括列入教学计划的军事训练、生产劳动、专业实习，又包括大学生利用假期组织的参观、考察、社会调查以及科技文化咨询、服务等活动。高校的大学生社会实践教育作为一种重要的教育手段和有效的教育形式，经历了新中国成立以来的曲折发展历程，越来越受到国家的重视。尤其是随着改革开放的不断推进，高校的社会实践教育经历了一个由自发到自觉、由单一到全面、由小规模到大规模的发展过程。搞好社会实践，有利于推动大学生认识国情、了解社会、参与改革、立志成才。

我国高校的社会实践活动，大体可以分为孕育发展、深化改进、全面提升三个阶段，呈现出了规模巨大、体系完整、重点突出、社会性强等特点。

一、孕育发展阶段（1949～1995年）

新中国成立以来，党和国家领导人充分认识到建立一个美好的社会主义要经历一个长期的艰苦过程。为使学生了解国情、认识到国家建设任务的艰巨性，树立正确的人生观和价值观，要求学生除了学好书本知识外，还要学习马克思主义，培养勤俭朴素、艰苦奋斗的精神，成为德智体全面发展的社会主义劳动者。

20世纪50～60年代中期，青年学生积极投身学工、学农、学军的实践活动，在劳动中与工农兵打成一片，加深了与工农群众的感情，锻炼了作风，磨炼了意志，培养了较好的政治思想素质，增强了业务工作能力，坚持走又红又专的道路。社会实践历经了从其孕育到形成，充分体现了高校社会实践在格局形成时期的缓慢积累过程。就其内容来看，着重于调研农村土地承包后的巨大变化，城市则侧重于街头服务；就其形式来看，主要是调查研究、咨询服务、参观考察、挂职锻炼等；就其作用来看，该阶段打破了高校与社会的隔离，学生开始步入社会，并以社会实践的形式在社会上引起了巨大的反响，为以后社会实践的深入开展打下了良好的基础。

进入20世纪90年代以后，在新体制初建和经济大发展的推动下，高校的实践教育迈向了一个新的阶段，并出现了新的特点。高校的大学生社会实践要适应市场体制，转换实践机制，深化实践内容，是高校社会实践面临的核心问题。高校社会实践的发展开始遵循三个一致性，即社会实践教育与教育的改革和发展相一致，与地方经济发展相一致，与学生自身成长的渴求相一致。1993年，大量大中专学生深入贫困地区城镇社会开展科技文化服务，收到了巨大的经济和社会效益，充分发挥了高校科技智能作用，以社会实践为途径，以科技服务为手段，让科学技术直接为地方经济和社会发展注入科技活力。这也标志着社会实践进入了新阶段。至此，学生在校期间的社会实践活动也集中转向了培养综合素质、营造校园文化、强练内功的自我提高阶段。各高校分别从校园的基础文明抓起，从大学生存在的不文明言行、习惯入手大力开展了如环境卫生、文明寝室、勤俭节约、尊师友爱等系列教育活动，使学生意识到仅有远大抱负和优异的学习成绩还远远不够，必须全面培养自己努力成为复合型人才，这既是社会的要求，也是个人发展的需要。

这个时期，高校大学生实践教育活动已由以往的单纯使学生"受教育"转变为"受教育、长才干、作贡献"，把社会服务与思想教育、能力培养相结合，并逐渐向制度化、基地化方向发展。大学生参加实践活动的考评和奖励机制也不断健全，部分高校在教学环节中明确规定大学生参与实践的时间和学分，并将其作为评优评先的重要依据。

总之，在这一阶段里，大学生实践活动彻底打破了高校与社会的隔离，全面走向社会，进入参与社会各项工作的探索和发展阶段。在参与状态上，表现出了主动出击、积极进取、知难而上的开拓精神，在参与中又以经济建设、科技扶贫和文化服务为主攻方向，并辅以社会考察、挂职锻炼、勤工助学等多种形式的社会实践方式，形成了中心突出、重点鲜明、配套科学、形式多样的良好运行机制。同时，"青年志愿者"口号的提出更充分显示了高校在实践组织形式上的大胆探索，体现了大学生实践队伍的不断壮大与经验和能力的逐步成熟。

二、深化改进阶段（1995～2004年）

1995年6月，为深入实施"跨世纪青年文明工程"和"跨世纪青年人才工程"，充分发挥大学生知识优势，为实现我国到20世纪末基本扫除青壮年文盲，提高全民族的科技文化素质服务。1995～2000年这五年时间里，连续开展大学生志愿者扫盲与科技文化服务行动，目标是在5年时间里，每年组织50万左右的大学生志愿者，每年培训20万名农村扫盲教师和工作人员，每年使400万左右的青壮年受到识字和科技培训，5年累计培训2000万人次。通过利用寒暑假，以集中和分散两种形式进行，采取扫盲教育培训，提高扫盲教师的文化和科技水平，同时，还可开展扫盲宣传动员工作，开展文盲状况、扫盲工作调查，农业科技推广实用技术培训，普法宣传等活动。此时，扫盲与科技文化扶贫是高校大学生社会实践必须紧紧围绕的中心工作。

在此后五年，高校社会实践的另一个中心工作就是大力在高校所在地及校园内开展“社区援助文明共建”活动，大学生志愿者进区援助，动员和组织高校学生，以志愿参与的形式利用周末或其他课余时间，深入城镇社区，发挥自身优势，开展多形式、多方面的专业援助服务，如敬老助残、法律宣传、民工培训等。社区援助的开展，是高校大学生社会实践活动和志愿者活动深化的又一大举措，自1995年提出研讨至1996年10月19日全国统一行动以来，已造成了一定的声势，并取得了显著的成绩。“青年志愿、社会服务、文明共建”形成了新时期高校社会实践新的发展阶段。

开展社会援助，弥补了我国高校大学生社会实践重寒暑假、轻平时的不足，使其贯穿了大学生全年的学习生活，增大了实践时量，同时，“就近服务”还节省了大量财力物力，扩大了实践的内容和范围，而“双休日”也为大学生开展这一活动提供了充裕的时间，扩大了学生与社会的接触面，使学生在进行社区服务的同时也增强了社会责任感及奉献精神，加速了高校与社会的一体化。社区志愿服务机制的形成与发育也是未来社区生活发展的一个重要趋势，是我国社会主义市场经济体制建立与发展的客观要求，它对于传播高校文明、强化居民社区意识、促进社区功能的发育和完善、推进精神文明建设都具有先导意义。

这一阶段的社会实践活动明确地确立了寒暑假与学生在校期间的实践重点与方向，即“扫盲与科技文化服务”和“社区援助、文明共建”，前者重点在农村，后者重点在城市，兼顾时间上既有集中又有分散，既有面又有点，同时，开展的内容都具有长期性和先导性，并且由第二阶段的全面参与逐步转向“共建”，充分体现了大学生社会实践活动的力度、规模、影响及实力和水平的大幅度提高，说明高校社会实践在探索与市场经济体制相结合的道路上，基本找到了能充分发挥自己角色及功能的位置，标志着高校社会实践已闯过难关、走向成熟。

三、全面提升阶段（2004年至今）

2004年10月，中共中央、国务院发布了《关于进一步加强和改进大学生思想政治教育的意见》（中发〔2004〕16号），对大学生社会实践活动进行了新的诠释，对新形势、新时期高校实践教育的作用、形式、体制和机制等方面做了详尽的部署。文件的颁布标志着高校实践教育在组织领导上得到了进一步加强，在内容形式上更加丰富和全面，在层次水平上有了进一步的提高。

2005年2月，共青团中央、教育部下发了《关于进一步加强和改进大学生社会实践活动的意见》(中青联发〔2005〕3号)，明确指出要求重新领会社会实践的意义所在，让大学生对社会实践活动有个正面的认识，对实践内容方面做出了详细的要求，切实加强对大学生社会实践活动的领导，从实践教学、军政训练、社会调查、生产劳动、社会服务等方面，大力开展科技发明、扎实开展勤工助学、积极开展红色学习参观，全面深入开展“三下乡”和“四进社区”活动，将社会实践与专业学习、服务社会、勤工助学、择业就业、创新创业相结合，探索建立大学生社会实践活动的长效机制。

2012年1月，教育部等五部门联合下发了《关于进一步加强高校实践育人工作的若干意见》(教思政〔2012〕1号)，要求充分认识高校实践育人工作的重要性，从总体规划、教学环节、教学方法、军事训练、系统开展、队伍建设、学生主动性、基地建设八个方面统推进、抓好落实实践育人的各项工作。

2017年2月，中共中央、国务院提出加强和改进高校思想政治工作的基本原则要坚持全员全过程全方位育人，要注重理论教育和实践活动相结合，形成实践育人的长效机制。要求强化社会实践育人，提高实践教学比重，组织师生参加社会实践活动，完善科教融合、校企联合等协同育人模式，加强实践教学基地建设，建立健全国家机关、企事业单位、社会团体接收大学生实习实训制度，开设创新创业教育专门课程，增强军事训练实效，建立健全学雷锋志愿服务制度。

2020年4月，教育部等八部门联合印发《关于加快构建高校思想政治工作体系的意见》(教思政〔2020〕1号)，明确把立德树人融入社会实践教育环节，把思想政治教育融入社会实践、志愿服务、实习实训等活动中，创办形式多样的“行走课堂”。健全志愿服务体系，深入开展“青年红色筑梦之旅”“‘小我融入大我，青春献给祖国’主题社会实践”等活动。推动构建政府、社会、学校协同联动的“实践育人共同体”，挖掘和编制“资源图谱”，加强劳动教育，进一步深化实践教育。

这一阶段更加注重将思想政治教育融入社会实践，进一步完善高校社会实践开展的体制机制建立，要求将实践与专业教学、社会服务、文化传承等相结合，实践的形式也更加丰富，使得社会实践开展越来越顺利，育人功能越来越明显。

第二节 大学生社会实践的现状与思考

一、我国大学生社会实践的发展现状

高校开展大学生实践教育经历了一个从初期到发展的基本定型再到深入发展的过程，面对社会主义现代化建设的新形势、新情况，大学生社会实践的领域、途径和方式不断拓展，社会实践的内容和功能不断丰富，取得了丰硕的成果。

（一）对大学生社会实践活动的认识日益深刻

新中国成立后，大学生实践教育活动由认知社会向服务社会、由改造思想向全面提升大学生素质的转向。实践教育作为新时代大学生思想政治教育中的重要环节，是我国高等教育的重要组成部分，在促进大学生了解社会、了解国情、增长才干、奉献社会、锻炼能力、培养品格、增强社会责任感方面所发挥的不可替代的作用，标志着党和国家对大学生实践教育的认识更加完善与成熟。

（二）大学生实践活动的规模逐渐扩大

现阶段的大学生社会实践教育已彻底改变，原来的重视不够、形式单一、规模有限等问题，在地方各级党委、政府的领导下，在各级党委宣传、教育部门以及团组织的协同下，积极探索开展实践教育活动的有效形式、不断拓展实践教育活动的范围，逐步建立覆盖全国各类高校、教育基地遍布全国的大学生实践活动体系。

（三）大学生实践活动的形式日趋多样

早期的社会实践活动主要是实习、军训、生产劳动和勤工助学等，为了响应党中央、团中央的号召，以科学发展观为指导，按照“受教育、长才干、做贡献”的方针，全国大学生积极投入建设小康社会的伟大实践中，在继承和发扬以往活动形式的基础上，不断丰富实践教育活动的形式和内容，创造性开展了以科技文化服务、劳动锻炼等为主体的活动，与大学生思想政治教育、社会实际和所学专业紧密结合，蓬勃发展，形式更加多样。

（四）社会实践的发展更加多元

现代化进程中，大学生社会实践教育内容、社会领域不断拓展，竞争伦理、科技伦理、环境伦理、网络伦理等新的道德理论与价值观成为实践教育的主要内容。在信息化条件下，大学生社会实践教育向虚拟领域拓展，在互联网浪潮中，国内外许多大学纷纷投入巨资建立互联网的校园虚拟平台，并在此基础上假设教学、思政、实践等虚拟环境，成为大学生社会实践教育的重要方式，有效地解决传统社会实践教育的诸多困境，拓宽大学生社会实践教育的内容、方式、方法，增强其有效性。

二、我国大学生社会实践中的主要问题

多年以来，大学生实践的开展取得了巨大成绩，也积累了不少经验。但随着社会的进一步发展，社会关系、生活方式、组织形式、人的思维方式和价值取向等发生了重大的变化。大学生社会实践因为社会因素、实践主体、高校条件等制约，使得此项工作面临一些新的问题。

（一）思想认识不深，宣传力度不足

目前，无论是高校、学生或是学生家长对社会实践的思想认识都是不深刻的。一些高校在组织、领导和实施大学生实践教育活动的过程中，对实践教育活动的重视、支持和宣传等工作缺乏应有的高度和力度，对大学生实践教育活动在思想政治工作中的地位和作用认识不到位，存在着“实践活动只是多开开眼界、增长点知识，不可能干出什么大事”的错误认识，缺乏对大学生社会实践的有效管理。一些学生只重视第一课堂的学习，对参与社会实践活动积极性不高。一些学生的家长不愿让他们的孩子参与社会实践，他们认为学生的主要任务是学习。此外，大学生社会实践的宣传工作也没有得到足够的重视，没有深入人心，这也使得大学生开展社会实践活动的质量打了折扣。

（二）实践形式不定，监管力度不强

当前，大学生社会实践普遍存在流于形式主义、监管力度不强的问题。由于实践对象的选择缺乏针对性，社会实践往往与大学生的专业和发展方向脱节，难以将所学知识与技术联系起来并加以应用，容易流于形式主义。有的学生搞农村调查却连农村都不去；有的学生托关系找基层单位盖个章就回学校混学分；有的大学生甚至将暑期社会实践变成暑期旅游，不真正开展社会实践，从而降低了社会实践的普及程度。由于部分学校没有将社会实践纳入课程体系，没有选派专门的实践教师，导致实践的开展缺乏有效的监管，实践过程形式化、实践调查表面化，使大学对实践中面对的现实问题和现象的思考不深入，最终导致社会实践效果的改进和巩固并不好。

（三）保障体系不全，原则规范不够

大学生社会实践教育活动经过几十年的发展，许多高校积累了不少经验，形成了各自的一些有效的做法。部分学校在社会实践组织过程中不断健全社会实践机制，形成了制度、资金等多方保障的社会实践工作体系。其中，制度保障和资金保障是社会实践得以有效发展的后盾，能够保证社会实践的可操作性和长期稳定性。但实际上，高校能提供的支持和保障却很少。适度的激励强度能够更好地促进社会实践活动的开展。如果奖金数额很大，或者奖金水平很高，学生就可以通过该奖项获得深刻而持久的满足感和成就感。目前，大学生社会实践的激励强度无论在精神还是物质层面都不能体现其力度，因此，对大学生并没有很强的吸引力。同时，虽然每年团中央对各级团组织开展社会实践有一定的通知和要求，但在执行层面，缺乏具体的原则和规范，导致各高校在开展实践过程中，容易造成混乱的局面，无法形成合力。

（四）基地数量不多，基地建设不达标

实践基地数量不多，基地建设不规范也是影响学生提高社会实践能力的重要因素之一。参与社会实践的大学生多，但是已有的实践基地数量少，使大学生对实践基地的需要并不能被满足。由于一些高校缺乏稳定的实习基地，学生们还要花费大量精力与时间寻找实践场所，导致社会实践活动的时间并没有被有效利用，从而大大降低了活动的质量。即使学生找到了实践基地，但由于基地建设不规范，缺乏和实践基地的协议和必要的管理，也容易导致学生在实践过程中形式过于简单，无法与专业相结合。这一系列问题将严重挫伤学生对开展社会实践的积极性，也不利于大学生社会实践能力的培养。

三、我国大学生社会实践的措施思考

针对我国大学生社会实践中存在的种种问题，高校应进行进一步的探索和改进，努力构建出科学、规范、高效的大学生社会实践运行机制。

（一）强化思想意识，加强宣传引导

通过对大学生实践教育活动的立项、表彰、成果展示等各种形式的活动来宣传大学生实践教育活动，从而提高全社会对实践教育活动的认识。人们对社会实践的思想认识不深刻，因此，强化思想意识、加强宣传引导就显得尤为重要。高校在宣传大学生社会实践时，应高度重视思想意识的强化，加强宣传引导，调动大学生参与社会实践的积极性，让学生和家长认识到社会实践的重要性，使大学生形成强烈的参与意识，把参加实践教育活动看成是自我教育、全面提升的重要途径。

（二）完善管理体制，加强监督考核

完善的社会实践管理体制为社会实践的有序开展和质量提升提供了保障。应将大学生社会实践教育纳入学校整体的教学、管理体系中，要明确活动时间和计划安排。对那些能够积极参与社会实践并且在社会实践过程中表现良好的学生可以获得学分。而对那些没有参加社会实践或者带有形式主义地开展社会实践的学生则需要重修，否则他们不能获得学分。必须建立相关的制度和有效、科学的活动评价体系，及时表彰、奖励先进集体和个人，调动高校师生组织开展实践活动的积极性。大学生参与社会实践，不仅要有相关实践证明材料，还要有社会实践监督考核制度，确保学生在实践过程中真正参与和思考。像基地对实习生的满意度调查、每日的实践日志、分工安排表、社会实践总结报告都是监督考核的重要依据。

（三）强化保障措施，健全激励机制

高校需要强化保障措施，为大学生社会实践提供充足的经济物质保障，为大学生社会实践提供充足的支持和帮助，让大学生在开展社会实践时没有后顾之忧。高校还需制订安全计划，确保师生参与社会实践的安全。当学生在实习过程中与用人单位发生劳动争议或安全事故时，学校应有专门部门与用人单位协商，尽最大努力保护学生权利。高校还应健全激励机制，将深化社会实践与有效的激励机制相结合，运用激励的方式方法，在物质和精神层面上，加大对开展社会实践的大学生的奖励。

（四）丰富实践内容，加强基地建设

高校应规范基地建设，坚持互利共赢原则，积极争取当地政府对活动的支持和认可，签订协议，明确实践双方的责任和义务。可以在校企资源共享和专业教师承担部分研究课题的基础上，鼓励专业教师带领学生团队走出校门，进入企业。对于企业来说，由于与高校资源共享，可以为基地引进技术支持，而基地也能帮助学生解决在实践中遇到的技术问题，保证实践基地建设的稳定性。同时，在社会实践结束后，参加过社会实践的学生应与实践基地积极保持联系，帮助解决一些问题，避免实践基地服务出现“真空期”，这也将提高企业承接实践基地的积极性。

综上所述，在我国教育改革持续深化的新时代，要想培养出高素质的大学生，至关重要的就是要把落实“人才强国”战略上升到更高层面，大力推动大学生社会实践的深入开展，努力使大学生的能力和素质得到全方位锻炼。在具体的实施过程中，要对大学生社会实践的育人机理有更加清醒的理解和认识。特别是要从强化大学生专业认知、培养大学生综合素质、促进大学生创业就业入手，采取更加多元化、系统化、效能化的方法和措施，努力构建科学、规范、高效的大学生社会实践运行机制。具体的优化对策就是要在创新大学生社会实践理念、完善大学生社会实践体系、优化大学生社会实践模式等方面狠下功夫，为更有效地发挥大学生社会实践的育人功能创造有利条件。

第三节 大学生社会实践应遵循的原则

一、组织者应遵循的原则

（一）学校层面

1. 以学生为主体，坚持实践活动的开放性

坚持育人为本，牢固树立实践育人的思想，把提高大学生思想政治素质作为首要任务。社会实践是青年学生运用知识施展才华、磨炼自身意志的课堂，是培养和提高大学生实践能力、实施大学生素质教育的重要途径。

社会实践活动面向每一个学生的个性发展，尊重每一个学生发展的特殊需要，应在活动方式的选择和教育资源的开发上充分体现开放性。学生所面对的是完整的生活世界，社会实践活动课程着眼于学生的整体发展，是各学段学生文化课学习与非智力品质发展的综合表现与应用，也应切合该学段学生的综合发展水平。所以，在开展社会实践活动中要充分尊重学生的主体地位，发挥学生的主体性作用。尊重学生的主体地位，就是要在实践活动中充分尊重学生的兴趣和爱好，让学生根据活动参加者的实际能力自主进行任务分配，根据教学目标要求自己去选择实践的内容和方式，根据参加实践活动的感受自主决定活动结果呈现的形式，参与实践活动的指导老师在活动中不能包揽所有的一切，他们的工作只是对学生的活动进行必要的指导，这样做有助于学生在活动中发现自己感兴趣的问题，并乐于探究和解决所发现的问题。社会实践活动的设计和实施特别强调其主题性，主题的确定应充分考虑时代性、生活性、真实性。同时，它也是一个开放的课程领域，其课程目标、课程内容、活动方式等都应具有开放性。

2.校内外相结合，坚持理论联系实际

坚持理论联系实际，深入基层调研，坚持双向受益，提高社会实践的针对性和吸引力。社会实践活动要打破学校、教室的约束，把校内课程与校外课程整合起来，把正规教育与非正规教育融合起来，积极鼓励学校和学生利用双休日、节假日等开展综合实践活动。坚持第一课堂与第二课堂相结合，做好社会实践与专业学习、社会调查、课外学术科技活动的“三个结合”，提高社会实践的含金量。以融合的方式设计和实施四大指定领域（研究性学习、社区服务与社会实践、劳动与技术教育、信息技术教育），以融合的方式设计与实施是社会实践活动的基本要求。学校要根据地方和学校的课程资源，以综合主题或综合项目的形式将四者融合在一起实施，使四大领域的内容彼此渗透，达到理想的整合状态。

（二）带队教师层面

1.注重教学的针对性

社会实践活动应依据学生主体意识与能力的发展程度，逐步让学生在教师的指导下，使学习成为自己的事情，使自己真正成为学习的主体、发展的主体。实施社会实践活动要特别关注学生活动时的感受和体验活动的过程，实践中要关注过程的充分程度、丰富程度、深刻程度，学生的亲身体验和主观感受应成为学习的重要方法和途径。教师应当对学生的活动加以有效的指导。在指导内容上，社会实践活动的指导在根本上是创设学生发现问题的情境，引导学生从问题情境中选择适合自己的探究课题，帮助学生找到适合自己的学习方式和探究方式。在指导方式上，社会实践活动倡导团体指导与协同教学，不能把指导权只赋予某一方面的教师，或班主任或专门从事社会实践活动指导的教师，而应通过有效的方式将所有教师的智慧集中起来，对社会实践活动进行协同指导。总之，教师既不能“教”综合实践活动，也不能推卸指导责任、放任学生，而应把自己的有效指导与鼓励学生自主选择、主动实践有机结合起来。

教师要根据教学内容和目标，创设有利于学生发现问题的情境，让学生在问题情境中体验生活、发现问题，在师生合作、生生合作中解决问题，在解决问题中提高学生的思想认识和实际能力。比如，开展积极培育和践行社会主义核心价值观的实践活动中，从两个方面给学生创设情景。一是从理论上让学生明确社会主义核心价值观的内涵，使学生懂得从个人层面讲，社会主义核心价值观就是要倡导富强、民主、文明、和谐、自由、平等、公正、法治、爱国、敬业、诚信、友善。二是组织一次践行社会主义核心价值观社会实践，比如，将要进行的社会实践在当地的纺织工厂开展，参与者可以对工厂

工人进行家庭情况调查，或进行一次慰问表演等，以这样的一些方式来体现当代大学生优秀的道德素养。同时，学生在老师创设的情境中不知不觉地践行了社会主义核心价值观，从而实现这次社会实践活动课的教育教学目标。

2. 关注学生的独特性

辩证唯物主义认为，不同的事物有不同的矛盾，同一事物的矛盾在事物发展的不同阶段上也有不同的特点，所以，我们在认识事物和解决问题时，要坚持具体问题具体分析，使主观符合客观，做到主观与客观的具体的历史的统一。开展实践活动要以学生为主体、要以学生的现实生活为基础挖掘课程资源，而每个学生的个性特点是不同的，每个学生所经历的生活也是不一样的；不仅如此，每个学生的个性特征和现实生活也在变化，因此，在学生成长过程的不同阶段上，学生的个性特征和现实生活也呈现出不同的特点。所以，老师在制定学生社会实践活动的方案和培养目标时，必须关注实践活动参加者即学生的生活世界和学生的个性特征，必须根据学生生活特点及变化、学生的个性特征及发展去完善，这样的社会实践才有利于学生的成长。

3. 培养学生的创造性

客观世界是一个不断变化和发展的过程，改造客观世界的实践活动也是一个不断变化发展和深化的过程，不同时代的实践活动不论是内容、规模，还是水平都是不同的。这种与时俱进的品质决定了实践活动必须有开放和创新。在开展实践活动中要以学生的现实生活和社会生活为基础挖掘课程资源，学生的现实生活和社会生活是有新变化的，而我们的实践活动方案是开展社会实践活动之前制定的，所预设的教学目标和根据目标设置的活动课题就有可能脱离学生的现实生活和社会实际。因此，随着实践活动的不断展开，必然要求学生具有创新意识和创新能力，才能根据活动中遇到的新问题生成新的活动目标，这样学生在活动中的认识和体验就会不断加深。

（三）组织人员层面

组团采取就近原则，即由与学校所在地一致或相近城市、地区的人员组成团队，并在其学校所在地附近围绕一个或多个主题开展实践服务活动。在同一地点参加社会实践活动的学生组成活动小组，应由所在学院指定小组长，负责小组的工作和生活管理，并负责向所在单位、驻地及带队教师汇报联系工作。社会实践活动要面向全体学生，同时要善于针对不同学生，采取不同的活动方式。还要根据不同的活动类型、活动主体、活动方式，采取不同的措施，以保证重点，从而带动和引导整个社会实践活动的全面展开和普遍提高。

大学生的学习时间紧张，学习任务重，没有更多的时间和精力开展专业性社会实践活动和繁琐而艰辛的社会调查研究，因此，在教学过程中开展学生社会实践活动必须考虑其他学生的实际情况，不能占用学生过多的课堂学习时间。通过实践活动一方面增强学生对教学内容的理解，另一方面提高学生认识社会、服务社会的能力和解决实际问题的能力。因此，在设置实践活动时，活动过程要简洁，学生操作起来要方便。这样既能激发学生兴趣，又能实现教学目标。

大学生的社会实践活动必须有明确的目的。每一次社会实践，要有明确的主题和要求，要注意思想性、科学性、知识性，要有所得益，能促进自身的能力提升。第一次参加社会实践，要让大学生明白社会实践是引导我们学生接触社会、了解社会、投身社会实践的良好形式；是促进大学生投身服务工作，向他人学习，培养锻炼才干的好渠道；是提升思想，修身养性，树立服务社会的思想的有效途径。这不仅是一次实践，还是一次人生经历，是一生宝贵的财富。通过参加社会实践活动，要有助于大学生更新观念，吸收新的思想和知识。

二、参与者应遵循的原则

（一）安全性原则

参加社会实践必须在国家法律、法规允许的范围内进行，学生在参加社会实践过程中未经允许不得以学校或者实践队的名义进行社会调查等活动。必须遵守各项规章制度，自觉服从组织的领导，积极参加社会实践的有关活动，努力完成下达的各项任务。学生在社会实践活动期间，无特殊理由不准请假，因病或特殊情况不能坚持参加活动时，必须向带队教师办理请假手续，请假经批准后方为有效。严格自律，在整个社会实践活动期间不擅离工作岗位，不擅自外出，自觉遵守社会公德，不做有损大学生形象的事情。

1.交通安全

要乘坐正规的有安全保障的交通工具，坚决抵制拉客行为。严格遵守各项安全乘车规定，服从工作人员的管理。

2.财物安全

外出实践，不应随身携带过多现金，只留下少量零用，不要将自己的行李交给不相识的人看管。在车、船上过夜时，要将贵重物品放在自己的贴身处。如果不幸被盗窃，应立即向当地公安机关报案，并积极配合公安机关开展侦破工作。

3.投宿安全

要入住有营业执照并且管理正规的旅馆或招待所，夜间不要单独出去，睡觉时门窗要锁好。

4.野外安全

在实践过程中，选择穿合适的运动鞋，雨天路滑，要注意行走安全，野外服从统一管理，不单独行动。

总的来说，在实践过程中，如发生意外伤害事件，应保持沉着冷静，对现场情况进行客观分析。同时，积极配合当地相关部门处理事故，在第一时间将具体情况告知学校、老师和家长，以便学校及时、妥善处理。社会实践前期认真进行课堂学习，熟悉相关安全事故类型，团队安全负责人必须认真参加学校组织的社会实践安全教育培训；认真学习国家、省、校等关于突发伤害事故的相关要求，了解常见事故的处理程序；严格遵守国家的法律法规，遵守社会公德，不做违法乱纪和有损学校形象的事情，自觉遵守实践单位的规章制度；自觉保护自己及同伴的生命及财产安全，敢于纠正身边同学实践过程中的不安全行为；保持手机畅通，定时和家长、学校联系；如遇突发事件，及时与学校、学院及指导老师联系。

（二）自主性原则

学生的自主选择和主动实践是实施综合实践活动的关键。

学生要养成问题意识，善于从日常生活中发现自己感兴趣的问题。在明确实践内容的前提下，通过到图书馆、博物馆等实地考察访问获取资料，搜集有关信息，提出自己的想法和问题，这样才能比较全面、准确地了解和反映实践对象，从而顺利地开展社会实践活动。

学生要善于选择自己感兴趣的实践项目。学习兴趣是自觉、积极学习的基础，也是人成长的起点。学习兴趣是学习积极性中很现实、很活跃的心理成分，兴趣不是天生的，是后天培养的，学生应努力培养高尚的、广阔而有中心的、持久又高性能的兴趣，把它转换为社会实践的动力，能帮助自身更好地完成实践内容。

在实践的探究过程中要遵循“亲历实践、深度探究”的原则，学会亲身体验的学习方法，要对自己感兴趣的实践内容进行持续、深入的探究，防止浅尝辄止。

（三）实践性原则

对实践成果的思考和总结也是社会实践活动很关键的一步。思考能让我们意识到自身的欠缺和专业知识的严重不足，不能适应严格的工作要求，尤其是那些操作性极强的工作，因为书本上的知识只是概念，而实践能大大提高自身动手能力。同时，也让我们对实际工作有了更深刻的了解，初步熟悉了工作模式，并且在体会到工作辛酸的同时，能够得到一些意外的收获，作为对书本知识的补充，为以后的学习指明方向。把大学所学的知识加以运用，将在实践中遇到的难题与书本上所学的知识结合起来，这样就达到了在理论应用于实践的同时，也在实践中更加深刻地理解了以前没有理解透彻的知识。对一些不太了解自己专业的学生，可通过实践，从未知到认知，再到深入了解，最终渐渐喜欢上本专业，让他们切身懂得只有通过刻苦的学习，加强对业务知识的熟练掌握程度，在现实的工作中才会得心应手，应付自如。

对问题的总结有利于大学生正确认识自己，对自身成长产生紧迫感。通过广泛的社会实践活动，能让学生看到自己和市场需求之间的差距，看到自身知识和能力上存在的不足，比较客观地去重新认识、评价自我，逐渐摆正个人在社会中的位置，有利于大学生对理论知识的转化和拓展，增强运用知识解决实际问题的能力。大学生以课堂学习为主要接受方式，这对大学生来说非常重要，但这些理论知识并不代表大学生的实际技能，往往难以直接运用于现实生活之中。社会实践使大学生接近社会和自然，获得大量的感性认识和许多有价值的新知识，同时使他们能够把自己所学的理论知识与接触的实际现象进行对照、比较，把抽象的理论知识逐渐转化为认识和解决实际问题的能力。

第四节 大学生社会实践的意义

大学生社会实践是在校大学生利用课余时间，对社会做出贡献的活动。通过“三下乡”“四进社区”“西部计划志愿服务”“贫困地区支教计划”等形式，步入社会进行社会接触，提高个人能力，触发创作灵感，完成实践课题研究，以求和社会有更大的接触。大学生可充分利用他们掌握的专业知识、理论实际，深入社区、企业、医院、学校、康复中心等开展活动。在实践活动中，大学生既为当地的文化建设、经济发展、社会服务作出了贡献，又了解了社会和国家对人才的现状需求，同时也锻炼了自身对知识的运用能力。

一、有助于大学生的理论知识实践

现代社会的人才竞争中，实践能力是一个非常重要的部分。高校教育已经不能及时涵盖所有的政治、思想、道德、科学等领域的内容。大学生在实践过程中，面对或解决的某一实际问题，会对学到的理论知识提出疑问，促进他对所学的知识进行思考，从而进一步完善理论知识结构，拓宽自身的知识面。为了能够更好地适应社会的发展和市场的需求，高校的学生培养模式也应该随之进行调整，要想方设法将教学活动中的课堂理论与实践活动有效结合起来，从而保障学生真正能够学有所得，为社会培养出理论知识储备丰富、实际操作能力优秀的一流人才。

（一）理论与实践相结合的意义

理论与实践相结合可以帮助学生深入探索专业知识并熟练掌握，课堂教学只能让学生对理论知识有所了解，而且这种了解还是抽象的，并不能保证学生在实践中就能熟练地运用知识，而理论与实践相结合就正好解决了这一问题，它既可以帮助学生更好地记忆知识，又能够帮助学生积累技能操作的经验。可以培养学生的独特思维能力和创新能力，学生在实践过程中会遇到各种各样的问题，通过解决这些问题锻炼自己的思维能力和创新能力，为将来的就业竞争提供强有力的支撑。

（二）理论与实践相结合的重要性

大学生从课堂所获得的专业知识基本都是间接的、非系统化的理论知识。而专业知识与大学生的实际动手能力并不成正比，在实际生活中，问题的解决除了专业知识，还需结合实际、动脑动手。社会实践活动能够把大学生在课堂上学到的知识与社会需求和社会实际进行比较，把抽象问题实际化、复杂问题简单化。对于大学生来说，他们能够在一个相对开放、自由的环境下参与解决问题，思考问题成因，在实践中勇于开拓、敢于创新，不畏艰难，培养学生实践创新精神，调动他们的积极性。但这并不意味着学生就不必学习理论知识，学习理论知识是为了更好地指导实践操作。因此，合理有效地将理论知识与实践活动相结合，充分发挥其重要作用，可以为高校培养双向性人才奠定坚实的基础。

二、有助于大学生的综合素质培养

引导大学生了解社会，了解国情，坚持中国特色社会主义道路信念。现代大学生，大多是在书本知识中成长起来的，对我国的国情、民情知之甚少，而社会的复杂程度，远不是仅凭读几本书，听几次讲座，看几条新闻就能了解的，社会实践则为他们打开一扇窗口。培养组织大学生参加社会实践活动，将有助于学生接触群众，了解社会。学生在社会实践过程中，很自然地要走出校门，要离开书本，走入社会，通过融入社会、贴近自然感触生活，增加对社会的认识与理解、体验与感悟，并能够在此基础上反思社会现象发展批评思考能力，从而增强社会责任意识，这是一个长期积累的过程。同时，在参与实践活动的过程中，会促使学生对出现的一些问题进行思考，并站在他们的角度上探寻解决办法。大学生走向社会参加实践，亲身体验生活，看到城乡差别，感受贫富差距；在与人民群众的接触、了解、交流中受到真切的感染和体验，从活生生的典型事例中受到深刻的教育和启发，使思想得到升华，社会责任感和使命感得到加强。

引导大学生增强责任感和使命感，树立正确的世界观、人生观、价值观。社会实践使学生了解国情，有助于他们加深对党的基本路线的认识，坚定正确的政治方向；通过使学生接触人民群众，有助于他们加深对人民群众的了解，同人民群众建立感情，树立为人民群众服务的思想；通过使学生了解社会对知识和人才的需求，增强勤奋学习、奋发成才的责任感；通过了解改革和建设的长期性和复杂性，克服偏激急躁情绪，维护社会稳定大局。社会实践有利于大学生正确认识自己，对自身成长产生紧迫感。通过广泛的社会实践活动，能让学生看到自己和社会需要之间的差距，看到自身知识和能力上存在的不足，比较客观地重新认识、评价自我，逐渐摆正个人与社会、个人与人民群众的位置。同时会产生一种紧迫感和危机感，使他们能够潜心思考自身的发展问题，不断提高自身素质和能力，以适应社会发展的需要。

培养大学生的优良气质，完善个性品质。当代大学生是社会主义的建设者和接班人，是承担社会重担的主力军。大学生除了要有坚定的理想，过硬的专业知识，还应该具备积极的创新精神和很强的社会实践能力。在社会实践中，大学生要学习分工合作，处理人际关系，在困难和危险面前，培养他们团结互助的优良品质，同时，也给予大学生自我展示和锻炼的机会，提高大学生自我管理、自我学习的能力，使养成了骄、娇二气的大学生在实践中感悟顽强和坚韧，体会坚持不懈取得的成就，使其养成良好的学习态度和生活作风，在实践中不断优化自身的个性品质。

培养大学生实践创新能力，增强团队协作意识。社会实践是教育教学内容的重要组成部分，主要以学生个人主动参与及体验为主，是巩固所学知识、吸收新知识、发展智能的重要途径，它不受教学大纲的限制，学生可以在这个课堂里自由驰骋发挥自己的才能，在动手的过程中体会课本知识，发展自己的动手能力。充分利用在校期间的以学习为主、学好和掌握科技知识的有利条件，在社会实践中磨炼自己，真正锻炼和提高自己的适应能力。大学生在实践过程中，结合实际，对事物有了自己的思考和重新认识，会产生新的创造力。同时，通过实践过程中的分工，各司其职，提高工作效率，培养团队协作能力。

三、有助于大学生的职业能力提升

（一）增加大学生与社会的联系

大学生只有主动了解社会，才能够更好地适应社会。当代大学生是奋进的一代、代表先进力量的一代，应该成为我们国家建设的主力军、生力军，每个大学生都应该有自己的一个确定的人生目标，而这个目标应该是与他人、与社会相适应、相互依存的，应体现与时俱进、实事求是的精神，以及人与社会和谐共存的关系。当前在校大学生们正面临着人生发展的最为关键的时期，时代要求我们要在学习生活各方面全方位面对和思考如何正确处理个体与社会的关系等一系列重大问题。

随着社会经济的快速发展，高新技术的更新换代，社会对人才的需求也随之提高。作为大学生，更快更好地适应社会，承担起社会职责是摆在他们面前的一个难题。在高校，大学生所面对的环境相对单纯，所涉及的问题相对单一，即使遇到不能解决的问题也有老师、同学的鼎力相助。这让大多数大学生不清楚社会现实的残酷，适时的社会实践，使得大学生不得不去面对社会现实，锻炼人际交往及动手能力，使其不断改进自身不足，逐渐提高自身综合素质和适应社会的能力。

（二）增强大学生的就业能力

大学生就业难近年来已经成为一个十分热门的社会问题和高校教育发展的关键问题，几乎每到毕业季都会被称为“最难就业季”。大学生势必要提高自己的能力，这里的能力包括专业能力、市场能力和创新能力。高校目前不仅要重视理论知识的传授，同时也要开展与学生专业相结合的社会实践。大学生通过参与这些社会实践，才能学以致用，从而增强其在大学期间学习的动力，将来在就业、创业时就能更有针对性和实效性。

1. 有利于迅速适应具体工作

用人单位对高校毕业生的要求是具备良好的综合素质，学校开展社会实践活动有利于实现学生将在校学习掌握的专业知识与社会实践有机结合，通过开展社会实践，以其丰富多样的形式，让学生在课堂之外，充分地实践专业知识，在社会实践中不断地磨练，使学生把自己塑造成专业能力突出、综合素质全面的复合型人才，从而在激烈的就业环境中拔得头筹。

2.有利于提升团队工作意识

社会化大生产的今天，社会分工日益细化，结构渐趋复杂，协作精神和开阔胸怀显得尤为重要。社会实践活动大都是由指导教师带队，团队成员进行分组，往往成员间要经过一段时间的磨合，共同生活、共同学习、团结协作，完成工作任务，在社会实践过程中，能够培养团队成员强烈的集体意识和团队精神，而这种意识和精神正是我们就业和创业的关键因素。

3.有利于增加社会阅历，积累工作经验

社会阅历和工作经验是职场的决定因素，通过参加社会实践活动，大学生能提早了解社会，增加社会阅历，积累更多的工作经验。学校课堂上往往是很难真正学到社会阅历和工作经验的。因此，对于在校大学生来说，只有积极广泛地参与社会实践活动，才能缩短毕业时适应社会的时间，在校期间通过社会实践把参与社会活动的体验内化成自己的知识，再通过一些特定的方式进行“外化”，接受实践的检验，最终升华成为自身的社会阅历和经验。

4.有利于树立市场意识，端正就业态度

在校大学生通过参与社会实践活动，能够认识到自己和市场需求之间的差距，了解自身知识结构及能力素养上存在的不足，能够客观地重新认识和评价自己，逐渐摆正自身与社会的关系。从而树立市场意识，摈弃一些错误的观念，真正意义上理解竞争，从而培养起竞争意识。因此，大学生应通过社会实践，在实践中了解企事业用人单位对人才的需求和要求，并根据需求努力培养自己，在毕业时端正就业态度，避免好高骛远、不切实际，真正做到量力就业竞聘。

5.有利于树立正确的立业观，顺应市场就业

当前，就业仍是院校大多数毕业生的唯一选择。大学生在校期间通过参与社会实践，积极地了解社会和认知自我，不断培养自我教育、管理和发展的能力，锻炼适应社交的能力。使其较早进行社会化和个性化的发展，这对大学生毕业前能够准确定位，树立正确的立业观和择业观有非常大的意义。因此，在校大学生应积极参与社会实践，不断地检验、矫正和弥补自己的知识结构、社会知识，在就业的过程中顺应就业市场的要求，根据自己的特点寻找适合自己的岗位，实现就业的成功。

总的来说，社会实践活动具有实践性、开放性、生成性和自主性等特点，对学生综合素质的提升，特别是创新精神和实践能力的培养提供了广阔的空间，是实施素质教育的良好载体。学生在社会实践的过程中，通过参与、动手、思考、解决问题等过程，将所学的书本知识内化为自己的能力，全面提升学生的思想素质、求真精神和务实的品质。同时，也培养了学生积极向上、珍爱美好生活的优良心理品质，有助于学生尽早地融入社会。教育的目的是培养对社会有用的人才，学校学习的最终目的是学以致用，为以后的社会生活积累必要的知识。社会实践活动可以使学生对书本知识在实际生活中的应用有一个练习的机会，同时也使学生对社会有一个初步的了解，在这一过程中学习社会知识，促进学生的社会化，为以后融入社会生活做一个铺垫和准备。

第二章 大学生社会实践的形式与内容

PART 2

社会实践是实现"知行合一"目标的重要途径，也是高校完成立德树人根本任务的具体举措。社会实践的形式和内容在不同的时期具有不同的范畴和界定，并随着社会的发展而不断完善。

随着经济社会的发展和青年学生成长成才的需求变化，按照中央指导思想和顶层设计，大学生社会实践活动内容不断深化，党政部门、高校、社会、大学生等不同群体对于社会实践育人重要性的认识也在不断增强，社会实践活动育人效果不断显现。与此同时，社会实践在实施过程中还存在不足，《教育部等部门关于进一步加强高校实践育人工作的若干意见》中指出"实践育人特别是实践教学依然是高校人才培养中的薄弱环节"[1]，需要强化实践教学环节，深化实践教学方法改革。《中共中央关于全面深化改革若干重大问题的决定》指出，深化教育领域综合改革，全面贯彻党的教育方针，坚持立德树人，增强学生社会责任感、创新精神、实践能力。[2]《关于加强和改进新形势下高校思想政治工作的意见》则要求，推进高校思想政治工作改革创新，强化社会实践育人，提高实践教学比重，组织师生参加社会实践。[3]高校社会实践育人功能的发挥需要依托社会实践活动的开展，学生通过多样化社会实践活动的参与、互动、体验，进行思考、分析、总结，才能更好地发挥实践育人实效。

---

❶ 教育部思想政治工作司．加强和改进大学生思想政治教育重要文献选编（1978—2014）［M］．北京：知识产权出版社，2015：496.

❷ 中共中央．关于全面深化改革若干重大问题的决定［N］．光明日报，2013-11-16.

❸ 中共中央，国务院．关于加强和改进新形势下高校思想政治工作的意见［N］．人民日报，2017-2-28.

第一节 大学生社会实践的主要形式

“实践教学、军事训练、社会实践活动是实践育人的主要形式”❶。社会实践的形式随着社会发展阶段和经济特点的不同而不断发生变化。因此，受不同时期的经济社会发展背景的影响，社会实践形式的表述也有所区别，真正严格意义上的大学生社会实践是近代的产物，其历史不足百年。新中国成立前的大学生社会实践形式主要是学堂教育中的实习和毕业设计、工读运动、爱国民主运动、大生产运动；新中国成立至20世纪60～70年代的社会实践的形式主要是生产劳动、政治运动；改革开放后的社会实践形式不断丰富，也是我们主要研究和参考的社会实践形式❷。对于改革开放以来的社会实践基本形式进行分类，有以下三种。

一、按照实践育人活动内容进行划分

（一）思想政治教育教学社会实践活动

主要是帮助学生认知社会、了解国情，树立正确的世界观、人生观、价值观，如参观访问、志愿服务、公益活动等活动。思想政治教育教学实践活动主要通过参观访问红色革命教育基地、博物馆、纪念馆等认知类活动，社区服务、志愿者活动、公益活动等服务类的活动来增进学生对国家和社会的了解，理解国家的基本国情、党的基本政策方针，增强学生对社会主义建设的积极性，让学生在社会实践活动过程中践行社会主义核心价值观，将思想政治教育的目标和要求与实践活动深度融合，从而达到实践育人效果。

（二）大学生能力素质提升实践活动

高校组织以增长才干、奉献社会、锻炼毅力、培养品格为目标，培养和提升学生能力的课外社会实践活动、科技创新活动、创新创业活动等，聚焦重大活动、事件、节庆日等

---

❶ 教育部思想政治工作司．加强和改进大学生思想政治教育重要文献选编（1978—2014）［M］．北京：知识产权出版社，2015：496.

❷ 许建钺．高等教育与社会实践——大学生参加社会实践的研究［M］．北京：教育科学出版社，1993：45-60.

主题，开展具体内容为大学生“三下乡”活动、勤工助学、社会调查、生产劳动、科学发明、大学生创新创业、科技创新等实践活动。

课外社会实践活动和科技创新活动主要包括学生“三下乡”活动、勤工助学、社会调查、科学发明和科技创新活动；创新创业活动是学生运用自身所学的专业知识和技能，创造性、创新性地运用、整合各种生产要素和社会资源为社会提供服务，获得经济来源，实现个人价值的社会实践活动。随着高校毕业生规模的扩大，高校就业形势日益严峻，党和国家开始重视与支持大学生创新创业，通过高校为大学生创新创业进行人才培养、提供经费支持。大学生创新创业教育、研究性学习、创新性实验、创业计划和创业模拟活动已经逐渐成为高校创新实践育人的重点内容，这些素质能力提升实践活动重点从品德塑造、能力提升、创新思维等方面提高大学生的综合素养。

二、按照教学计划范围划分

（一）教学计划内的实践环节

以专门的课程形式出现，具有系统完整的教学安排、教学内容、教学方法，包括课程实习、教学经验、专业见习、课程设计、毕业设计（实习）以及军训等。围绕课程实践环节的规划和实施，教育部相继出台了《关于进一步加强高等学校本科教学工作的若干意见》（教高〔2005〕1号）、《关于进一步深化本科教学改革全面提高教学质量的若干意见》（教高〔2007〕2号）等文件，明确规定了教学计划内的实践环节内容及实施方式，确保课程实践的规范性、有效性，充分反映了教学实践环节在整个教学过程中的重要地位。

（二）教学计划外的实践活动

包括社会考察（调查）、科技服务、勤工助学以及社团活动等，教学计划外的实践活动与教学计划内的实践环节相辅相成，共同构成了大学生社会实践教育的有机整体。[1]2012年1月，教育部等7个部门联合下发《关于进一步加强高校实践育人工作的若干意见》（教思政〔2012〕1号），明确社会调查、生产劳动、志愿服务、公益活动、科技发明和勤工助学等教学计划外的社会实践活动与课堂教学具有同等重要的作用，课内课外、就业创业、专业学习和社会体验有机结合，其活动形式和内容更加契合社会实际和学生需求，更能发挥实践载体的育人功能。

---

[1] 邱伟光. 大学生社会实践教育新论［M］. 上海：同济大学出版社，1994：83–84.

三、按照实践活动范围划分

（一）课程学习中的社会实践活动

大学生课程学习中的社会实践教育是通过课程的“教”与“学”实现的，即教师和学生、教师和课程、学生和课程、学生和学生之间的活动，包括课堂实践教育、专业实践教育和综合实践教育三种类型。

1. 课堂实践教育

在教师的指导或引导下，通过学生亲身参与而产生直接感知的学习、研究和实践过程相结合的动态教学过程。包括课堂讨论、案例教学、教学录像、现场教学、模拟教学等，是作为课堂教学中的有机环节，内容设计和实施都是为了增强学生对课程知识的系统掌握。

2. 专业实践教育

采用各种实践性手段对学生进行强化训练，让学生在实践中学会理论联系实际，从中获得发现问题、分析问题和解决问题的能力。包括实验、专题调查、课程设计、专业实习等内容，通过专业实践达到巩固教学成果、强化技能训练、培育专业思维的效果。

3. 综合实践教育

由学校自主设计和实施的教育方式，通过挖掘校内外各种课程资源并加以开发利用，在实践过程中提升大学生的思维能力、操作能力、交往能力等综合实践能力，包括毕业实习、毕业设计（论文）和科研课题小组等多种方式。

（二）校园社会实践活动

大学生校园实践教育是大学生社会实践教育的重要方式，是在学校的指导和规范下，由学生自主设计、发起、策划、组织和开展的，以校园为实践场所的课外实践活动。校园实践活动依托丰富多彩的校内活动，内容涵盖文明建设类、学术科技类、社团活动类、文体艺术类、志愿服务类、勤工助学类等类型。

1. 文明建设类活动

文明建设是校园实践活动的核心，以基本道德规范为基础、理想信念教育为核心，大学生全面发展为目标，引导大学生在实践活动中接受熏陶，做“有理想、有道德、有文化、有纪律”的新时代青年，包括校园文明修养活动、党团系列活动、主题纪念活动等。

2. 学术科技类活动

以知识应用为主，围绕科技创新、学术研究开展实践活动。从活动内容和开展方式上看，主要包括各类竞赛、科技文化节、科技协会实践、实验室试验、课题研究、科研训练计划等活动。

3. 大学生社团活动

以大学生的兴趣为纽带、以学生能力提升需求为导向的实践活动。社团活动体现出实践教育的学习性、成长性、社会化特点，主要包括政治类社团、学术类社团、文体艺术类社团、人文社科类社团、创新创业类社团、环境保护类社团、志愿服务类社团等。

4. 文体艺术类活动

学生通过参加文化艺术、体育运动等系列活动，在人文素养、身体协调、心理素质、艺术品位等方面得到提升。文体艺术类活动形式多样，内容丰富，涵盖征文比赛、文学交流、文艺演出、摄影展、书画节、体育比赛等多项大学生喜闻乐见的活动。

5. 勤工助学活动

勤工助学指高校为帮助贫困学生解决经济困难，在教学、科研、管理等机构设置助理工作岗位，学生通过一定的劳动实践和工作获得劳动报酬，帮助学生完成学业的实践活动。勤工助学活动强调“扶贫”和“扶志”并行，充分体现育人实践的社会化特点，增强大学生的自立意识和劳动意识。

6. 志愿服务活动

大学生志愿者通过参加校园志愿活动，在公益志愿服务中培养对学校的热爱和认同，学会责任与担当。校内志愿服务活动主要包括意志品质培养活动、公益性服务活动、专项大型志愿服务活动等。

（三）校外社会实践活动

校外社会实践活动是大学生利用课余时间走出校门，直接参与社会政治、经济、文化活动，参与社会主义现代化建设的实践行为。校外社会实践活动主要包括社会调查、志愿者服务、实习实践等类型。

1. 社会调查活动

科技、文化、卫生“三下乡”社会实践活动是最常见的社会调查活动，由上级组织、团学组织作为主导，根据时代背景、学生发展和成长规律的不同特点，进行设计、策划，形成时代建设成果考察、历史专题体验、社会热点调查、专业行业调查等特定主题，并围绕主题开展一系列相关的教育活动，帮助大学生认识社会、学会思考。

2. 志愿服务活动

校外志愿服务活动主要引导大学生走出校门，到基层去服务群众、了解社会，是培养学生社会责任感、塑造思想品格、弘扬中华传统文化的有效途径。内容包括青年志愿者扶贫计划、大学生志愿服务西部计划、留守儿童关爱行动、共建和谐社区志愿服务行动、大型经济活动、体育赛事场所志愿者服务等。

3. 实习实践活动

作为专业学习补充的实践性教学环节，紧密围绕专业特点，指导学生深入工厂、农村、企业的生产一线，完成对实习企业的工作性质、组织管理、生产运行机制的全面了解，掌握生产技术，提高分析问题的能力，结合实习内容撰写实习报告，深化和巩固理论知识。

由此可见，现有对社会实践基本形式的认识，划分标准和依据各有不同，既有从宏观上将社会实践与实践教学进行等同的，也有聚焦狭义上的分类。社会实践应当紧密贴合时代发展需要，围绕中国现代化进程中的新变化、国家对人才培养的新要求、青年学生成长发展的新特点来梳理和分类，不断推动实践育人工作的创新发展。

第二节 大学生社会实践的主要类别

人是社会实践的主体，我国高校实践育人活动的成效，主要取决于大学生自身在实践活动中能否发挥主体作用，只有让大学生成为实践的主体并在实践中充分发挥他们的主体能动性，才能真正发挥实践育人的功能，达到育人的理想效果。

新中国成立以来，高校运用学生党团组织、学生会、学生社团，极大地调动学生参与形式多样并为大家喜闻乐见的实践活动中，社会实践活动内容不断丰富与发展，从新中国成立之初的摸着石头过河，到现在系统化、全方位的实践体系，都是随着社会的需求和时代的发展不断更新、创新形式和内容的过程。由最基础的理论教学实践，扩大到社会调查、学习参观、志愿服务等，伴随高等教育功能的拓展，科学研究和社会服务成为教育的主要功能，高校实践育人逐步呈现出不同的时代意义。

一、公益志愿服务

根据《志愿服务蓝皮书：中国志愿服务发展报告（2021—2022）》显示，截至2021年10月30日，我国志愿者总人数达到2.17亿，平均每万人就有1544人注册成为志愿者，约占总人口比例的15.4%。志愿团体113万个，志愿项目621万个，累计志愿服务时长达16.14亿小时，人均志愿服务时长为7.44小时。全社会参与志愿服务热情高涨，无论是志愿者人数，还是志愿服务组织、志愿服务活动项目、参与志愿服务的时间都已经达到了相当规模。

（一）公益志愿服务的含义和特征

志愿服务活动是志愿者不以获得报酬为目的参加的，服务社会、奉献他人或者为促进经济社会发展进步的社会公益实践活动。大学生是志愿服务的中流砥柱，他们秉承“奉献、友爱、互助、进步”的志愿精神参与实践，实现自身价值。志愿服务具有以下特点。

1. 主观自觉性

高校志愿服务的最明显特点就是活动或服务由大学生自觉自愿发起，是一种非强制性的社会实践活动。活动的自主组织、自愿参与、自我认同都体现出服务主体的主观自觉性。志愿服务活动的开展依赖于大学生主观意愿，只有在个人自觉自愿的基础上积极参与、全身心投入志愿实践，才能发挥出志愿服务实践育人的最大价值。

2. 社会公益性

大学生志愿服务活动的场所包括校园、社区、乡村、街道等，主要为其提供免费的帮助和服务，或通过自身服务筹措资金，进行无偿捐赠的活动。由此可见，社会公益性是大学生志愿服务的又一特点。大学生运用所学知识、技能或其他资源不计报酬地为他人和社会提供服务，以促进城市文明、社会和谐发展为主要目的，是积极向上的社会“正能量”，有利于我国公益事业的发展壮大。

3. 互助育人性

志愿服务活动的开展主要影响了免费提供帮助的服务主体和接受帮助的服务客体。在志愿服务活动开展过程中，主体和客体都受到了志愿服务精神的熏陶：受助对象在接受帮助的同时，思想精神被服务主体所感染，产生同化作用，有利于提升受助对象的思想政治觉悟；服务主体在开展志愿服务过程中获得认同感和成就感，会更加坚定自身的理想信念，提高自我效能感。这是一种双向互动的育人效果，因此，大学生志愿服务活动具有互助育人性的特点，也可以称作双向育人性。[1]

（二）新时代公益志愿服务的类型

随着人民需求层次、结构的多样化发展，志愿服务活动也由传统意义上的福利活动领

---

[1] 张晶愉．大学生志愿服务实践育人现况及对策研究——以河北部分高校为例［D］．石家庄：河北师范大学，2020：15-16．

域扩展到扶贫开发、社区建设、社会正义、环境保护、大型活动、家电维修、社会公益、抢险救灾、植树造林、水污染治理、医疗保健、文化娱乐、普法宣传、体育赛事、海外援助等多样化领域。[1]主要可以分为三个类型。

1.互助型志愿服务

这类志愿服务活动的主体一般由青年志愿者组成，志愿者或因自身成长经历、社会服务需求主动参与，例如环境保护、生物多样性保护，在我国生态文明建设的大背景下，涌现出一批自发性环境保护组织，开展环保意识宣传活动，减少自然环境破坏，达到人与自然和谐相处的目标。

2.慈善型志愿服务

慈善型志愿服务包括两个方面，一是通过个人的善举和捐献物资来帮助他人改善生活质量；二是通过捐赠、提供无偿服务等方式来帮助他人。在大学生志愿服务中，主要表现为大型活动或自然灾害提供志愿服务，如北京残奥会、洪涝灾害、地震灾害中的捐款、帮助重建灾区家园等活动。

3.参与型志愿服务

参与型志愿服务是志愿服务中最常见的形式，如大学生志愿者助力疫情防控和复工复产，以专业技能为依托，在科学精准有效的防控措施保障下，积极参与社区防控排查、社会秩序维护、疫后心理疏导、医护子女辅导、便民利民服务、关爱留守儿童、参加生产劳动、典型事迹宣讲等实践活动，为战胜疫情和促进经济社会发展作贡献。

（三）开展公益志愿服务的意义

1.促进当代青年的健康成长和发展的必然选择

大力开展高校志愿服务实践，有利于青年志愿者的全面健康发展。第一，青年志愿者在志愿服务过程中互相帮助，团结友爱，共同进步，增加交流，培养团队意识，不断提升品德素养；第二，志愿服务内容丰富、涉及相关行业知识，能提升专业应用技能、适应社会工作节奏、发现自身优势、明确发展方向；第三，青年志愿者在服务他人的过程中不断获得认同和成就感，能增强自信、提升自我认同。由此可见，公益志愿服务实践将会越来越多地融入青年学习生活中。

2.推进高校“实践育人”工作开展的有效载体

高校志愿服务实践的开展，推动了高校“实践育人”的发展，具体而言，大学生志愿

---

[1] 李芹．转型期中国志愿服务的基本特点［J］．社会工作，2014（4）：24．

服务可以作为激发大学生的实践能力和培养大学生思想品德的社会实践平台，具有实践育人的功效。大学生志愿服务虽具有相对独立性，但志愿服务团体受到学校团委的统一管理，主要经费源于学校拨款，其发展与学校的支持和引导是分不开的。

3. 助力基层发展建设的有力举措

随着志愿服务内容的不断拓展，各高校开展的“三下乡”志愿服务活动、“西部计划”、乡村振兴实践、生态文明实践、偏远地区对口帮扶活动等，都是组织大学生志愿者深入基层，运用专业知识、技能助力基层建设和发展，尤其是参与基层建设的大学生群体已经覆盖硕士、博士研究生，专业知识更为丰富，能为服务地区带去技术知识和先进的理念，有助于地方建设。

二、生态文明实践

（一）生态文明实践的含义和特征

2018年，全国生态环境保护大会为全国开展生态文明建设做了顶层设计和理论指导，确立了新时期生态文明思想。生态文明是以实现人与自然、人与社会的和谐发展为重要目标，以全社会生态文明观念的树立为精神动力，注重资源保护与节约、环境保护与治理、生态保护与修复、国土开发与保护等方面，实现中国社会的绿色、可持续发展。新时代生态文明实践是大学生结合专业，以生态文明建设为主要目标开展志愿服务、调研实践等活动。生态文明实践具有环保公益性、自律性、可持续性三个特征。

1. 环保公益性

绿色发展是生态文明建设实践的应有之义，也是建设美丽中国的必然要求。环保理念融入生态文明实践的每个环节，如利用互联网代替传统的传单宣传方式，在实践活动中广泛宣传低碳生活、绿色发展理念等，提升大众的资源循环使用意识。

2. 自律性

在人与自然的关系中，生态文明实践主要强调人类的自律性，人类是否能够做到用文明的方式来对待生态，才是生态文明建设的关键所在。生态文明实践注重人与自然环境相互促进、相互依存和共处共荣，生态道德作为道德规范的一种，只有通过生态实践活动进行自我约束、自我要求，才能提高生态文明实践活动的成效。

3. 可持续性

可持续性是指一种可以长久维持的过程或状态。生态文明实践的可持续性意味着公平地分配社会、经济的报酬与机会，尊重自然的内在价值和规律，才能使所有人都能够实现自我发展，发展与环境保护相互联系，构成一个有机整体。因此，生态文明实践需要围绕实践主题，在内容梳理、环节设计上合理规划，实现生态文明实践的长效发展。

（二）生态文明实践的类型

生态文明实践主要包括生态文明政策宣讲和生态文明建设行动两大类。

1. 生态文明政策宣传

倡导大学生开展习近平生态文明思想、党的报告中关于环境问题的论述解读、大气污染防治条例、环境保护法、河湖长制度等政策的宣传，进行节水、河湖保护宣讲，普及节水知识技能，促进大众形成节水风尚，争当生态文明建设宣传员。

2. 生态文明建设行动

（1）“保护母亲河”行动[1]。坚持植树造林种草、防止水土流失，深化创新载体机制，增强青少年生态意识，保护身边的母亲河。通过线上展示、实地体验、加强宣传等途径，增强植树种草项目的互动性、呈现度，使青少年在了解、参与捐助项目过程中增强植绿护绿意识和热爱劳动观念。

（2）“三减一节”行动。集中围绕减霾、减塑、减排和资源节约等领域，引导青少年增强节约意识、环保意识，培养生态道德和行为准则，倡导践行简约适度、绿色低碳的生活方式，发挥生态环保生力军作用。具体包括以下四项。

①“减霾：守护蓝天”。围绕绿色出行，倡导推动青少年使用公共交通工具、骑车或者步行，在健身环保中参与公益。开展“绿植领养”活动，在家庭、宿舍、单位等区域种植绿植，以随手可做的方式参与增绿减霾。

②“减塑：守护净土”。帮助青少年了解塑料污染危害，倡导青少年自我践行并推动家人减少使用塑料袋和一次性用品，主动使用可循环、能降解的替代品。动员青少年开展净塑集中行动，并通过线上展示、接力、打卡等方式形成传播声势，倡导公众增强减塑意识。

③“减排：守护碧水”。鼓励青年在清洁生产、节能环保、清洁能源等领域创新创效创业，引导青少年参与水源地保护、城市黑臭水体治理和渤海综合治理、长江保护修复等攻坚战。开展“争当‘河小青’活动，以区域内的水质监测、河流垃圾清理、文明劝导、污染监督等为重点开展经常性护河、护湖志愿服务行动。

---

[1] 共青团中央.“美丽中国·青春行动”实施方案（2019—2023年）[EB/OL]. 2019-09-09 [2021-05-20]. http: //www.gqt.org.cn/documents/zqf/201909/P020190926321425896654.pdf.

④“资源节约：青春先行”。开展“24小时饥饿体验”“光盘打卡”“光盘挑战赛”等线上网络公益活动，推进零废弃行动，倡导青少年通过相互捐赠、义卖等方式增加废旧物品的循环利用。

（3）实施“垃圾分类·青春助力”行动。结合国家城市生活垃圾分类的推进，鼓励各级团组织动员青少年主动参与，争当垃圾分类的宣传者、践行者、志愿者。

①开展垃圾分类主题教育。深入宣传资源环境形势、普及生活垃圾分类减量知识，着力提升青少年对生活垃圾分类减量的认知认同。

②开展生活垃圾分类实践。在已经开展垃圾分类的城市、地区，开展志愿服务行动，参与社区垃圾分类宣传，指导监督公众投放垃圾，促进居民生活垃圾分类习惯实践养成。

③开展垃圾分类青春社区建设。通过大学生环保组织，在社区中开展垃圾分类宣讲指导、监督、志愿服务等活动。

（三）生态文明实践的意义

1.推动大学生转变思维方式、提高综合素质的需要

生态文明实践旨在培养一种全面、联系、整体、协调的思维能力，对大学生生态素养的提高、生态行为能力的增强、需求层次的提升、文化教育程度的提高都有重要影响，是实现大学生全面发展的必需措施。高校生态文明实践体系的构建是塑造和培育大学生生态素养的基础条件，能够提高大学生的思想道德素质，培养和发展人与自然、与他人和谐共处的能力。

2.推进大学生养成生态关怀，提高社会参与性的需要

生态文明教育的主要任务正是丰富人们的生态认识，明确人与自然的关系、人在自然界中的位置，唤起人们的生态关怀，调动人们建设生态文明社会的积极性，提高生态文明建设能力。生态文明教育借用生态学的研究方法对人与自然关系、教育要素以及人类社会内部关系进行研究，是一种既注重联系又尊重个体需求和特征的教育方式。因此，生态文明教育的发展是推进社会主义和谐社会建设的客观要求，而生态文明教育理论体系的构建可以为和谐社会建设提供直观的理论依据。

3.进行大学生生态法治教育，提高民主法治意识的需要

生态法治教育与思想政治教育的适应和结合是思想政治教育发展的内在需要，也是大学生适应社会主义生态法治建设的客观要求。

生态文明实践蕴含的民主意识和法治精神与中国特色社会主义制度建设有着一致的价值基础，生态文明实践中的民主法治意识能丰富思想政治教育内容，强化思想政治教育的感召力和亲和力。

三、专业知识实践

（一）专业知识实践的含义和特征

学生以学习为本，努力钻研各种专业知识，以专业知识为主要内容的实践就显得尤为重要。专业知识型实践是将知识转化为个人能力、精神品质的根本途径，是人才成长的必由之路。目前，我国各高校根据学校特色和实际情况都开展着形式多样的专业知识型实践活动，大学生实践活动呈现出良好的发展态势。

1. 阶段性

专业知识型实践根据不同教育实践的阶段采取不同的实践方法。在认识实习阶段，采用专业教学实验和现场参观的方法，增强感性认识；在贴岗实训阶段，培养专业基本技能、综合技能和独立操作能力；在顶岗实习阶段，让学生亲自动手操作，将所学专业理论和基本技能应用于生产实际，缩短岗位适应期和就业磨合期，为就业打好基础。

2. 针对性

无论是从大学的角度来看，还是从社会的角度来看，高等学校设置的专业，其主要职能都是培养人才。因此，各类型的高等教育都具有应用的本质属性，专业知识型实践能根据文科、理科、工科专业不同专业教育的应用性特点，开展具有专业针对性的实践活动，从而培养满足社会需要的人才来，适应并促进经济建设和社会的发展。

3. 职业性

职业性是高等教育的基本特征和共同属性，这是由高等教育的专业教育特征决定的。随着时代的发展和社会的进步，这种职业性特点在高等教育中日益突出，专业知识型实践则在为大学生在校期间带来职业体验，从而提高学生的求职本领和职业竞争力，为学生个人成长提供更多的空间。

（二）专业知识实践的类型

1. 科技创新类

专业知识实践的内容涵盖了制定大学生科技创新发展计划，为科技创新投入资金，鼓励支持开展科技竞赛、展览；组织开展社会调查活动，提高在校学生对社会现象的认识程度，全面客观分析问题。

2. 专业技能实践类

组织不同专业的学生开展本专业相关的技能实践活动，在活动中检验、提升课堂知识的学习。如师范类学生到中小学进行支教、课堂教学实训，提升讲课水平；理工类学生到企业、项目现场、工作岗位进行生产实习，积累实际操作经验；新闻传媒专业学生进入校记者团、校报、广播站等担任校报记者、编辑，进入报社、电视台实习，学习编辑、剪辑；医学类专业进社区、校园进行健康知识宣传普及，义务为同学、居民体检；心理学专业学生开设心理咨询信箱，帮助同学们正确认识自己，自我心理调适等内容。

3.行业发展实践类

行业发展实践是以专业实践为载体的行业发展调研或实践，核心内容在于调研行业发展现状及问题，了解国家对于相关行业的配套政策，有助于帮助学生了解专业对口行业的发展前景、前沿科技、市场反应等，如武汉纺织大学的“纺编青春”实践队聚焦纺织行业，调研在“一带一路”背景下长江经济带纺织服装企业发展新动能培育现状，积极宣传国家政策，助力行业绿色发展；服装学院实践团队着眼“服装智造”产业，针对服装企业区域性市场开发，服装企业用户画像指标体系的优化以及基于大数据的服装试衣镜数据挖掘实现方向的研究进行浅析调研等。

（三）专业知识实践的意义

1.在社会实践中发挥专业辐射力，服务国家发展

高校每年组织开展的大中专学生文化、科技、卫生“三下乡”实践活动就很好地运用了不同专业学生的知识，尤其是以山东大学组建博士服务团助力青岛蓝色经济发展为代表的高学历人才的“博士服务团”社会实践模式，结合学科专业特点分类开展专业知识型实践活动，能够让大学生在参与专业实践的过程中发现新知、运用真知，在解决实际问题的过程中激发潜能、提升能力，切实掌握建设国家、服务人民的本领，培养当代大学生应有的自信心和社会使命感。

2.在社会实践中提高专业技能，实现自我价值

专业知识实践有助于学生升华知识，培养能力。学生在实践过程中，强化了对知识的掌握与应用，激发专业兴趣，提高专业技能。学生通过亲自动手操作、实验探究，不仅能更好地掌握知识，而且能运用所学知识创造相应的经济价值和社会价值，苏州大学建立“健康化学与先进材料联合实验室”，在学生实践探索知识的同时，把取得的研究成果与苏州生物纳米园合作，通过项目孵化、项目加速、产业化链条，最大限度地创造了经济和社会服务价值，作为立足专业的社会实践活动，能够贴近学生生活和实际，具有在实践中、在情景中直接育人的显著特征，是大学生奉献社会、实现自我价值的有效载体。

四、乡村振兴实践

（一）乡村振兴实践的含义

"实施乡村振兴战略，是党的十九大做出的重大决策部署，是决胜全面建成小康社会、全面建设社会主义现代化国家的重大历史任务，是新时代'三农'工作的总抓手。"[1]乡村振兴实践动员鼓励在乡大学生投身乡村振兴，开展基础教育、医疗卫生、服务三农、青年工作、基层社会治理等领域的实践活动，帮助发展乡村产业，改善基础设施，美化乡村环境，促进公共服务，提升乡风文明，促进基层团的工作。

（二）乡村振兴实践的类型

1."返家乡"社会实践

建立高校学子与家乡团组织联系的制度化渠道，组织高校学生党员、团员回乡兼任团干部，引导在外学子将农村作为施展才华的舞台，为家乡振兴作贡献。开展政策解读、实地调研、技能培训、医疗扶持、电商带货、就业服务、资源对接、信息服务、志智双扶、推普助力脱贫等活动，帮助贫困地区群众解决实际问题，注重讲好脱贫故事，展现变化历程，引导大学生通过社会实践增强制度自信。

2.青年下乡志愿服务

国家出台相关文件，组织实施大学生志愿服务西部计划和研究生支教团项目，开展基础教育、医疗卫生、服务"三农"、基层青年工作、基层社会管理、关爱农村青少年等领域的志愿服务。青年下乡志愿服务契合地方需求、结合专业特色提供特色鲜明、丰富多彩的活动，主要包括以下几种。

一是组建理论普及宣讲团，通过小规模、互动式、接地气的面对面交流，深入农村宣讲习近平新时代中国特色社会主义思想和党的十九大和二十大精神。

二是组建科学技术支农团，面向农村青年积极传播科学技术、金融知识、环境治理等，提升农业农村现代化水平。

三是组建教育关爱服务团，重点依托"七彩假期"和"情暖童心"农村留守儿童志愿服务项目，开展学业辅导、亲情陪伴、自护教育、素质拓展等形式的精准关爱志愿服务。

四是组建文化艺术服务团，下乡开展艺术创作、惠民展演、全民阅读、文化普及等活动，丰富乡村文化生活。

---

[1] 中共中央，国务院．关于实施乡村振兴战略的意见［N］．人民日报，2018-02-05．

五是组建爱心医疗服务团，大力支持乡村医疗站建设，面向农村青年开展健康普查、流行性疾病防治、基本医疗卫生知识普及等活动。

3.青年下乡社会实践

开展大中专学生志愿者暑期文化科技卫生“三下乡”社会实践活动，传播文明、推广科技、倡树新风，组织和引领大中专学生在社会实践活动中进一步坚定“爱国、励志、求真、力行”的理想信念。深入开展保护母亲河行动，加强农村污染治理、建设美丽宜居乡村等实践活动，助力乡村振兴发展。

（三）乡村振兴实践的意义

1.有利于提升学生的综合素质

近年来，随着社会经济多元化发展，劳动教育的价值被逐渐淡化，高校的劳动教育也时常缺失，导致大学生不想劳动、不愿劳动的现象有所增多，学生主要通过课堂主渠道来学习知识，走向社会参与实践调研的次数较少，存在与社会实际脱节、难以适应社会的发展的问题。通过乡村振兴实践，能深入了解社情、乡情、民情，增加大学生体验社会的机会，加强学生的劳动技能的培养。

2.有利于推动乡村振兴建设

在乡村振兴实践中实际体验家乡的民情，增进大学生对家乡情况的了解，增强对家乡的认同，吸引大量掌握科学技术的青年学生们返回家乡，运用自己掌握的知识助力当地经济发展。

五、文化传播实践

（一）文化传播实践的含义和特征

文化传播实践是通过开展形式多样的以文化教育为主题，全面提升大学生人文素养，实现大学生全面发展的实践育人活动。

1.思想性

坚持用马克思主义思想、科学的理论、党的十九大和二十大等重要思想指导举办学习与研讨活动，举办“英雄模范人物”报告会、主题讲座、学史明理等活动，充分展示先进的思想。

2.主题性

组织参观革命历史博物馆、纪念馆、烈士陵园，开展“红色文化”之旅活动，如庆祝建党九十周年主题征文活动，纪念辛亥革命一百周年主题演讲比赛，教育部组织开展的“我爱我的祖国”“永远跟党走”主题暑假社会实践活动等，以重大节日和重大事件为契机，把大学生社会实践活动与重要节点结合起来，培养大学生的爱党爱国之情。

（二）文化传播实践的类型

1.“四史”宣传教育

紧紧围绕学习宣传贯彻习近平新时代中国特色社会主义思想，结合开展党史、新中国史、改革开放史、社会主义发展史学习教育，了解民情、乡情、国情，开展大学生讲党史活动，讲好中国故事。

2.“红色”文化教育

红色文化是中国共产党艰辛而辉煌奋斗历程的见证，是中华民族最宝贵的精神财富，也是重要的实践育人资源。一方面，运用好红色资源，打造党建实践教育基地，组织学生参观红色革命遗址、展馆，引导学生实地接受红色文化教育、传承优良革命精神；另一方面，讲好红色故事，结合“四史”教育、挖掘校友典型，引导大学生把爱国情、强国志、报国行纳入社会主义现代化建设中，达到“润物细无声”的育人效果。

3.传统文化宣传推广

以传播中华友好文化、传递中国友善声音、讲述中国特色故事、传播中国科学技术等为主要内容的文化传播实践具有新时代爱国主义的鲜明特点。

（三）文化传播实践的意义

1.有助于推广中华文化，传播科学技术

围绕国家“人类命运共同体”的愿景将中华传统文化、民俗风情、中国精神、先进科学技术及知识进行传播，为展示中国形象，构建人类命运共同体提供支持和保障。

2.提炼红色文化，实现文明传承

红色文化是我国特有的一种文化形态，是一种先进的政治文化，对于我国的社会主义现代化建设意义重大。中国红色文化史对于每一个中华儿女而言，都是一笔宝贵的精神财富，文化传播实践则能通过“红色故事”“重走长征路”等活动学史明理，传承文明。

3.体现政治教育，强化理想信念

在文化传播实践中秉承积极培育“富强、民主、文明、和谐，自由、平等、公正、法治，爱国、敬业、诚信、友善”的社会主义核心价值观的理念，不断深化中国特色社会主义的共同理想和坚定共产主义信念，鼓舞青年学生为实现民族复兴、国家富强而努力奋斗。

六、虚拟社会实践

（一）虚拟社会实践的含义和特征

虚拟社会实践被定义为高校运用计算机网络技术、虚拟现实技术等手段在计算机网络空间中有目的地创建仿真或虚拟的社会实践情景和条件，并引导大学生进行自主探索、自主体验、相互交流、自我教育，从而健全大学生成长机制的过程。[1]

虚拟社会实践作为一种新兴的社会实践方式，随着计算机及网络应用技术的不断发展创新而日益为社会大众所接受，尤其是在网络思想政治教育阵地成为高校育人的重要载体之后，高校社会实践教育中更需要增加虚拟社会实践的组织和应用。

虚拟社会实践是大学生社会实践的一种新形态，既具有社会实践的一般特征，又具有独特特征。

1. 仿真性

虚拟社会实践包含两个维度，一是基于技术的现实环境模拟，如各专业的仿真性教学实践活动；二是以网络为平台开展的模拟现实，覆盖了大学生学习、交往、求职、创业等各个生活领域。[2]可以看出，虚拟社会实践是对现实环境和行为的模拟，现实模拟和模拟现实两者间相互作用，对现实社会实践具有高度还原性。

2. 现实超越性

现实超越性是虚拟社会实践具有的天然优势。现实社会实践是虚拟社会实践的前提和基础，虚拟社会实践是现实社会实践的延伸和优化。虚拟社会实践不仅可以模拟社会实践的实施过程，为现实社会实践的开展优化方案，而且可以拓展现实社会实践的空间、范围。具体表现在虚拟现实、网络交互等技术可以使大学生在实施虚拟社会实践时不受时间、空间、次数、安全、交通等因素的限制，改变了传统的社会实践单一化模式，让社会实践的内容和形式更具多样性。

3. 技术性

虚拟社会实践依赖于教育信息化网络、虚拟现实技术等支撑，和传统的社会实践相比，更加先进，交互性更强，覆盖人数更广。尤其是应用在专业实践方面，仿真实践能够让同学们在模拟操作中获得直观的实时感知和认知，增加专业实践能力，分布式虚拟系统

---

[1] 胡树祥，吴满意．大学生社会实践教育理论与方法［M］．北京：人民出版社，2010：253−257．

[2] 吴满意，肖永梅，曹银忠．大学生社会实践活动的新形式——虚拟社会实践［J］．理论与改革，2010（2）：122．

则能逐步将班级学习、小组讨论、合作研究等远程参与模式变为现实。

4. 针对性

虚拟社会实践可以面向特定群体、特定学科、特定场所开展不同实践活动，借助虚拟社会实践技术即时性、数据化的特点，根据不同学科的特点和培养需求，设计或研发相关的软件、模块供学生演练操作，让学生置身于各种复杂的环境中，进行有针对性的训练，提高自身技能。

（二）虚拟社会实践的类型

实践教学是大学生社会实践教育的重要环节，社会实践与专业紧密结合是实践育人的发展趋势，虚拟社会实践能够有效弥补实践教学经费投入不足、实验教学资源不够丰富、实践教学管理过程不够规范等方面的问题。

1. 专业实践

专业实践主要是使学生在特定学科的社会实践活动中，借助各种虚拟情境和设备，通过学习、讨论、交流、观察、操作、体验等过程获得专业知识，掌握操作技能和技术方法，提升专业实践素养。根据学科门类、专业领域的不同，专业实践内容的侧重点不尽相同，涵盖了知识学习、技能训练、科学实验三方面内容。比如，在知识学习上，历史专业实践教学可以通过VR技术，让历史场景真实再现，让学生自己选择其中的角色，亲历历史，思考历史人物思维过程，从而对历史有更加真切的了解；在技能训练上，军事院校学生可以利用飞行模拟器进行各种飞行操作训练，模拟实践完美解决了实践安全问题，可以反复练习，大大提高掌握操作技能效果；在科学实验上，生物医学类学生可以通过网络虚拟实验室，实现仿真实验仪器原理的演示和实时测量、控制与结果显示，用实时数据来检验医学判断。

2. 国情社情实践

让大学生深入基层，体验社会，了解国情，在社会实践活动中学真知、悟真理，育人于行，是社会实践的基本要求。虚拟社会实践紧密结合国情社情、“四史”教育进行组织、开展。一是围绕国家政策导向，进行宣传普及法律法规新政，比如，“民法典”“扶贫攻坚”“乡村振兴”等，用公众号、博客、微动画、网文等方式对政策方针进行解读宣传；二是结合社会热点、关注点，通过网上论坛、电子问卷等形式开展网络调研，挖掘时代精神，弘扬社会正能量，体现出中国精神、中国力量、中国速度；三是结合“四史”教育、“红色之旅”开展主题学习实践，通过首都博物馆“伟大征程——庆祝中国共产党成立100周年特展”云博览、武汉市生态环保机构设置云参观等实践方式，深入进行党史教育、生态文明建设实践。

3.综合素质提升实践

自2002年开始，共青团中央、教育部、全国学联为深入推进高效素质教育联合实施了一项系统工程——大学生素质拓展计划，聚焦大学生社会实践中的思想与道德修养、志愿服务、创新创业等多方面。虚拟社会实践能够在志愿服务、就业技能、创新创业等方面有效提升大学生素质能力。在志愿服务上，随着网络直播技术的成熟，“云”支教实践有效弥补了传统大学生支教活动覆盖面不足、时间受限制的问题，如中国青少年发展基金会发起的“一起学习，希望同行”希望工程云助学行动，共青团中央发起的一大批“云辅导”“云咨询”行动；在就业技能上，随着高校校园信息网的完善，网络就业指导、云实习平台都成为大学生提升综合能力的载体，如清华大学与腾讯合作创立互联网创新技术联合实验室，提供了一大批云实习岗位，学生在网上可以完成相关岗位的实习活动，并获得实习证明。

总之，虚拟社会实践是大学生社会实践的新兴方式，既能适应全球网络化、教育信息化发展的需要，又能应对特殊情况对社会实践带来的不确定影响，拓宽大学生社会实践教育的内容和方式，提高社会实践的效能。

（三）虚拟社会实践的意义

1.解决社会实践活动的现实困难

大学生社会实践受到设备、场地、经费、专业背景的制约，实践活动的多样化和覆盖面都受到限制，引入虚拟社会实践可以在一定限度上解决大学生社会实践面临的现实困难，有效改善高校实践教学环境，节约实践成本，提供更多选择，扩大参与人数，避免现实实践中的风险，保障学生安全。

2.增强社会实践活动的有效性

计算机网络和虚拟实践的发展，正在深刻地改变着新时代的教育方式，推动教育信息化建设，成为高校培养人才的重要载体平台。虚拟实践为社会实践活动提供了更多的内容和形式选择，让跨地域、跨学科成为现实。随着虚拟技术越来越广泛地应用到各种实践实训中，虚拟社会实践成为传统社会实践的一种有力补充手段。

总而言之，虚拟实践是大学生社会实践的重要方式，也是教育信息化发展的必然结果。随着虚拟现实技术的快速发展，未来大学生社会实践活动将更加多元多样，更具吸引力和育人实效。

第三节 大学生社会实践的发展与创新

一、新时代大学生社会实践的发展

（一）内容形式不断丰富，品牌化趋势明显

随着社会经济和高等教育发展的现代化，高校实践育人工作的内涵也不断扩展，新时代的社会实践的内容更加丰富、形式更加多元、体系更加立体，逐渐形成集传统社会实践、思想教育、校园文化、志愿服务等内容为一体的多层次、全方位的育人格局。一方面，实践活动社会化特点日益突出，志愿服务、政策宣讲、普法宣传、科技支农、支教扫盲、环境保护、社会调研、挂职锻炼、社区服务、文化传播等深入社会基层的互动型实践活动逐渐遍地开花，除了能让大学生群体增长知识、增加阅历、获得社会认可，也能为地方或实践机构提供专业、有效的服务，因此，受到大学生群体的广泛欢迎和社会的认可。另一方面，在长期的社会实践过程中，按照“受教育、长才干、做贡献”原则，团中央、各级政府陆续开展了“三下乡”暑期社会实践活动、大学生志愿服务西部计划、新时代文明实践、“挑战杯”国家级、省级大学生课外学术竞赛、创业计划赛等一系列日趋成熟、影响较大、社会关注度较高的品牌化活动。这些“品牌”实践教育活动不仅符合社会实践教育的发展方向，还能更有效地促进大学生的思想意识、素质能力与国情社情进行有机结合。社会实践品牌的号召力、认可度能吸引更多的高校认真组织大学生群体积极申报、实施，我国高校社会实践教育在品牌化建设过程中，不断摸索，逐步形成一套行之有效的实践育人模式，让社会实践教育更加深入、更加联系实际，也更加富有生命力。

（二）参与主体层次多样，专业化优势凸出

高校社会实践教育开展之初，普遍存在三种情形：参与实践的主体层次以本科生为主，硕士研究生、博士研究生覆盖较少；实践组织以学校为主，政府及机构参与较少，未形成实践合力；专业教师参与不足，社会实践专业化程度较低。随着时代的发展，社会实践活动的育人目标已经从单纯的“受教育、长才干”深化到“做贡献”，要求学生的社会实践要与专业联系更加紧密，致力于服务经济、社会建设的信息化、高科技领域。由此，为适应新形势下高校社会实践教育发展的需要，新时代的社会实践活动呈现出囊括政府、企业、社会等不同参与主体，本科生、硕士生、博士生等不同层次参与主体、专业教师项目化指导等新特点，专业化凸出。首先，实践育人本身就是一个“共同体”，高校若想找准学校和社会之间的关注点、需求点的契合点，保障学生在社会实践中实现知识化、专业化的实践需求和实践单位岗位的匹配，就需要打造政府、企业、社会、学校合作共赢的“一体化育人圈”；其次，在团中央的组织和部署下，青年志愿者研究生支教团、支农支医“硕士团”“博士团”等实践团队相继组建，丰富了社会实践活动参与主体的学历层次，充分发挥了综合性、研究型大学的优势，为地方经济建设和社会发展提出了宝贵的建议；最后，参与主体学历层次的不断提高，也使得社会实践内容更加专业化，与此同时，专业教师不断加入实践团队，实行双导师制，更加丰富和完善了我国高校社会实践教育复合指导体系。

（三）线上线下虚实结合，网络化趋势明显

随着网络技术的发展和进步，虚拟社会实践已经越来越多地应用到社会实践之中，线上线下虚实结合的社会实践方式也是高校社会实践未来发展的重要方向。虚拟生活是当代大学校园生活的重要组成部分与活动方式，采用大学生乐于接受的网络实践方式来拓展社会实践的形式，有利于提高社会实践活动的吸引力，抢占网络思想政治教育网络阵地。一方面，线上网络实践活动能拓展参与实践的人数、区域，让实践活动不受时间、场地、交通的限制，尤其是一些特殊情况下，线上线下结合的社会实践更具实效性和可操作性；另一方面，虚拟社会实践丰富了社会实践的形式，云参观、云访谈、云展览实践活动的场景选择更为丰富，网络的交互性、及时性让实践活动的互动性、参与性更强，活动数据、资料留存更加方便，客观上为社会实践提供了更多便利。

二、新时代大学生社会实践的创新

（一）围绕学生专业能力提升，分级分类规划实践内容

社会实践要围绕创新创业人才培养的目标，需要结合学校的实际以及学生所学的专业特点，改革实践的内容和形式，从实践项目设计、实践模式打造、实践团队组建三个方面进行实践规划。

1. 根据创新创业需求，结合学生兴趣特长组织社会实践项目

需广泛征求意见，让学生结合自身实际，敞开思路，发挥所长，找到社会实践中学生所求和社会所需的契合点。首先，结合社会需求，设计以创新创业意识激发或创新创业能力提升为导向的社会实践项目供学生选择参加。其次，将社会考察、社会调

查与形势政策、大学生思想道德与法律修养等教育课程结合起来，形成社会热点问题调研项目，让学生在调研中深入思考，提出解决建议。最后，引导学生积极参加挂职锻炼、生产实习等，体会理论与实践的差异，进而增强创新创业意识，逐步提高解决实际问题的能力等。

2. 根据成长发展规律，结合学生专业特点打造社会实践模式

学校可根据学生在校期间的学年阶段和成长规律分层分类开展社会实践活动，并安排优秀教师指导学生结合自己的专业特点进行选题。大一以思想教育和公益精神培养为主，主要参与政策宣讲、志愿服务等活动；大二以专业能力提升和创新创业意识激发为主，主要参与科研探索、专业实习等活动；大三以服务社会和创新创业品格培养为主，融合专业实践和素质培养，主要参与社会调研、挂职锻炼等活动；大四以就业创业为主，提高创新创业实战性和竞争力，主要参与就业见习和创业实习等活动。

3. 根据高校学科特点，结合学院发展特色组建社会实践团队

创新创业团队是高校创新、科研的重要来源，既能为高校整合创新资源，又能为大学生搭建创新创业建立平台。高校本身具有丰富的学术、创新资源，有引领科学发展的领队人才，有明确的研究目标，深厚的学术积累，结构合理的学术梯队，能为科学突破和技术创新做出贡献。因此，结合高校学科特点、学院特色组建大学生创新创业团队能够更好地激发大学生的创新积极性，以点带面，促进全体学生的发展。例如，将媒体力量与艺术结合的中国美术学院的“媒体艺术创新与策划创新团队”、将吴越文化与音乐结合的“吴越新韵当代音乐创作与研究创新团队”，武汉纺织大学“鼎创艺术联合融媒体传播创新团队”、工艺设计与非物质文化遗产研究结合的“纺大汉绣传承团队”。加强大学生创新团队的建设工作就是在顺应时代对创新人才的需要，通过学生创新创业团队的培养，增强大学生的创新能力和动手能力，为创建创新型国家培养创新人才。

（二）完善志愿服务内容建设，增强社会实践爱国主义认同

美国社会心理学家H.凯尔曼（H.Kelmen）提出了态度形成及改变的理论，他认为价值认同的形成是“认知认同—情感认同—行为认同”的过程，是知行合一的具体体现。[1]爱国主义教育本质上是从态度到行动的转变过程，提升社会实践中大学生爱国主义价值的认同，需要紧紧围绕时代特征和教育规律，完善志愿服务等社会实践活动的内容建设，实

---

[1] 潘婧，马小娟，张继才．大学生社会主义核心价值观认同教育的实现路径［J］．学校党建与思想教育，2015（10）：42．

现理论到行为的认同转变。

1. 优化课堂教育，推动爱国主义精神入头脑，增强理论认同

开设社会实践课程，将志愿服务的理念、精神、文化、新时代爱国主义的本质特点等内容纳入课堂和实践教学中。在教学内容上，要有针对性，围绕大学生的情感需求和特点进行内容设计，力求将大学生的爱国主义教育、理想信念教育、人生观价值观教育等和中小学生的内容层次进行区分，注重科学性和人文性的融合，激发大学生的学习兴趣。在教学方式上，要创新形式，坚持以学生为中心的课堂，既可以通过讨论志愿服务案例，增强课堂教学的趣味性和互动性，吸引学生深度参与；也可以通过组织志愿服务实践，让学生在身体力行中能够有效印证、深化和吸收课堂学到的理论知识，让教育过程由单向变为双向、由倾听变为践行；还可以通过创新慕课（MOOC）、微视频等线上教学方式充分调动学生学习的自主性和积极性，实现大学生对爱国主义的实质认同。

2. 营造文化氛围，强化爱国主义精神入心田，加深情感认同

在引导大学生践行爱国主义精神的过程中，高校应充分重视志愿服务工作。首先，加强校园志愿服务文化建设，培育文化育人的浓厚氛围。将爱国主义教育融入校园志愿服务文化建设中，可以通过校园广播、宣传栏、报纸等传统媒体与公众号、抖音等新媒体融合起来弘扬志愿服务精神，进行爱国主义、中国精神等内容的教育，传播正能量，让学生在耳濡目染的文化氛围中接受教育。其次，广泛开展校园志愿服务活动，在活动主题和设计方面凸显爱国主题，创新活动方式，贴近学生需求，形成周期性持续性活动，让学生在志愿活动中受教育、学知识、长才干，增强对爱国主义精神的感悟，从而实现对爱国主义精神的情感认同。再次，开展红色文化教育和志愿服务，宣传党史、新中国史、改革开放史、社会主义发展史，让学生在教育实践活动中认识到新中国来之不易，中国特色社会主义来之不易，牢记初心使命，坚定理想信念，增强对爱国主义的情感认同。

3. 倡导公益实践，弘扬爱国主义精神用行动，实现行为认同

高校应充分发挥志愿服务的实践育人功能，探索公益实践育人模式，开展系统化爱国志愿服务实践活动，让学生在实践中将知识转化为技能，形成实践经验，指导理论学习，在不断调整自身原有知识结构的基础上去感知、思考、认可爱国主义的内涵和本质，引导大学生由认同外化为日常的行动自觉。首先，志愿服务实践立足于弘扬爱国主义教育的基本目标。高校可以依托爱国主义教育基地开展爱国主义教育实践活动，将参观纪念馆、烈士陵园等爱国主义教育基地的活动常规化，了解历史、缅怀英烈，从而深化对爱国主义精神的认同并自觉践行志愿服务精神。其次，志愿服务实践着力于推进蕴含爱国元素的志愿服务的广泛开展。习近平总书记给华中农业大学“本禹志愿服务队”回信中说道，“青年一代有理想、有担当，国家就有前途，民族就有希望”。[1]大学生只有在志愿服务活动中深入了解国情社情民情，学本领、长才干，勇于思考和实践，才能为国家建设发展贡献才智。最后，在实践活动主题设计上突出爱国主义的时代主题，包括“四史”宣讲服务、中华民族优秀传统文化传播服务、普法服务、应急救援、国际交流、社会治理等主题。在实践能力提升上，需要发挥学科优势和专业特长，运用所学知识扶危济困、敬老助残、保护环境，真正实现爱国主义行为的可持续发展。

---

❶ 共青团湖北省委员会，华中农业大学委员会. 有一种青春叫奉献：本禹和“本禹们”的爱心接力[M]. 北京：人民出版社，2015：106.

第三章 大学生社会实践调查的方法

PART 3

调查，是人们对事物进行感性认识的方法，它要求人们深入现场进行考察，通过观察、实验、访谈和问卷等方式获取事物的相关信息。大学生在开展社会实践时，往往都要开展调查工作，因此，掌握专业的调查方法，将调查的原始资料按调查目的进行审核、汇总与初步加工，使之系统化和条理化，有利于以集中、简明的方式反映调查对象总体情况，本章介绍了社会实践调查活动过程中运用的具体方法，对这些方法作了较为全面、系统的论述。

第一节 大学生社会实践调查的定性方法

一、调查的定性研究概述

（一）定性研究的概念

定性研究是研究者用来定义或处理问题的方法，特别是研究对象的特定特征或行为并探索其原因或目的。定性研究通过分析受干扰的信息，包括各种信息，如历史档案、会议、脚本和录音、笔记、备份表格、照片和视频，探索主题的“为什么”而不是“怎么办”的一种研究方法。

（二）定性研究的特点

（1）定性研究侧重于事物的过程，而不是事物的结果。

（2）定性研究是对少数特殊人群的研究，其结果无法外推。

（3）定性研究必须与研究对象长期密切联系。

（4）定性研究的结果很少用概率论和统计学进行分析。

二、统计调查法

随着社会的发展，统计调查作为一种信息来源必然会引起越来越多的关注，越来越多的人会参与统计调查活动。

（一）统计调查法的概念

统计调查既要有明确的调查对象，又要有一定数量的具有共同特征的个体，并有足够数量的个体构成人口。统计调查的目的是综合和提取大量独立的个人信息数据。因此，统计调查数据的真实性和准确性直接取决于统计局提供的信息数据的真实性和准确性。

（二）统计调查法的类型

众所周知，信息时代最重要的信息是统计信息，统计信息的获取是建立在统计信息的基础之上。信息时代将统计调查所收集的个人数据的真实性和准确性直接关系信息的质量。统计调查中获取个人信息的不同方式和方法，确定不同类型统计调查中个人信息收集质量的差异。

统计调查按是否对构成总体的全部个体进行调查，可以划分为综合统计调查与不完全统计调查两类。

综合统计调查涉及对人口中所有个人的调查，即收集以下所有个人的个人数据的调查：根据收集人口中个体数据的各种方法，综合统计调查可分为普查和综合统计数据；通常是一种调查方法，调查人员通过人口普查直接向个人收集信息。

不完全统计调查是指在所有人口中只选择少数人的调查。从所有人中选择个人的可能性不同，可将非综合调查分为抽样调查和非抽样调查。所谓抽样调查，是指在构成人口的所有个人中随机抽取一部分人进行的调查。抽样可以采取简单随机抽样、系统随机抽样、分层随机抽样等方式，整群抽样和多级随机抽样根据随机原理的不同应用进行细分。日常生活中的联合非抽样调查主要包括重点调查、典型调查等。

（三）典型统计调查法介绍

1.统计报表制度法

（1）特点。

①报表由国家统计局与各级业务主管部门制定，自上而下布置。

②由基层单位和下级主管机关定期向上级机关和国家报告。

③按照统一规定的表格形式、内容和报送程序报送。

④提供国民经济和社会发展，及基层企事业单位基本情况的统计资料。

⑤是一种经常性开展的全面调查，其取得资料的方法采用报告法。

（2）作用。

①是国家了解国民经济发展情况、制定和控制国民经济和社会发展以及经济和产业政策的重要工具，是构成我国宏观决策基础的主要信息流。

②是企事业单位和各级业务部门经营管理的重要依据。

（3）注意事项。

①调查项目的涵义必须明确，不能含糊不清。

②设计调查项目时，既要考虑调查任务的需要，又要考虑是否能够取得答案，必要的内容不能遗漏，不必要的或不可能得到的资料不要列入调查项目中。

③调查项目应尽可能做到项目之间相互关联，使取得的资料相互对照，以便了解现象发生变化的原因、条件和后果，便于检查答案的准确性。

2.普查法

（1）特点。

①涉及面广、工作量大，需要的人力、物力较多，组织工作也比较复杂。

②是一种非经常性地开展的非全面调查。

③用于不易通过经常调查取得的资料的调查。

④其取得资料的方法可采用报告法、采访法或直接观察法。

（2）作用。可以找到一个国家的国情和国力，作为制定政策的重要依据，也可以获得非常具体问题的详细资料，为解决具体问题提供资料。

（3）注意事项。

①规定标准时点。

②规定普查登记的统一程序和期限。

③规定普查项目。

④做好准备，包括组织准备、方案设计、试点工作等，以保证普查工作的顺利进行。

3. 抽样调查法

（1）特点。

①按随机原则抽取一部分调查单位。

②以部分推算总体。

③可以计算和控制抽样误差。

④可以经常性或非经常性地开展非全面调查，其取得资料的方法可采用报告法、采访法或直接观察法。

（2）作用。

①了解综合数据是必要的，但在不可能或时间、人力、物力不允许进行更全面的调查时，抽样调查方法可以获得全面的数据。

②节省人力、物力、时间。

（3）注意事项。

①随机取样。

②取样具有代表性。

③若样本由具有明显不同特征的部分组成，应按比例从各部分抽样。

4. 重点调查法

（1）特点。

①存在重点单位的统计总体。

②只对这些重点单位进行调查，以掌握总体标志总量的基本情况。

③是一种非经常性开展的非全面调查，其取得资料的方法采用报告法。

（2）作用。粗略地了解统计总体的基本情况。

（3）注意事项。在某一问题上是重点单位，在另一问题上不一定是重点单位；这一时期是重点单位，另一时期不一定是重点单位。

5.典型调查法

（1）特点。

①存在有代表性单位的统计总体。

②只对有代表性单位进行调查研究。

（2）作用。典型调查可用于分析出现的新情况和新问题，寻找其发生原因、变化趋势等事物的本质和规律性，以寻求加以解决的对策和措施，达到以点带面的效果。

（3）注意事项。

①正确地选择典型。

②注意点与面的结合。

③定性分析与定量分析结合。

三、实地调查法

（一）实地调查法的概念

实地调查法，也叫田野调查法，其内涵是指在没有理论依据的前提下，应用客观且科学的态度对某一类或某几类社会现象，在事先确定的调查范围内进行实地考察，辅之以搜集到的大量文献、音视频资料等加以统计分析，从而得出一定结论，并以此为基础进行调查实践的方法。

（二）实地调查法分类

从阶段划分来看，实地调查可分为三个阶段，依次为准备过程、实地调查、分析结果；从调查方式上看，实地调查方式大致可分为两类：观察法和访谈法。实地调查不单单是指发现社会现象，还包括将调查得出的结果经过系统性的分析与研究，并形成假设，再运用科学且合理的方法进行验证，从而形成新的推论。

（三）典型实地调查法介绍

1.观察法

观察法是观察调研法的简称，是指观察者有计划地通过自身的感官和辅助仪器，有目的对处于自然情境下的人、事、物进行系统性的感知与观察的调研方法。

以市场调查为例，当新产品投放市场后，及时展开并跟进调查是常见的调查，调查人员希望通过观察收集市场的反响加以整理反馈。在这一过程中，对商店可以观察其销售环境、橱窗布置、所处商圈、客流量波动；对顾客可以观察其购买欲望、驻足频率、停留时间；对销售人员可以观察其购买导向的积极性、了解程度等。

（1）观察法适用范围。观察法的适用范围较广，其通常被使用在应对被调查者的合作率低、对调查对象缺乏明确的认识与了解，以及在陌生的地方收集信息与资料遇到障碍等情况中。由于观察法不采用直接向被调查者询问问题的方式，而是通过调查人员从侧面观察被调查者的动作、感受、反应，因此，这种调查方法一般不会让被调查者有在接受调查的感觉，故而被调查者的反应通常较为自然，这会使调查者获得较为真实的数据。

（2）观察法的类型。

①参与观察与非参与观察。这种分类是根据观察者的参与程度划分的，即参与观察和非参与观察。

参与观察是指观察者不透露自己观察者的身份，完全作为群体成员进入观察环境。调查人员在这一过程中应注意保持“随大流”的姿态，不宜过分积极或是消极。按照参与程度的不同，可将参与观察划为完全参与观察和不完全参与观察。完全参与观察，就是观察者完全参与到被观察的人群之中并进行活动，同时在这个群体的正常活动中进行观察。不完全参与观察，就是观察者并不完全参与到被观察的人群中，通过这个群体的正常活动进行观察。

非参与观察是指观察者完全不介入观察对象的活动，并尽量不引起观察对象注意的观察方式。这种方式下的观察比较全面、深入，能获得大量真实的感受，但观察结果往往会带有一定的主观色彩。

②有结构性观察和无结构性观察。根据观测是否有预先设计的规范化观测方案，实地观察又可分为有结构性观察和无结构性观察。

有结构性观察要求观察者在观察前设计好观察的项目和具体要求，并制定统一观察形式。在实地观察中，要严格按照要求进行观察，并做好详细的观察记录。该观察方法缺乏弹性，比较费时，但获取数据较为规范、数量可充分满足要求。

无结构性观察只要求观察者有一个粗略的观察内容和范围，对观察内容并没有严格界定，等到现场后根据具体情况进行有选择的观察。无结构性观察数据较为分散，很难进行定量分析，但它较为灵活，适应性较强，因此更为常见。

③直接观察和间接观察。根据观察者是否直接接触被观察者进行划分，可将实地观察分为直接观察和间接观察。

直接观察是指对当前社会正在发生的社会现象所进行的观察，一般来说，直接观察既方便又可靠。

间接观察是一个相对困难而又曲折的过程，它需要调查者拥有丰富的经验和知识，有时甚至需要科学的手段和方法；但是，它能弥补直接观察的不足，是观察过去的社会现象唯一可行的方法。

（3）观察法注意事项。

①准确选择观察对象。为使观察结果更具代表性，观察者在选择观察对象时，一定要与调查方式相配合，同时，事先设计好方案。例如，重点调查必须选择重点市场单位进行观察；抽样调查就要事先按照一定的方法进行抽样等。

②选择观察的最佳时间和地点。在进行实际观察时，要注意尽可能减少对被观察者的干扰，以使被观察者保持原有的自然状态，最好不让被观察者有所察觉，否则，就无法了解被观察者的自然反应、行为和感受。

③实事求是。观察者在实际观察时，必须客观公正，不得带有主观偏见，更不能歪曲事实真相。

④做好观察记录。可采用同步记录或是观察后追记的方式，调查人员记录时要有一定的规范，如可采用观察卡片、符号和速记等。

⑤合理安排顺序。为了观察事物的发展变化过程，进行动态对比研究，这就需要观察者进行长时间的观察。

2. 访谈法

访谈法又称询问调查法，是最古老、最常用的数据收集方法之一，也是社会研究中最重要的调查方法之一。在实践中，主要有三种采访形式：面对面采访、媒体采访和书面采访。

（1）访谈法适用范围。

①访谈法的应用范围比较广泛。它不仅可用于定性研究，还能用于定量研究；不仅可了解客观现实问题，还可挖掘人的动机和感情；不仅可了解现实资料，还可追溯较长的历史事件。

②访谈法适用于多种类型的被访谈者。访谈法不仅适用于拥有一定文化程度的人，也适用于受教育程度较低的人。

③访谈者适合用于较小范围内的调查。访谈法大多会受到时间、物力、财力的限制，因此，访谈法一般在调查范围较小的条件下进行。

（2）访谈法的类型。

①根据与访谈对象的接触方式划分，有直接访谈和间接访谈。

直接面谈是指调查者和被调查者之间进行面对面谈话。调查人员直接询问调查目标，听取调查目标的意见。优点：不仅可以亲自解释调查的目的，而且可以根据实际情况与调查对象进行沟通，反应率较高；缺点：访谈过程中对调查人员的素质要求比较高，同时也会受到各方面的限制。

间接访谈是访问者借助特定的工具对被访问者的访问。例如，电话访问、网上调查等。优点：时间迅速、节约人力、费用较低、保密性强；缺点：调查者只能获得简单的问题，属于被动调查。

②根据访谈内容的展开程度和访谈是否随机进行来划分，有结构性访谈和非结构性访谈。

结构性访谈又称为标准化访谈。它是根据设计好的调查大纲或问卷，按照统一的程序交给受访者，然后根据统一的要求将他们的答案进行记录。要求：调查者需选择较为标准的调查方法、规定好提问的方式和次序、受访者回答的记录、面试的时间和地点等。在调查过程中，不能随意改变调查的程序和内容。结构性访谈的优点是调查相对标准化，获得的数据易于统计处理。

非结构性访谈，就是调查者在访谈之前未拟定好详细的提问材料，而只是就调查主题由访谈者和被访谈者进行自由交谈获取资料的方法。非结构性访谈的优点是，调查者能够根据现场情况合理地调整话题，进而获得调查对象大量的感性材料、更为真实的细节以及广泛的资料，所以，有人把非结构性访谈称为深度访谈。

③根据访谈对象的数量划分，有个别访谈和群体访谈。

个别访谈是指访谈对象是一个人时进行的访谈。优点：可获得更深入、详尽和全面的信息；能够走进被采访者的心灵，了解他们的心理活动和思想；可用于研究个人隐私或者敏感性的社会问题。缺点：需要受过专业训练的调查员，同时，解释数据也需要大量的经验和高超的技术水平。

群体访谈又称开座谈会，是指调查者将一些被调查者聚集在一起，在同一时间同一地点进行采访。优点：在短时间内可以收集更多的信息，从而避免了人力、物力、财力的浪费，同时，受访者可以相互启发，有利于共同探讨解决问题的方法，对受访的社会现象有更全面、深入的了解。与个人访谈相比，群体访谈最大的缺点是不能完全排除受访者之间的心理因素的影响。此外，群体访谈也占用了被访谈者更多的时间。

（3）访谈法注意事项。

访谈过程中提出的问题要灵活、提问的方式要适合、提问的语言要通俗、提问的语气要恰当。

四、文献研究法

（一）文献研究法的概念

“文献”源自《论语八佾》。文，文章、文字；献，熟悉掌故的人。在今天指通过一些方法记录在载体中有历史价值的知识。人们一般把文字、图像、图书、期刊、档案、文件、录像、视频等称为文献。社会实践调查中的文献指的是与研究对象有关的一切书面文字或其他形式的材料等。它是人类传播知识的最有效媒介，是人类在社会实践中获取情报的最重要的来源，也是传播信息的最基本手段。

将信息文献质量分为四个不同等级的主要目的是通过信息数据质量的不同将文献进行分类，文献有以下四种：零次文献、一次文献、二次文献和三次文献。

零次文献：一是未经明确记录，未可能形成完全文字化的材料；二是没有公开正式发表的初始研究文献。比如，特殊历史事件亲历者的描述或没正式注册出版的各种书刊目录资料和书信、手稿、笔记等。

一次文献（又称原始技术文献）：是指人们直接以自己的工业生产、科研成果、新一代技术、社会活动以及实践经验等信息为主要依据从而产生的一类文献，它所需要记载的各种知识技术信息比较新颖具体。例如学术期刊论文等。

二次文献（又称二级分类文献）：指将大量分散无序的一次文献内容进行二次加工和整理，按照一定的数理逻辑科学顺序和社会科学知识体系进行编排，使其内容变得更加系统化、有序化以便于公众检索和利用。目录、索引、摘要就是常见的二级文献。

三次文献（又称参考性三次文献）：就是指对一次、二次两类文献作品进行广泛深入的文献分析理论研究之后，综合分析概括而形成的文献产物，比如综述学科年度报告文献指南等。

文献资料是人们获取科学知识的重要信息媒介，是现代人类历史文化不断发展进步到一定历史时期的必然产物，并随着现代人类文明的发展进步而不断变化发展。在石器时代就有文献的形成，发展到今天，记录文献的方式也变得多种多样。人们通过阅读整理文献而认识了社会。文献研究能够同时让这些人类宝贵的物质精神财富突破时间和空间的巨大局限性而得以永久留传。

文献研究的内容主要反映了人们在一定时期社会经济历史发展阶段的科学知识能力水平。而技术文献的记录所用方式、书写所用材料、传播方式等又必然受到我国当时科学技术文化发展水平的巨大影响与严重制约。例如，在纸发明以前，我国历代古人几乎只能在甲骨、竹简、绢布上做记录，并且这些都可能是只有达官显贵才能用得起，这也使历史文献的文化保存更加艰难；中国古代四大技术发明是造纸术、活字印刷术、指南针和火药，而有关知识传播的媒介就占了一半，可想而知，人们对于知识获取的迫切。在纸与印刷术的双重作用下，文献的记录更为便利，传播的范围也更加广泛，速度也更快。我国文学艺术书籍出版创作发展是我国推动当代人类文明繁荣进步的重要历史阶梯！人类社会的进步，离不开知识的积累与提高，而这些主要是通过阅读文献而实现的，因此，文献的重要性不言而喻。

文献研究也可以称为文献情况分析研究、资料收集研究、文献资料研究、文献检索。文献研究是指根据一定的调查研究主要目的或者课题，检索或者查阅与相同类别的理论研究或与之密切相关的学术研究，并且同时要尽可能多地检索查阅与自己研究目的主题密切相关的学术书籍、报纸或者刊物、调查过的研究成果报告及学术论文等相关资料，以及时了解自己相关研究领域已经确实存在过的理论研究成果和现阶段该研究领域的调查研究技术水平，使自己的调查研究成果避免过度重复或多次出现重大失误，并在他人支持研究的基础上，继续深入地进行研究。一般来说，科学技术研究、社会相关课题的学术讨论等都离不开历史文献学的研究。

（二）文献研究法的类型

文献研究方法大致分为四类：资料统计研究、历史文献分析研究、二次资料分析文献研究、内容分析研究。

资料统计研究是指使用法定和非法定的统计资料所做的研究。一定程度上这些资料是初始的，没有被引用和分析的数据。

历史文献分析研究主要有个人文献和非个人文献研究两种。前者也被称为个人历史研究。非个人文献科学研究发展是以一种以质为本的文献研究发展策略。以研究发现不同历史文化环境中的各种历史经济模式现象为研究目的，经常需要从大量历史详细描述中才能发现一些问题，即韦伯所称“理想类型”，其本质上的含义是各种社会经济现象所综合组成的概念模型。

二次资料分析文献研究即对二手资料进行研究。它指的是对他人搜集的各类文献资料进行二次资料分析，二次资料分析主要是对他人无法收集的统计资料结果进行再分析研究。它通常可以再细分为原始数据和经过编辑整理后的原始数据。一般可以分为两种情况：一是通过他人的相关统计资料数据来明确说明自己的观点或者在他人分析的基础上通过某些数据分类对某个重要问题进行比较深入的统计研究；二是通过他人提供或者向国际社会公开的相关数据库等来进行数据分析。

内容分析研究也被称为形式化的数学分析。文献内容分析是指对文献内容做客观的、系统的定量描述分析，它的基本特征是将文字的、不是通常意义上的文献转化为定量的数据。它对各种信息交流形式进行考察，并且使用了系统的编码方案。这里的文献主要指从文件包括书本、杂志、报纸、演讲、信件、法律条文和宪章以及其他任何类似的成分的集合。

在具体实施过程中，它要求检阅所在文件或其他信息（如信函或电视节目等）的内容，以及对它进行系统的数码编排，比如，在《中国舆论出现的韩国、朝鲜形象比较分析》就运用了内容分析方法。

（三）文献研究法的基本过程

1. 提出课题或假设

文献法的提出课题或假设是指依据现有的理论事实和需要，对有关文献进行分析、整理、重新归类研究的构思。

2. 研究设计

确定自己文献研究的主要目的和重点问题，同时，我们还要明确一下文献管理研究法在这项文献研究中到底是可以作为一种辅助性文献研究还是可以作为一种独立的文献研究理论方法，因为这会直接影响文献的收集、整理、分析的侧重点。

3. 收集文献

主要包括搜集渠道（图书馆、档案馆、博物馆、学术会议、互联网等）、搜集方式。

在收集文献的过程中要注意文献的真伪。

4. 整理文献

分类编排资料编制目录索引。

如何挑选有用途的资料要回归到具体资料问题之下。可以归纳各种理论观点，尤其主要是其中有意见分歧的各种观点并将其写成理论综述。

5. 进行文献综述

整理当下的相关文献、学术界的见解等，对其特点做出综合性质的介绍和深入阐述。

（四）文献研究法的特点及注意事项

1. 文献研究法的特点

文献研究法通常具有间接性的研究特点。文献研究法与其他的科学研究命题方法并不相同，有它的独到之处。其他的文献研究调查方法，例如，抽样调查法、实验法、观察法等都通常是直接面对这些研究调查对象，而对于文献调查研究这一方法则独树一帜，它不与这些研究调查对象直接进行接触，而是间接地对这些研究调查对象本身进行文献研究。因此，又称此方法为非接触性研究方法。

文献研究法的无反应性让其不会产生干扰效应。即在研究过程中不会使研究对象下意识或无意识地改变其原有的状态，导致搜集到的资料有失真、失效的情况出现。

文献研究法节省时间、费用、金钱。因为文献研究只需要去图书馆、资料档案馆等，还有一些可以直接获得电子信息，只要取得相关负责人的允许，一般只需要支付去这些地点的车费和资料使用费就行了。相较于其他方法，比如实验法（需要做实验、实地调研等），所需资金相对少得多，并且文献调查是在前人和他人工作成果的基础上进行的，是获取知识的捷径，它不需要大量的研究人员和专用设备，可以比其他调查方法投入更少的人力。因此，文献研究法可以称作较经济的研究方法。

文献研究法可接触的时间和空间范围广，超越间空间的限制，可以研究那些无法接触的研究对象。

文献研究法保险系数大，它主要采用书面调查的形式。如果收集到的文献是真实的，就可以获得比口头调查更准确可靠的信息，避免了口头调查中可能出现的各种记录错误。

但是，文献研究法也有其特有的缺陷，主要表现为：一是因撰写目的和研究人员的目的并不相同，往往会使文献部分偏离其描述反映的事实。二是选择性会使研究对象的范围具有很大的局限性。文献的保存需要一定的条件、方法和技术，因此，并不是所有文献都能够得到很好的保存，这就使文献的选择范围具有很大的局限性。三是有些资料难以获得。许多资料并未公开，不可随意取得，比如，个人的信件属于个人隐私，一般不会公布；政府机构的保密性文件、记录、决议等文献资料，研究人员也难以获得。

不同的资料搜集方法各有利弊，在社会调查过程中，并不能只依靠一种研究方法，文献研究方法的不同也并不意味着他们之间是相互割裂、相互排斥的。社会现象的复杂多变是无法依靠单一研究方法解决的。虽然文献研究法可以单独使用，但是为了社会调查的严谨性与完整性，还是与其他研究方法相结合，以达到更好的研究目的。

2. 文献研究法注意事项

在文献研究的过程中，我们要注意以下几点。

（1）尽量搜集第一手资料。

（2）关注重点文献。

（3）及时记录有用信息。

（4）做好文献目录登记。

（5）注重全面性。

五、实验法

（一）实验法的概念

社会科学实践实验报告主要是由社会实践实验目的、实践实验内容、实践实验结果以及社会实验成果总结或实践体会四部分综合组成。其中学生实验报告内容部分工作是学生实践实验报告的一个核心内容，是对学生实践实验活动的详细形象表述。实验介绍内容主要是以本人记叙内容为基调，在完整准确介绍本人实践实验内容基础上，对自己认为的具有重要实践意义或者需要深入研究加以解决的实践问题进行介绍。

实验法研究是在具体调查事例的实验基础上进行具体调查分析研究的一种实验方法。在企业市场状况调查中，通过对市场实验数据进行对比分析，迅速取得企业市场发展情况的第一手分析资料。

在社会实践中，实验法是根据一定的符合科学技术研究主要目的，在人为物理控制下或利用模拟物理条件，排除各种物理干扰，对科学研究对象进行具体的科学观察的方法。

（二）实验准备

实验准备中高校教师必须充分明确开展社会教育实践的主要指导思想、具体实践条件、开展实践活动、体验实施方法、时间条件要求、成绩审核考评等关键要素，结合不同时代发展主题和不同专业文化特色，针对广大学生不同的兴趣专业和不同年级，以及广大学生协会社团的不同组织性质，要求广大同学根据不同的兴趣爱好和自身特点灵活自由选择社会实践活动内容。同时，实践内容前的岗前培训也是重要的。广大同学对我国社会科学实践的发展愿景相当渴望，但对如何紧密联系、开展，如何组织一次社会实践调查，如何确定相关报告没有经验等经验匮乏。因此，教师应对如何筹备、设计与规划方案等进行专业性指导，明确具体要求，提高实践技能。

（三）实验方法

实验要坚守三大原则，坚持以人为本，走进中国社会实际，贴近生活、贴近广大高校学生，是国家关于加强和贯彻规范指导改进高校开展大学生思想政治工作、思想道德理论教育、政治思想道德教育的重要基本工作指导思想及其原则。三大原则就是我们要始终坚守于社会主义建设初期，把继续深化和不断增强对执行党的方针、三大原则的正确理解认识作为党的中心政治任务，使高校学生实践教育活动更好地贯彻落实党的时代精神；我们要将其贴近组织高校学生生活中去关注社会实践中的严重社会难题，使高校学生实践教育活动变得更加反映现实生活中的本质；我们要从知晓大学生自身政治状况和提高认识政治水平的基本情况出发，贯彻落实高校思想政治教育的基本规律上实践教育活动，回答一些贴近大学生现实生活的问题。

（四）实施阶段

在实验阶段，由于经历少、经验不足导致各种实践问题的出现，导致各种实践活动难以落实。对此，一方面要求教师尽可能及时处理；另一方面，教师应当注意与学生之间坚持各种信息联络，能够及时掌握教学活动具体进展状况、政治思想动态，教师出手处理学生遇到的一些学生自己不能及时处理的问题和思想上的难题和迷惑。大学生社会实践活动的计划方案毕竟只是纸上谈兵，当大学生社会实践活动在生活中快速展开时，现实生活是生动、丰富、复杂、变化的，大学生的思想也就会显得异常活跃。

（五）具体做法

（1）找寻一个小的样本对象，它的特点要与准备进入的市场有较大的一致性。

（2）选定新规格、新款式、新型号，在这个小的样本市场上试验。

（3）进行临床实验并对研究结果进行统计数据分析。根据它的国际实验研究结果也就决定了它到底是否可以继续研制投产用以继续扩大。

（六）优缺点

1.优点

（1）数据可靠性。它所获取的数据比较客观，在社会实践中使用实验法调查，在人为难以控制的社会环境中可以观测或进行询问。

（2）调查直观性。使用实验法调查收集的大量数据资料必须是精确和可量度的，以便直观反映出与调查观察对象的细微性质差异，适应性强，灵活性大，可随时随地调查进行，观察调查人员可多可少，观察调查时间可长可短。

2.缺点

（1）花费较多的人力和时间，提供的资料不利于定量研究等。

（2）受时间和空间等因素限制。

实验活动要充分彰显党团组织对开展实践教育活动的重要领导组织地位。加强各党团组织对提高大学生社会实践系列活动自始至终的综合领导组织地位，是确保大学生社会实践系列活动始终能够沿着正确的活动方向顺利进行，及时处理各类突发事件，取得符合预期活动效果的有力保证。同时，组织开展实践创新活动要注重培养、保护、尊重大学生的社会创新活动精神。

实验结果既是对实践活动的总结，也是一个测评与交流的过程。因此，教师应及时积极主动组织全体教师以及学生就此工作进行专题讨论，参与交流总结自身教学经验和做法，吸取教训，把感性认识转化为到理性认识。对于大学生的社会实践活动总结、调查报告，教师必须根据已有的活动评价报告格式及标准和活动奖惩实施方案，及时认真进行考核，做出综合评价，给出活动成绩，对活动成绩突出者给予专门的表彰和一定奖励，以充分激发更多的大学生参加社会组织实践的活动积极性和主动性。

第二节 大学生社会实践调查的定量方法

一、调查的定量研究概述

（一）定量研究的概念

定量研究是指确定事物某方面量的规定性的科学研究，就是将问题与现象用数量来表示，进而分析、考验、解释，从而获得意义的研究方法和过程。一种运用调查、实验、测量、统计等量化的手段来收集和分析研究资料，从而判断教育现象的性质，发现内在规律，检验某些理论假设的研究方法。

实际上，无论是定量研究还是定性研究，归根到底只是一种研究范式，是科学研究的一个重要步骤。定量研究很多也是描述性的，不过这种描述相较定性研究而言更具有可判断性，也就是说，定量研究是有一个衡量标准的，而定性研究则常常会引起争论。

一般而言，学科发展越是完善，越是深入，其定量化的程度与成分越高，由定性研究向定量研究的发展是学科成熟的重要表现。

（二）定量研究的特点

（1）研究者一般事先已有理论假设，研究的目的主要在于验证这些理论假设。

（2）关注的是有关现象的总体情况和一般规律，研究具有可重复性。

（3）注重研究方案的预先设计。

（4）有一套规范的研究程序和操作技术，包括被试的选取、无关变量的控制、调查或测量工具的编制和使用、数据的统计分析、结果的解释。

（5）用数据展现研究结果。

（三）定量研究的主要内容

定量研究的主要内容包括抽样调查法、问卷调查法、电话调查和网上调查。

二、抽样调查法

（一）抽样调查的基本概念

抽样调查是一种非全面性调查（全面性调查即对抽样对象进行一一调查，其典型例子为人口普查，需要耗费极大的人力、物力）该调查方法是以全体抽样调查对象为主体，从中抽取一部分进行调查，并通过调查内容对全部抽样研究对象进行估计的判断的一种研究方法。其目的是获取反映总体状况的信息资料，故而，随机抽样也起到了全面调查的作用。根据抽样样本的方法，抽样调查可以分为概率抽样和非概率抽样两种。概率抽样是建立在概率论和数理统计原理的基础上对抽样总体进行调查研究，抽样调查法会通过数量总体的一些特征进行估计抽样，以控制在抽样过程中可能出现的误差。为方便使用，在日常检验中，将概率调查称作抽样调查。而非概率抽样与概率抽样相反，其主要目的是方便调查者进行调查，主观性较强。

（二）抽样调查的种类

1. 简单随机抽样方法

这是最简单的一种抽样方法。在该抽样方法中被抽选出的样本被抽到的概率是相等的。进行抽样时，每一个从抽样总体中抽选出来的抽样单位被编制成 1 ~ n 依次进行编码，之后会运用到随机数码或者专门的计算机运算机制（程序）进行计算来确定 1 ~ n 数码间的随机数码，最后，在整体中与随机数码吻合度最大的单位就会成为随机抽样的样本。这种抽样方法虽然十分简便，误差分析较简易清晰，但是，此方法需要的样本容量较多，故此方法仅适用于各个体之间差异较小的情况。

2. 系统抽样法

又称顺序抽样法，此方法是通过设定一些间隔，根据所设置的间隔来抽取样本。此方法的优点是抽样样本分布比较好，理论结果较好，方便计算其总体估计值。

3. 分层抽样法

该抽样方法是根据某些特定的特征，将总体分为同质、不相互重叠的若干层，再从各层中独立抽取样本，是一种不等概念抽样。分层抽样通过辅助信息对抽样总体进行分层，且各层在同质的基础上应存在一定的差异（差异应尽可能大）。故在分层抽样中，样本更加具有代表性，抽样估计值也更加精确，抽样管理的效率也能得到进一步提高。但是，抽样框的制作过程较为复杂，费用较高，误差分析较复杂。所以，此方法适合在整体（母体）构造比较复杂，而构成本体的个体数量较大、数比较多的情况下适用。

4. 整群抽样法

整体抽样法是指通过对总体单元进行分组，其分组标准可以参考自然分群和按需求分群，在农业种植调查中可以按照作物生长程度特征进行分群，任意抽取个别群体为调查的抽样样本，以对所调查本群的所有单元进行调查。因为在整体抽样法中，样本收集程度较为集中，故抽样调查的成本可以得到降低。例如，在消费能力调查中通过将不同职业的人群进行分群，之后再通过随机抽样的方法在整体抽取样本。该方法的优点是组织步骤简单，缺点是抽取样本代表性差。

5. 多阶段抽样法

多阶段抽样法中的连续抽样样本通常是两个或者多个，故该抽样方法具有不等概率性。对阶段抽样的单元是分级的且多阶段的样本分析较为集中，故其集中性在一定限度上能够节省时间以及经费。但正如其“多阶段性”，该抽样法所要涉及的活动以及组织较为复杂，总体估计值较为复杂。

6. 等距抽样法

等距抽样法也称为系统抽样法或机械抽样法。在等距抽样法样本容量确定中，首先将全部单元按照一定顺序排序，之后，按照样本容量的要求确定抽样间隔，随后任意确定抽样起点，每隔一个间隔抽取一个单位。

7. 重抽样法

该方法是指对抽样样本进行两次抽取，其步骤为：第一步先抽取一个初步样本，第二步通过搜取一些简单项目来得到关于整体的信息。

8.PPS 抽样法

此抽样方法的依据是通过计算规模大小在整体中的比例，按照概率比例进行抽样，其是一种使用辅助信息的抽样方法，此性质表示抽样调查方法中的每个单位被抽到的概率是由其规模在整体中的占有比例所决定的。PPS 抽样法的主要优点是使用了辅助信息，减少抽样误差；其主要缺点是对辅助信息要求较高，方差的估计较复杂。总体计算难度大等。

9. 随意抽样法

随意抽样法是指通过随意的方法进行调查单位的抽查（与随机抽样不同，其随意性无法确保其抽样单位以相等的概率进入抽样整体）。

（三）抽样调查的适用范围

（1）所调查的事物不能够进行全面调查，因为在某些事物和活动中，其事物特性和活动成果有着巨大影响，无法进行全面调查。如椅子的抗摔试验、玻璃的抗撞程度试验等，故可以采用抽样调查法。

（2）有些总体从表面上可任意进行全面调查但实际上不能进行全面调查的抽样调查（导致其无法进行抽样调查的原因可能是抽样范围超过可实际进行抽样的能力，调查资金短缺等）。如了解某个沙漠的绿洲分布，退休教师的退休金补发等。

（3）抽样调查方法适用于手工业和轻工业生产过程中的产品质量控制。

（4）利用抽样推断的方法，可以检验某些或者某种总体的假设，以此来判断这种假设的真伪，最后据此对整体进行添加和删除。

三、问卷调查法

问卷是社会调查中用来收集数据的一种工具，类似于温度计、测试台和量表，与这些工具不同的是，调查问卷是一份精心设计的问卷，其目的是收集人们对待事物的态度和社会特征、社会现象和人们社会行为的各种信息。

（一）问卷调查法的概念

问卷调查法是当今社会运用广泛的一种社会调研方法，通过问答的形式来收集被调查人员的答案，以此达到社会调研的目的。问卷调查法的主要优点是标准化和低成本，问卷更详细，完整且易于控制。问卷调查法是基于一个设计良好的问卷工具，问卷的设计必须是标准化和可测量的。

（二）问卷的类型

调查问卷按不同的分类方法可分为不同的类型。

（1）根据使用问卷的方法可分为自填式问卷和访问式两类。其中前者是指调查者把问卷发给被调查者，由他们自己来填写问卷。而访问式问卷则是由调查者用早已准备好的问卷或问卷提纲，向应答者提问的形式进行填写。

（2）根据问卷调查的性质，可以分为学术性问卷调查或应用性问卷调查。前者大多为学校或研究人员所采用，后者则由市场调研人员或其他机构的人员所采用，以此来解决实际问题。

（3）根据问卷发放的形式不同可分为送发式问卷、报纸式问卷、电话访问式问卷、网络问卷等。

①送发式问卷：指由调查者将调查问卷发送给已经选定好的被调查人员，待其完成后再统一收回。

②报纸式问卷：指问卷在报纸上设计，随报纸发到不同的地方，读者看到报纸，把问卷填在报纸上，然后寄给编辑，这种方式具有传输路由稳定、保密性好、成本低等优点，但缺点是回复率不高。

③电话访问式问卷：通过电话的形式，向被调查者提问，调查者根据其在电话中的回答进行填写。

④网络问卷：将问卷在网络上发布，让被调查人员进行填写。这种形式的优势是保密措施好，不受时间和空间的限制，可以获得更多的信息。

（4）根据问卷中题型的类型可分为封闭式问卷和开放式问卷。前者是指答案已拟定好，由应答者进行选择性回答。例如：

您对本店的服务是否满意？

满意_______不满意_________

而后者则是没有固定的答案，完全由应答者根据自己的想法进行填写。例如：

您对本店有什么意见与建议？

____

（三）问卷设计的内容、原则和技巧

1. 问卷设计的内容

问卷一般由开头、正文和结尾三个部分组成。

（1）问卷开头。主要包括问候语、填表说明和问卷编号。问候语应亲切自然、诚恳并且有礼貌，还要说明调查目的、调查者身份、保密原则以及奖励措施，降低被调查者的忧虑，激发他们的参与热情。

（2）问卷正文。其主体是搜集资料，也是使用问卷的目的所在。其内容主要包括设置所要了解的问题和拟订答案。这部分内容是问卷设计的重点内容。

调查者的有关背景资料也是问卷正文的重要内容。被调查者往往对这部分问题比较敏感，不愿意透露太多个人信息，但这些问题与调查目的密切相关，是必不可少的，如被调查人员的年龄、性别、职业、文化程度、收入等，家庭的人口数、经济情况等，单位的性质、规模、所在地等，具体内容要依据调查者先期的分析设计而定。

（3）问卷结尾。可以设置相应的开放题，征询被调查者的意见、感受，或是记录调查情况，也可以是其他补充说明。

2. 问卷设计的原则

问卷设计既要有科学性，又要有趣味性。每个问题的内容、形式、顺序都必须经过调查人员仔细斟酌。

（1）一致性原则。问卷的内容应与研究者想知道的内容一致。在许多调查中，调查人员在提交调查目的后，无法明确、充分地说明调查强度的具体要求。目前，设计人员应积极与数据用户沟通，相互协调，努力确定调查发起人的潜在需求。必要时，可以对本次调查可能涉及的问题进行初步审查，通过对调查结果的分析，找出原因，以达到调查的目的。

（2）完整性原则。在设计问卷时，问卷内容应能涵盖达到调查目的所需了解的所有内容。这里的完整性不仅包括问题的完整，还包括具体问题中所给的答案选项的完整，即不应出现被调查者找不到合适选项的情况。

（3）准确性原则。问卷作为数据收集的工具，应保证数据的准确性；鉴于调查问卷的措辞、顺序、结构和格式，旨在确保将必要的信息准确地构成调查问卷中的问题，并且调查对象能够准确理解问题并给出正确答案；问卷作为一种记录工具和编码工具，应提供标准化的记录和编码方法，以确保被调查者或核查者记录的回答是正确和清晰的，预期的编码可以准确地代表原始数据的信息，满足输入、编码和分析的要求。

（4）可行性原则。问卷应确保受访者准备好并如实回答问卷，这是获得有效数据的前

提条件之一。问卷的设计还应确保编码和分析的可行性，受访者的回答应该是可以量化的。

（5）效率原则。在拥有相同的信息的前提下，为了尽量减少问卷的长度、数量和难度，并节省调查费用，应该选择最简单的调查方式。要使问卷尽可能全面、准确、有效，价格固定，但这并不意味着盲目的大容量和更多的信息，它们与调查的目的并无关，不仅造成人力、物力、财力的浪费，还会被调查者厌恶，拒绝率会上升，数据质量下降，问卷效率下降。追求高质量不等于低效率，成本节约会导致在低成本下降低数据的准确性和可靠性。

（6）模块化原则。为了使问卷的结构更加清晰方便，可以考虑采用模块化的设计方法，即将问卷分为几个功能块，每个功能块由几个小功能块组成，内部有很强的连接性，功能块之间相对独立。

需要强调的是，上述六项原则在实际的社会调研中有时相互矛盾，同时又难以遵循，而且由于调查费用等客观因素的限制，问卷设计也不可能十分完美，这种做法还需要根据经验进行评估，如何平衡和实施这些原则。

3. 问卷设计的技巧

（1）设计问题或设计答案，尽量使其简单易懂，而不是使用一些复杂、抽象的概念和专业术语。

（2）问题的交流应该尽可能简短。解释的时间越长，越有可能导致歧义，答案越不一致；问题越短，出现问题的可能性就越小。可以说简短的问题是最好的。

（3）问题应该避免双重或多重意义。指的是一个问题中出现了两个（或更多）事物，而这些是受访者难以回答的。

（4）问题不要带有倾向性。即问题的表述在某种程度上不能诱导被调查者，应该保持中立的提问方式，使用中立的语言。

（5）不要设置否定形式的问题。人们习惯于用积极的方式提问，而不是用消极的方式。若以否定的形式提出问题，被调查者往往会因为与调查者意愿相矛盾的理解而在问答中漏掉“不”字。

（6）不要问被调查者不知道的问题。也就是说，研究者提出的问题应该是被调查者能够回答的问题。如果调查者问了一个他们不知道的问题，他们无法回答。

（7）不要问令对方排斥的问题。如果你问一些个人隐私或者是别人对直接上级的看法这样的问题，人们往往会有一种本能的自卫心理，因此，如果直接问问题，遭到拒绝的概率很高，因此，最好对这些问题采取间接的调查，语言应该特别委婉。

（四）问卷评价标准

一份优秀的调查问卷必须具备四个功能。

（1）能准确地将问题传达给被调查者。

（2）能够为被调查者提供可选的回答。

（3）能够方便后期的数据统计分析工作。

（4）调查的结果能够达到最初设置的调查目的。这样的问卷才具有一定的信度和效度。

四、网上调查与电话调查

（一）网上调查

1. 网上调查的定义

网络问卷调查是在互联网上发展起来的新型调查形式，主要应用于网上调查，其优点是快捷、高效、针对性强，节约调查员的大量走访时间，避免调查员在调查过程中因语言、语气给受访者带来误导。同时，网络问卷调查还可以降低调查成本。

2. 常见的网上调查方法

（1）网上问卷调查法。在网上发布问卷，被调查对象通过网络填写问卷，完成调查。根据所采用的技术，网上问卷调查一般有两种。一种是站点法，即将问卷放在网络站点上，由访问者自愿填写。另一种是用E-mail或者qq、微信等将问卷发送给被调查者，他们在收到问卷后，填写问卷，点击“提交”，这种网上问卷调查法是最常用的方法，它比较客观、直接，但不能对某些问题作深入的调查和分析。

（2）网上讨论法。可通过多种途径实现，如网络会议。主持人在相应的讨论组中发布调查项目，请被调查者参与讨论，发布各自观点和意见。或是将分散在不同地域的被调查者通过互联网视讯会议功能虚拟地组织起来，在主持人的引导下进行讨论。网上讨论法是小组讨论法在互联网上的应用。它的结果需要主持人加以总结和分析，对信息收集和数据处理的模式设计要求很高，难度较大。

（3）网上观察法。对网站的访问情况和网民的网上行为进行观察和监测。大量网站都在做这种网上监测。很多可供免费下载的软件事实上也在做网上行为监测。

3. 网上调查法的优点

（1）费用较低，主要是设计费和数据处理费。每份问卷所要支付的费用几乎是零。

（2）网上访问速度较快，信息反馈很及时。

（3）匿名性很好，对于隐蔽问题也能够回答。

（4）费用低，简单易行，不受时间和空间的限制，不需要任何复杂的设备。

（5）方便快捷、调查范围覆盖全国乃至全世界，样本数量庞大。

4. 网上调查的缺点

（1）只能进行定量调查，定性调查无法进行。

（2）网络的安全性不容忽视，真实性受质疑。调查结果的可能性受受试者影响大，不合作的态度会降低研究效度。

（3）网民的代表性存在不准确性，无法深入调查。

（4）受访对象难以限制，针对性不强。

（5）调查对象的范围有一定的局限（只能调查有上网条件同时也会上网的对象）。

（6）网络调查还需要特定的计算机技术和网络技术的支持（包括网上问卷的设置，填答方式的设计，填答结果的记录、汇总和转换）。

随着计算机技术和网络技术的进一步发展，目前已有专门的机构开始从事这种网络平台的建设、网络调查软件的开发和应用业务，今后网络调查的方式也会越来越普遍。

（二）电话调查

1. 电话调查的定义

电话调查是指社会实践的相关人员通过电话向被调查者进行问询，了解市场情况的一种调查方法。它是访问法中的一种调查方法。

由于彼此不直接接触，而是借助于电话这一中介工具进行，因而是一种间接的调查方法。电话调查分为传统电话调查和计算机辅助电话调查。

2. 电话调查的技巧

（1）明确调查目的。明确电话调查的目的和意义，提出的问题要直接，不能单纯流于表面，如果要问的问题较多、较杂，则一定要提前拟定好提问大纲，如果电脑录入速度慢的话，就需要准备纸笔，方便记录和整理调查内容。

（2）明确调查对象。在调查开始前，调查对象都会有明确的范围和限制，调查前要明确自己要调查的对象的身份、学历，以此来决定问话的方式。

（3）电话调查过程至关重要。开场怎么说？首先要表明自己的身份。语言要大方、得体、礼貌。如今随着人们法律意识的提高，有的人防范意识比较强，会向调查人员提出“你怎么知道我的电话号码的？”诸如此类的疑问，此时就要求调查人员坚定明确地回答：“您的号码是村委会（或其他政府组织）提供给我们的，我们也是随机抽选的。”并再次强调此次调查不会涉及个人隐私和钱物。打消被调查人员的疑虑后再进行提问。

3. 问话注意事项

（1）用词专业。以农情调查为例，要具备相关方面专业知识，一方面显示出工作人员的专业性，更易取得调查户的信任；另一方面能大大提高沟通效率，减少不必要的说明时间。

（2）记录准确。如在农业调查中，不容忽视的一个问题就是计量单位，各个地区对计量单位的使用情况不尽相同。以化肥为例，一般情况下，统计工作中使用的单位是千克，但在实际生活中，农户往往是成袋使用，不会在意标准重量，这就要求调查工作人员在询问时要问清楚化肥的规格或标准，确保调查数据的统一和精准。

（3）内容保密。在调查时，有的人配合度较高，但是会问及其他地区或村镇的调查情况，如果涉及内容不涉密，且不会侵犯他人隐私，可以适当回答；如果涉及内容属于保密范围，则应该礼貌地拒绝，并说明原因。

（4）决定及时。一般情况下，被调查者的配合度较高，但会有个别人态度较差，会说出一些不当言论或表述不明等情况，此时，调查人员应迅速分辨该调查户是否适合继续问询。

4. 电话调查的优点

（1）搜集的资料速度快、费用低。

（2）可大量节省调查时间和经费。

（3）覆盖面广泛，覆盖各地各区。

（4）被调查者不受调查者在场的心理压力，回答率高。

（5）不必在大街上挨个寻人调查，节省人力。

（6）采取电话访问，更有利于获取信息。

5. 电话调查的缺点

（1）被调查者只限于有电话和能通电话者。

（2）电话提问受到时间的限制，询问时间不能过长。

（3）由于无法出示调查说明、照片、图片等背景资料。

（4）无法针对被调查者的性格点控制其情绪。

第四章

大学生社会实践的组织、管理与评价

PART 4

青年要成长为国家栋梁之材，既要读万卷书，又要行万里路，社会实践活动是学生成长发展的第二课堂，对开阔学生视野、增长学生见识、提高学生能力，更好地了解社会、了解国情有着重要作用。目前，社会实践的活动形式与内容呈现多元化趋势，主要分为思想教育、服务社会、专业实践、文化传承四个类别20余种分项，其中文化、科技、卫生“三下乡”和科教、文体、法律、卫生“四进社区”活动更为常见，已成为新形势下大学生参加社会实践的有效载体。

第一节 大学生社会实践的组织

一、大学生社会实践的组织形式

就大学生社会实践活动的组织形式而言，可以分为以下几种。

（一）个人社会实践

当代大学生可以根据个人实际和偏好，通过个人社会关系、兴趣爱好、现有资源灵活开展社会实践活动，主要包括暑期兼职、企业走访、参观学习等方式。但此种方式由于过于分散，缺少组织与监督，多流于形式，实践造假现象严重，学生难以真正得到学习与锻炼。

（二）团队社会实践

团队社会实践是最常见的社会实践组织形式，通过组建实践团队，提前确定调研内容，联系调研地点进行社会实践。实践活动有计划、有准备、有团队、有保障，能够一定限度上确保社会实践活动的效果，更能使学生在团队调研中提升能力、增长见识、提升水平。

（三）基地社会实践

各大高校积极与企事业单位、红色爱国教育基地、贫困村镇、社会公益组织、社会服务机构建立联系，设立社会实践教育基地[1]，建立长期合作、互助共赢的友好关系，为当代大学生提供锻炼实习、志愿服务、生产实践的机会。这种社会实践组织形式在活动场地与活动内容上都具有稳定性与保障性，能够为学生提供较好的实践体验与感受。

二、大学生社会实践组织原则

（一）政治正确原则

大学生社会实践活动始终要以习近平新时代中国特色社会主义思想为指导，围绕大学生“受教育、长才干、作贡献”的育人目标，聚焦国家富强、社会发展、行业进步、乡村振兴等各个有关国计民生的现实方面，不断提升当代大学生的责任担当与综合素质。坚决

---

[1] 秦龙，高健. 教育引导大学生自觉划清“四个重大界限”的操作平台［J］. 教育教学论坛，2013（26）：60－62 .

杜绝某些不法势力、不良分子打着社会实践活动的幌子，误导大学生利用组织优势传播不良社会风气，破坏民族团结等行为的发生。大学生要高度重视各项社会实践活动组织的内容与形式，各大高校要严格把关实践活动的政治倾向，坚持社会主义活动倾向，坚决不犯原则性问题。

（二）安全原则

大学生社会实践活动必须坚持安全第一原则，培养具有一定安全防护技能的人员加入其中，在确保学生人身财产安全的前提下开展各项活动。团队成员在活动开始之初，就要对活动开展过程中可能遇见的各种突发情况设计预案，确保全体团队成员在活动开展过程中的人身、财产安全。如遇突发情况，要及时启动安全方案，将损失降到最小，在安全稳定的前提下实现实践活动顺利完结。

（三）创新原则

创新是一个民族进步的灵魂，是一个国家兴旺发达的不竭动力。当代大学生开展社会实践也要坚持创新原则，在社会实践组织模式、组织形式、组织方式上突出时代性、科学性、自主性，充分发挥当代大学生的主观能动性，以深刻理解社会现实、真正解决社会问题为原则，在实践锻炼中发现真知，获得真本领。

（四）服务原则

大学生社会实践活动必须是服务于社会发展和经济建设的，必须是服务于大学生的发展和成才，这就决定了其必须坚持服务原则。大学生社会实践活动基于社会实际，着眼于发现社会问题、分析社会现状、解决社会顽疾，始终秉持着服务社会、服务人民、服务专业的原则。一方面要聚焦社会现实中的各种现状与问题，经过调研探索，深刻理解时代潮流，精准把握国家需要，敢为人先、敢于突破，以开拓进取精神服务社会；另一方面要聚焦行业发展，利用自身专业特长和学科优势，服务社会经济发展和行业进步的需要，坚持“受教育、长才华、做贡献”的主旨，切实发挥社会实践的服务功效。

（五）就近原则

大学生社会实践活动范围广、涉及人群多、开展时间长，为便于活动组织与项目顺利开展，一般遵循就近原则。就近原则一方面指区域上的“就近”，学生可以根据家乡所在地的现实情况，依托家乡资源开展区域实践活动，确保活动便利性与安全性；另一方面指内容上的“就近”，实践活动依托学院生产实习基地、定点合作对象开展定向实践活动，省去中间环节，帮助学生最大限度深入基层，了解社会，提升本领。

三、大学生社会实践的组织架构

大学生社会实践是大学生活的重要组成部分，对于帮助同学们提前接触社会、了解社风民情、提高个人实践能力有着重要作用。大学生社会实践需要一定的组织机构与组织规划，统筹组织各项社会实践活动，应对各种突发状况，并将实践成果转换成指导社会发展与国家进步的重要知识储备。现如今，大学生社会实践已经基本形成了共青团统领下的多维社会实践指导体系，即团中央、团省（市）委、院校共青团三大维度的指导体系，并从不同层级指导社会实践活动，确保各项活动的顺利实施与真实有效。

（一）团中央统领

中国共产主义青年团作为中国共产党领导的先进青年的群团组织，其在新时代的基本任务中就包括团结带领广大青年，自力更生，艰苦创业，积极推动社会主义经济建设、政治建设、文化建设、社会建设、生态文明建设，踊跃投身全面建成小康社会、全面深化改革、全面依法治国、全面从严治党实践，为实现“两个一百年”奋斗目标、实现中华民族伟大复兴的中国梦贡献智慧和力量。

共青团中央统领各大基层团组织的社会实践活动，对于高校社会实践活动有着引领管理作用，其中最具代表性的社会实践活动为暑期“三下乡”社会实践活动，其范围最广、影响最大、持续最久，使万千青年学生在社会实践中得到锻炼。通过“三下乡”活动，帮助广大大学生深入农村基层，结合自身所学知识与专业特长，开展形式多样的科技文化知识和生活观念普及的宣讲活动，在新农村建设与乡村振兴的进程中贡献一份青春力量，并通过“三下乡”活动丰富当代大学生人生经历，提升自身素质。

此外，团中央每年针对全国高等院校及中等职业学校全日制在校生开设专项社会实践活动，如“2021年‘井冈情·中国梦’”专项、“七彩假期”专项活动、“大学生返家乡社会实践”以及“青春投身志愿服务、推普助力乡村振兴”活动专项等。各高校社会实践团队根据不同主题、不同地点、不同特色选取不同项目，通过团队申报、团队遴选、活动准备与开展、课题总结等相关环节，完成各类社会实践活动。团中央对各大项目制定相应要求，并对优秀实践团队进行表彰与宣传。

（二）团省（市）委组织

各省、市共青团是在团中央领导下的各地共青团组织，积极贯彻执行党的路线、方针、政策，领导全省（市）共青团组织的工作，其中就包括各大高校的社会实践活动。一方面，团省委、团市委严格遵照上级团组织的相关要求，传达其关于大学生社会实践活动的相关指示，并组织要求各大高校积极申报、认真组织、高标准完成各项青年社会实践项目；另一方面，各地根据自身实际与特色，开展针对本省市的特色社会实践活动，进一步激发青年活力，促进社会发展与青年成长相融合，将青年一代的光热投身到社会主义现代化建设大潮中。

以湖北省武汉市为例，自2017年以来，武汉市委市政府创新工作思路，积极探索大学生思想政治教育新模式，并由团市委牵头，持续推进“新青年下乡”大学生社会实践专项活动，引导在校大学生进农村、进社区、进企业，开展送理论、送科技、送文化、送服务等活动。2018年进一步拓面提质，武汉地区10万大学生参与其中。该活动为大学生提供了解国情社情民情的“新路径”，搭建高校人才亲近武汉、心仪武汉的“新平台”，探索青年学子在基层广阔天地受教育、增才干、作贡献的思政教育“新载体”，受到各界好评。

（三）院校共青团实施

各高校共青团组织是共产主义青年团在各级各类学校中建立的基层组织，是团结教育学校内广大青年师生员工的核心力量，其在大学生社会实践中负主要组织责任。学校层面统一发布实践通知，规定大学生社会实践内容、方向、时间及具体要求。各大高校设置专门的负责组织，主要包括校团委、学生工作处、教务处、宣传处、科技处、财务处、研究生处等各职能部门。各部门根据实际情况各司其职，组成社会实践管理领导机构，加强对各类社会实践组织的统领、指导与保障，进一步加强高校社会实践活动的对内组织与对外联络沟通，不断扩大社会实践活动的影响力与效用力，建立科学高效的管理制度，确保各项社会实践活动的顺利实施。各高校团委要积极发布各级社会实践活动，协调统领好各系统、各部门配合学生社会实践活动的开展，动员组织好各项学生实践活动，确保大学生社会实践活动顺利开展，活动过程安全稳定，活动成果真实有效。

各学院作为社会实践活动的实际组织机构，应该根据自身专业特色与优势，整合有力社会资源，开展专项社会实践活动，在志愿公益、行业发展、乡村振兴、绿色环保等各个方面贡献一份青春力量。学院坚持“全程实践、全员参与、全面开展”的“三全原则”，通过申报立项、培训辅导、规范开展、归纳总结、转化升华等环节，实现大学生社会实践活动规范开展的闭环。

院党委书记、院长、副院长、团委书记、专业导师成立社会实践领导小组，在统筹规划、资源对接、组织安排上对实践活动进行分工合作，实现社会实践活动的专业性、安全性、创新性。其中，专业导师尤其应该发挥重要作用，在行业发展、专业进步上具体指导学生，帮助其进一步了解社会、了解行业，从而更好地将个人发展与社会进步和行业发展相结合，帮助学生更早做出职业规划。学生会、党支部、各团支部、实践团队等组织要充分发挥团队协作力量，团队成员要充分发挥个人聪明才智，在实践过程中发现问题、分析问题、解决问题，在充分考虑自身专业优势与社会发展实际的前提下，开展专项社会实践活动，真正在社会实践中增长实干、提升本领、获得成长。

四、大学生社会实践组织的问题

大学生社会实践是高等教育的重要环节，对于帮助大学生认识国情、了解社会、提高综合素质有着重要作用[1]。但在大学生社会实践组织过程中也存在着诸多问题，这些问题一方面是由于前期组织不得力，考评体系不科学，运作程序不规范，奖惩机制不完善，活动经费不充足等现实层面问题；另一方面也有对大学生社会实践活动认识不足、重视不够，实践与专业相脱节、创新性不够等思想认识层面的问题。因此，我们要切实转变思维观念，加强机制建设，广泛动员参与，及时采取有力措施解决大学生社会实践组织工作中存在的难点问题，充分发挥社会实践活动“第二课堂”的现实功效，让实践成果真正成为解决社会发展问题的重要智库。

（一）思想认识不足，组织动员缺乏活力

大学生社会实践是落实高校立德树人根本任务的重要载体，是高校统筹育人资源、提升办学水平、提升学生综合素质的重要途径，具有重要的育人功能和价值。然而，当前部分高校依然没有深刻认识到大学生社会实践活动的重要性，仍然呈现“单枪匹马”“资源分散”“保障缺失”的现象，缺乏统一组织安排与多方力量参与。在组织管理上，存在仅仅将社会实践当成共青团组织的专门工作，而没有纳入学校人才培养体系中统一谋划推进，缺乏整体布局与规划。在组织机构上，虽然设立了包括党委宣传部、教务处、学生处、财务处、科技处等在内的领导机构，但大多仅停留在审方案、听汇报、看表格的层面，缺乏实质性行动方案和责任分工，在社会实践活动开展中缺乏实质性帮助和指导。在具体责任人上，简单地将任务划分给辅导员或者团委书记，没有充分发挥专业课老师、学业导师、系主任、副书记等重要人群作用，没有充分调动各方优势资源，更缺乏“第一课堂”与“第二课堂”的充分融合，社会实践活动多流于形式。

---

[1] 孟乃杰，李林娜，刘兆莹．大学生社会实践中存在的问题及对策探析［J］．才智，2015（18）：85．

（二）指导力量不足，组织领导缺乏动力

指导教师是社会实践活动顺利开展并取得预期效果的重要保障，其不仅在实践地点联系、实践细节协调、实践进度跟进上发挥作用，更在活动内容把关、活动形式创新上发挥重要作用。然而，当前大学生社会实践活动往往得不到足够的指导力量支持。一方面，辅导员、专业导师等一线学生工作者没有充分认识大学生社会实践活动的育人作用与重要意义，在指导学生、带队实践上缺乏动力，其他学生工作者更是缺乏参与，导致大学生社会实践活动指导队伍在整体数量、知识结构、专业能力等各方面均与实践要求和学生需求不对称[1]，难以满足现实实践活动需求，更难产出优秀实践队伍与项目；另一方面，大多数老师指导社会实践活动为“义务劳动”，其往往得不到与实习实训等教学计划内活动指导的同等待遇，既没有工作量和课酬等各项奖励，又无法与老师晋升、评级挂钩，缺乏有效激励机制，致使老师们常常处于应付了事的工作状态，工作缺乏连续性、积极性、创新性。

（三）活动创新不足，活动内涵有待提升

随着我国社会经济的不断发展，大学生社会实践也在随之变化，无论是实践形式还是实践内容都发生了根本性转变。新时代背景下，大学生社会实践要结合社会经济发展实际需要，不断提升组织动能，创新活动形式，充分发挥当代大学生的聪明才智，落实好各项社会实践活动。然而，受到种种现实条件限制，部分高校在学生实践活动中存在活动参与范围较窄、活动内容单一、活动形式陈旧等问题，各项活动创新性明显不足，多流于形式，应付了事的现象普遍存在。有的高校甚至将社会实践活动搞成极个别同学或组织的“小众活动”，仅在少数学生干部与积极分子中开展，绝大多数同学则放任自流，不管不问，难以真正发挥社会实践育人功效和提升能力效果。有的高校对社会实践活动缺乏整体谋划，临近活动开展随意选取内容或重复以前内容，出现主题陈旧、内容重复、形式单一等问题，实践活动缺乏亮点与新意，难以真正适应时代发展需要，真正使学生得到锻炼，更不能帮助解决社会现实问题。此外，部分高校则偏重于“形式化”实践活动，将重心与精力过多放在活动总结与宣传上，大搞“亮点新闻”，特搞“噱头标题”，多搞“总结材料”，社会实践活动浮于表层，缺乏实质性教育内涵。

（四）保障机制不全，组织保障有待提升

大学生社会实践活动的开展离不开各项保障措施，只有在人、财、物上给予充分支

---

[1] 刘长生．大学生社会实践组织模式的创新——以安徽师范大学为例［J］．高校辅导员学刊，2017（5）：22-26．

持，才能确保实践活动的顺利开展并取得明显成效。当前，大学生社会实践活动种类多、人员广、内容杂，对经费、安全、人员、设备等保障条件提出了更高要求，高校组织大学生开展社会实践的难度也越来越大，经费不足、安全无保障、人员配备不齐、信息化设备缺失等都成为制约实践活动顺利开展的现实问题。有的高校没有专项经费支持学生实践活动，致使活动范围大大减小，活动效果大打折扣，甚至需要学生老师自掏腰包或寻求社会资源来开展活动。有的高校尚未为参加社会实践活动的师生购买意外保险，活动过程中没有紧急预案，存在较大的风险。有的高校采取"放养式"管理模式，仅仅安排学生去组织参与活动，在指导老师、设备配备上完全不予支持，导致实践活动缺乏整体性、连续性、科学性。因此，社会实践活动开展的各项组织保障均有待提升，以确保其顺利开展实施并充分发挥育人作用。

五、大学生社会实践组织模式探索

近年来，高校越来越重视社会实践的育人功能，并将其逐步纳入"第二课堂"培养方案中进行稳步推进。部分高校也形成了具有一定特色的组织模式，如"三进三同模式"（进村社、进农户、进田间，与农民同吃、同住、同劳动）、"学分制模式"等。总体而言，关于大学生社会实践组织模式的有益探索可以分为以下几点。

（一）大学生社会实践课程化设计

大学生社会实践课程化是指把社会实践纳入高校人才培养方案，按照高校教育教学总体规划和大纲的要求，固定具体学分和学时，安排专任老师负责该门课程的开设、指导、培训和考核的举措[1]，它是贯彻高校办学理念，推进社会实践内涵提升，有效服务学校人才培养核心目标的必由之路。2006年，武汉纺织大学将大学生社会实践设为必修课程，纳入本科生教学培养计划中，制定了教学大纲，配备了专业导师，在师资队伍、具体运作、制度建设、经济支持等方面进行积极探索，逐步对大学生社会实践进行课程化设计与安排，确保其真正发挥实践育人实效，提升大学生社会认知和实践能力。大学生社会实践的课程化，一定程度上克服了活动的随意性、临时性和盲目性，大大提升了社会实践活动的规范性，确保了各项社会实践活动的实施效果。

---

[1] 黄旭，柳莉．大学生社会实践活动"五化"模式创新与实践——以重庆理工大学为例［J］．重庆科技学院学报（社会科学版），2015（9）：56-58．

（二）大学生社会实践项目化运作

大学生社会实践项目化运作是指以大学生社会实践项目为对象，对大学生社会实践的项目设置、供给、组织、服务、评价等各方面进行系统化管理，从而达到实践育人的预期目标[1]。一方面，项目化运作是对大学生社会实践资源优化整合的一种方法，能够结合国家、社会实际和服务对象需求，按照既定项目目标统一调配各项资源；另一方面，项目化运作又能以目标为导向，形成科学化、系统化和规范化的大学生社会实践体系，有利于提高大学生社会实践活动的针对性，保障社会实践活动的连续性、接替性、高效性，聚焦具体社会问题，真正解国之难、解民之忧。新时代背景下，大学生社会实践项目化运作是其发展的必然趋势与要求，它能最大限度调动当代大学生参与社会实践的积极性，同时，又能够充分发挥专业教师在立项环节的把关指导作用，增强了项目的专业性、科学性和可操作性，从而更好设计、实施、监督社会实践活动。

（三）大学生社会实践全员化参与

大学生社会实践全员化参与是指社会实践活动要求覆盖整个学生群体，就活动开展范围而言，实现全员覆盖、全体参与。各大高校不同年级同学根据不同专业特点和年级要求，开展不同类别与主题的社会实践活动，以增长社会见识，了解社情民意，提升自身能力，从而帮助当代大学生更好地适应社会。武汉纺织大学坚持“立德树人”根本任务和高校人才培养的根本职能，积极在全校范围内开展社会实践活动，其中既包括寒暑假期间的专题假期实践实习，也包括日常实践调研与实践活动。此外，各学院成立专门领导班子，由校团委具体负责，通过项目化、专题化的实践项目，充分吸纳学生进入调研实践团队，扎实开展各项实践活动。近年来，武汉纺织大学投入社会实践经费逐年攀升，动员百名专家老师指导社会实践活动，扶植一批优秀社会实践团队成长，更是涌现出“信义支教团”“蓝灯志愿服务队”“绿芽环保协会”等一系列优秀实践组织，获得社会一致好评。学校每年组队参加社会实践的学生超过万余名，基本实现了全员化参与。

（四）大学生社会实践社会化发展

社会化是指个体在特定的社会文化环境中，学习和掌握知识、技能、语言、规范、价值观等社会行为方式和人格特征，适应社会并积极作用于社会、创造新文化的过程，它是人和社会相互作用的结果[2]。大学生社会实践社会化发展，是指将实践活动与社会发展充

---

[1] 王振国，范常春. 大学生社会实践项目化运作的问题与对策［J］. 潍坊学院学报，2020（3）：4–6.

[2] 金建. 转型期孤儿社会化解困路径研究［D］. 合肥：安徽大学，2016.

分融合，将个人成长与社会进步充分融合，在助力解决社会问题、适应社会发展的同时，帮助当代大学生逐步实现从“学生角色”向“社会角色”的转化，进而更好适应毕业后的社会生活[1]。大学生通过社会实践的形式进入社会，掌握认识社会的科学方法，树立正确的价值观念和人生目标，了解国家社会发展的现实需要，不断增强服务国家、服务人民的社会责任感，从而将个人发展与民族进步、社会发展、国家富强紧密结合，真正成为社会主义的建设者与接班人。大学生社会实践活动组织要积极适应新形势下经济社会发展需求，帮助大学生更好融入社会、了解社会，充分调动青年一代的主观能动性，积极发挥社会实践活动服务经济社会发展与“实践育人”的双重作用。

第二节 大学生社会实践的管理

大学生社会实践活动是高校加强和改进大学生思想政治教育工作、实现人才培养目标的有效途径，是推进“大学生素质拓展计划”的重要举措[2]。大学生社会实践活动管理对于实践活动的开展有着重要意义，它不仅有利于规范社会实践活动流程，规避活动风险，提高实践活动效率，更能最大限度地发挥实践育人功效，帮助学生深入了解社情民意，提升综合素质。总体而言，大学生社会实践管理包括活动管理、人员管理、财务管理三个方面，做好落实各项管理工作，才能确保大学生社会实践活动开展的质量。

一、大学生社会实践的活动管理

根据大学生社会实践活动开展的时间脉络，可以将整个社会实践活动分为事前计划、事中控制与事后反馈三个部分。做好充分事前计划，及时调控事中问题，准确反馈事后问题，确保整体社会实践活动的顺利开展与真实有效。

---

[1] 刘长生．大学生社会实践组织模式的创新——以安徽师范大学为例［J］．高校辅导员学刊，2017（5）：28-32．

[2] 邓迎迎．大学生社会实践活动学分制管理的实践与探索［J］．青少年研究（山东省团校学报），2010（1）：60-62．

（一）大学生社会实践管理的事前计划

1. 明确组织领导

组织领导是确保大学生社会实践活动顺利开展的重要保障，组织领导机构可以由学校主要分管领导牵头，成立由校党委宣传部、组织部、学生工作部、团委、教务处、财务处、科研处、保卫处等部门负责人组成的大学生社会实践活动领导小组，宏观领导社会实践活动。其中校团委具体负责各项社会实践活动的指导与统筹，其他部门提供相应的支持与保障工作，各部门形成合力，共同助推各项实践活动真正落地开展并取得实效[1]。此外，形成“校—院—系”三级管理体系，细化管理分工，层层落实责任，确保每位学生能够在社会实践中得到锻炼提升。统一的领导机构和管理部门既可以为开展各种大学生社会实践活动提供充裕的经费、人员、时间等保障，又可以组织、协调具体操作单位、部门，排除一切后顾之忧，真正发挥社会实践管理功能，达到社会实践“受教育、长才干、做贡献”的实践育人功效。

2. 建立健全制度

健全完备的社会实践制度是大学生社会实践管理的重要保障，具体制度安排包括指导思想、组织原则、内容形式、管理制度、激励制度、考核制度等。通过严格、规范、健全、完备的制度文件，来规范各项社会实践活动的开展，既可以最大限度调配各方资源，使各项活动有抓手、有保障、有依托，又可以规范活动各个环节，减少不必要的纠纷与麻烦，实现实践活动的有序管理和顺利实施。大学生社会实践活动的制度建设，要坚持习近平新时代中国特色社会主义思想指导，组织有序，内容丰富，形式多样，奖惩分明，总结规范，考核严格，为实践活动的开展做好保障。

3. 加强指导教育

大学生社会实践活动既需要专业老师的系统指导与把关，也需要专业力量的管理与激励。新时代背景下，大学生社会实践活动越发趋向项目化、社会化、专业化，更需要专业团队的指导，其指导队伍可以由学校党团干部、专业教师、团委书记、辅导员等人员构成。一方面，要充分发挥辅导员一线思想政治教育工作者的作用，最大限度实现社会实践活动实践育人功效；另一方面，要充分发挥专业导师专业引领作用，通过社会实践方式，帮助学生进一步了解社会、了解行业，从而更好地将个人发展与社会进步、行业发展相结合，更早做出职业规划。此外，要积极探索将教师参加指导大学生社会实践计入实际工作

---

[1] 林国庆. 大学生社会实践管理研究［D］. 桂林：广西师范大学，2011：7.

量，并作为考评、奖励的重要依据，以此鼓励支持更多有能力的教师担任大学生社会实践的指导工作，积极引导大学生全面开展社会实践活动并取得实效。

4. 设计实施方案

大学生社会实践活动得以顺利开展离不开周密的组织和规划，特别是实践方案的设计一定要具有可操作性、科学性、有效性。在设计社会实践活动实施方案时，要坚持“四个结合”原则，即社会实践与思想政治教育相结合，社会实践与专业学习相结合，社会实践与服务社会相结合，社会实践与创新创业相结合[1]，在坚持“四个结合”的基础上，通过文献收集整理、实地调研发现、深入访谈记录等方式，对拟进行重点服务的实践地点和对象进行前期了解研究，聚焦重点群体与重点问题，充分考虑可能遇到的各种情形与问题，灵活设计活动实施方案。设计方案主要内容包括实践主题、活动内容、活动形式、人员组成、经费安排、安全措施、后期总结等所有与社会实践相关的环节。

5. 组建实践团队

好的大学生社会实践项目离不开团结高效的实践团队，在社会实践项目化运作背景下，实践团队早已打破学历、专业、年级、院校等常规界限，每个实践项目可以根据项目开展的实际需要，吸纳不同学历层次、不同专业背景、不同特长爱好的成员参加，以确保人员构成的丰富性和活动开展的灵活性。其成员可由本科生、硕士研究生、博士生研究生等构成，也可以由文理科不同学科背景学生构成，但团队全体成员必须具有过硬的政治素质，围绕统一的目标进行合理的分工，根据自身的专业技能优势积极配合活动的开展，促进活动的顺利开展，取得实效。此外，每个实践团队需要配备强有力的领导力量，团队队长可由院系党委副书记、团委书记、辅导员、专业老师担任，也可以由经验丰富的学生干部担任，以实现队伍有领导，队员有活力，团队能干事。

6. 加强人员培训

好的社会实践队伍需要系统科学的培训指导，特别是在团队成员的政治素质和业务能力两个方面。一方面，加强思想政治教育，确保社会实践活动的政治正确性，提升团队成员思想认识，充分发挥社会实践的育人功效；另一方面，要提高广大学生实践本领，在专业理论知识、社会调查能力、宣传写作能力、安全救护知识、社交礼仪知识、摄影技巧知识等方面进行专业培训，提高实践活动开展效率，确保活动顺利开展。

---

[1] 徐厚升．高校思想政治工作实效性途径探讨［J］．长春理工大学学报：高教版，2011（9）：2-4．

（二）大学生社会实践管理的事中控制

1. 实时检查督促

检查督促是指学校社会实践领导机构采取多种方式对学生社会实践实施进行监督与考核，以确保各个环节稳步推进，它既是发现问题、解决问题的重要依据，也是实现社会实践预定目标的可靠保证。检查监督可以采用多样化形式，从时间上看，可以有定期检查和不定期检查两种；从内容上看，有全面检查和抽样检查两种；从方法上看，有口头汇报检查、书面检查、实际检查等。通过形式多样的监督检查，及时排查出实践活动中存在的问题和潜在危机，并积极采取措施防范风险，才能够最终确保社会实践活动顺利开展。

2. 信息及时反馈

社会实践实施过程中存在诸多不确定因素，可能会出现许多突发状况而使活动被迫中断，如因出现主观力量不能控制的重大事变而使既定决策方案不能继续实施，突发不可控的自然灾害或人为事故导致活动中断等。面对这些大小问题，需要通过畅通的反馈渠道与机制，迅速将信息汇集到领导决策处，交由领导决策定夺，最终做出进一步的活动指示，从而将活动危害与损失降到最低值，或及时排除困难继续开展活动。如果各类信息不能及时反馈到学校社会实践领导机构部门，社会实践活动的顺利开展就会受到严重威胁，不仅会影响最终活动效果的实现，更有甚者会产生重大负面影响，危害团队、学校声誉。

3. 活动宣传报道

宣传报道是社会实践开展过程中通过对内、对外的宣传报道，对实践过程进行详细、客观的记述，对活动范围、活动内容、活动特色、活动影响进行全面的展示与宣传，以扩大社会实践活动影响范围，宣传总结社会实践积极成果。具体说来，在宣传形式上，可以以相关图片、文字材料、音像资料等形式对活动开展情况进行全面展示；在宣传内容上，可以对社会实践活动中涌现出的优秀人物、典型事迹、活动特色与亮点、活动影响与成效等情况进行报道。好的活动需要宣传，通过对社会实践活动及时地宣传报道，不仅能够提高活动影响力和社会知晓度，更能提高学生认同感，调动学生活动积极性，并作为将来社会实践活动考核评优的一项重要参考指标。

（三）大学生社会实践管理的事后反馈

1. 活动总结表彰

好的社会实践活动一半在于实施，一半在于总结，只有对所开展活动进行及时、全面、有效的总结反思，才能够将感性认识上升到理性认识，才能够提炼出活动精华，并将其转化为精神财富，更好地指导后期实践活动开展。在实践活动结束后，学校要高度重视、认真组织学生进行总结，校团委、各院系、各班级、各团队要通过举办社会实践代表座谈会、事迹报告会、成果展览、成果推介转化等多种形式的总结活动，来反思工作开展情况，广泛宣传先进集体和先进个人的事迹，深化社会实践成果[1]。一方面，以团队为单位，对活动开展过程中的各项细节、活动中的亮点与经验、活动中的不足与困难进行系统梳理，对团队成员表现、活动环节开展、团队应急处理等方面进行反思总结，并形成系统报告汇总存档。另一方面，以个人为单位，对自身在活动中的实际表现、所做贡献以及工作的不足进行反思，对自身收获成长进行思考，并提出进一步改进措施，最终形成个人活动小结。此外，要严明奖惩，对优秀项目及个人进行表彰，在学校详细、科学的考核指标体系的基础上，坚持公正、公平、公开原则，通过自主申报、公开考评、民主测评等流程择优评选出优秀实践团队奖、优秀指导教师奖、优秀实践个人奖、优秀社会调查报告等奖项，树立先进典型，表彰在社会实践活动中做出突出贡献的集体与个人。

2. 成果转化提升

实践成果的汇总与转化是对实践活动的总结提升，也是社会实践活动项目化管理的应有之义。在实践活动结束时，团队所取得的成果以实践调查报告、专业学术论文、先进事迹材料、实践日记、调查图片资料等形式呈现，从而满足社会需要、学校育人目标、学生发展需求等总体要求。其中，实践报告与学术论文要具有科学性、先进性、实用性，能够对现实问题提出自己的见解与解决措施，从而帮助社会发展与行业进步。先进事迹与调研日志则要求真实反映活动开展过程，重点突出活动中的亮点与特色，强调艰苦奋斗、实事求是、勇于创新等与社会主义核心价值观相匹配的精神，弘扬社会正能量，发扬青年新风尚。此外，部分优秀实践项目可以通过整合立项，实现社会实践活动持续化、项目化、科学化运作，并积极争取省部级及国家级课题基金资助，形成一批有较高水准的作品参加“挑战杯”全国大学生课外学术科技竞赛，形成一批调查报告和论文成集出版，形成一批专业实践队伍成为青年实践的生力军。

3. 基地建设完善

建立实习实践基地是开展社会实践活动的前提和媒介，其既是大学生社会实践规范化运营的基础，又是实践活动顺利开展的重要保障，对于争取各项社会资源支持社会实践活动，提升大学生综合素质，促进大学生成人成才有着重要的作用。高校应该高度重视社会实践基地建设，根据当前社会经济发展情况、就业形势与行业特征，充分利用自身各方面

---

[1] 林国庆. 大学生社会实践管理研究［D］. 桂林：广西师范大学，2011：27.

的优势和社会协调网络，在条件成熟的地方和领域尝试建立社会实践综合基地。政府也应该充分发挥自身作用与能力，根据地方经济发展实际、社会民生发展现状、行业发展需要，积极帮助高校制定社会实践基地计划，为校企合作实践基地搭建坚固桥梁，为大学生社会实践活动提供有效渠道，从而在学校和当地政府、社会企业之间架起产、学、研协作共赢的发展桥梁。

二、大学生社会实践的人员管理

（一）大学生社会实践人员招募

1.成员要求

实践团队一般由指导老师（至少1名）、团队负责人（至少1人）、团队成员（至少3人）组成，并具体分管项目跟进、财务保障、安全保障、宣传报道等工作，具体团队成员数量及要求要根据项目不同规模与类别、活动计划安排而具体确定。具体而言，在人数上，团队成员原则上不少于3人，不多于20人，每人分工具体，各司其职，协同合作。在成员构成上，团队成员可以跨年级、跨专业、跨院系，甚至跨院校，组成综合实践团队，确保团队成员构成的多样性，以适应不同的实践活动要求。在负责人上，可聘请专门老师指导实践活动开展，或设置学生负责人，统筹整个活动开展，把关整个活动进程，特别是突发事件的应对与处理。在组团形式上，可以通知项目形式招募队员，也可以班级、寝室、地域为单位自发组织。总而言之，在组建社会实践团队时，根据实践活动的需要确定适当数量的成员，参与实践者都必须承担与自身的专业、学识、能力、特长相适合的具体任务，分工明确；在活动中应服从队长的统一组织和安排，互帮互助，履行好自己的职责，充分发挥自身的优势，认真圆满地完成各项实践任务。

2.成员招募

在确定社会实践活动成员要求的前提下，要积极进行团队成员的招募工作。成员选择需要遵循两个基本原则：首先是自愿原则，参与者必须具有相对统一的课题意向，认同社会实践主题，具有明确活动参与意向，而不是完成任务式被动加入；其次是合适原则，根据实际社会实践项目的需要，吸纳具备相应素质与条件的大学生加入实践团队，在性别、专业、学历层次、知识构成、爱好特长上全面兼顾，注重团队人员构成的多样性。在组团形式上可以采用项目组团、兴趣组团等形式，或者采用班级组团、寝室组团、社团组团、党支部组团、学生会组团、同乡组团等途径。

（二）大学生社会实践人员培养

1.团队分工合作

在确定团队成员以后需要根据每个人的个人特长与兴趣进行相对明确的分工，从而细化责任，便于开展活动。团队分组应该秉持自愿与合适原则，提倡团队成员取长补短，充分配合，实现团队效应最大化。一般而言，分组方法包括兴趣爱好分组、地域分组法、性格分组法、特长分组法等。根据实践活动的具体要求和团队成员的自身意愿，进行一个初步的分工，并制订个人活动计划与责任，确保社会实践活动在统筹、外联、财务、安全、宣传等方面均有具体负责人，以实现各个环节有人做事、有人负责、有人协调。但团队成员分工并不是一成不变的，可以根据活动具体开展情况和个人适应情况灵活变化，如计划未预见的额外任务可以调取机动人员前去辅助；对于活动开展过程中的困难和失误，也可以适当调整人员配备，以减少对活动整体的影响。总体而言，社会实践活动团队分工要做到稳定性与灵活性的结合，让每个团队成员都能在活动过程中贡献力量，得到锻炼。

2.确立管理制度

团队内部运营必须建立一系列人事管理制度规范，团队成员依据制度开展实践活动，既能够确保活动顺利高效完成，也能够为活动评价与表彰提供依据。具体而言，包括定期会议商讨制度、财务管理制度、安全管理制度、团队纪律等。其一，建立定期会议商讨制度。活动的开展并不是一帆风顺的，通过定期谈论总结，同学们能不断地调整自己的心理状况和实践部署，不断地更新优化实践的方案，更好认识自我、提升自我。其二，建立团队财务管理制度。好的财务管理制度才能够给活动开展提供资金保障，团队需配备专人管理实践经费，做好日常开支登记、做好账目明细表，做到财务公开透明。在活动结束后，做好账务整理与保障工作，对财务明细进行汇总存档。其三，建立团队安全管理制度。安全问题压倒一切，各团队负责人要将学校关于学生社会实践安全工作的办法落到实处，设立专人负责安全工作，准备详细可行的安全预案，时刻提醒参与实践的同学注意自身的人身安全，确保安全圆满地完成社会实践任务。其四，建立团队活动纪律。团队负责人要清楚了解本校规章制度，并要懂得一些法律常识，了解实践地点的习俗习惯，通过以上各方面的整合，然后结合实践时的天气状况、队员的实际情况、团队的性质以及大学生文明规范等，制定适合本团队的纪律，确保实践活动能够顺利开展。

三、大学生社会实践的经费管理

资金是大学生社会实践活动顺利进行的物质基础，充足的经费投入是建立大学生社会实践长效管理机制的必然要求，也是开展大学生社会实践活动的重要保障[1]。然而，活动经费不足、资金来源单一等问题是大学生参加社会实践活动的一大制约因素，很大限度上影响了活动开展进程及活动效果的呈现。一般而言，各大高校普遍采取学校专项经费支持、企业资金支持、学生自费支持等方式进行资金的筹措，但是总体上还是存在总量不足、来源单一等诸多现实问题。在实践经费既定的情况下，做好经费管理工作，将有限的经费发挥出最大效用，最大限度实现社会实践活动的应有效果。

首先，要确保实践活动经费按时、足额到账，做到专款专用，保障活动开展。在社会实践开展之时，要及时确认社会实践经费的到账情况，积极联系相关部门确认经费数额、到账时间、到账方式等问题；严格按照活动预算进行开支。其次，要制定科学合理经费使用明细，坚决杜绝浪费行为，确保每一分钱都用在“刀刃”上，确保实践活动实效。此外，还要根据活动开展要求合理分配资金，并留有一定数量的机动资金，以备不时之需。再次，做好财务记录，明晰每条账目，留存好每一笔资金支出的发票或收据，并注明经手人、证明人、审批人，汇总整理好活动收支明细，以备活动结束后报账使用。最后，配备专人管理财务工作，且财务支出与经手人分开设置，确保账款分离，避免“徇私”现象发生。

大学生社会实践活动资金管理既要“做大蛋糕”，即增加社会实践资金总量，也要“分好蛋糕”，即科学高效使用有限的社会实践资金。一方面，要实现大学生社会实践经费投入多元化，高校应该不断增加对社会实践的资金投入，同时调动一切资源多方筹措社会资金，积极尝试通过与企业签订合同、达成协议的形式确定社会实践活动的合作项目，更好地调动学校和企业的积极性，推动社会实践和社会经济建设有机结合。另一方面，也要大力开展社会实践服务活动，不断扩大活动知晓度和影响力，积极获取各项社会支持，要用好现有项目资金，确保每一笔开支的合理有效，每一笔账目的公开透明。

[1] 林国庆. 大学生社会实践管理研究［D］. 桂林：广西师范大学，2011：24.

第三节 大学生社会实践的评价

大学生社会实践评价是依据社会实践活动既定目标对社会实践活动过程及结果进行价值判断，并为社会实践活动决策服务的活动❶，是社会实践活动的重要环节，不仅有利于总结社会实践活动经验，为改进实践教学提供依据，更有利于选送表彰优秀，形成积极正面导向，从而激发更多先进实践团体与实践项目。

一、大学生社会实践评价的意义

（一）落实教育改革发展的需要

2010年颁布的《国家中长期教育改革和发展规划纲要（2010—2020年）》❷中明确提出："根据培养目标和人才理念，建立科学、多样的评价标准，强化人才选拔使用中对实践能力的考查，克服社会用人单纯追求学历的倾向。"该条明确规定了大学生社会实践评价适应了教育改革的要求，是保证教育效果、提高教育质量的重要手段和必然要求。此外，大学生社会实践是高校实践育人的重要载体，开展大学生社会实践评价既是贯彻落实《纲要》的现实需要，同时也对加强和改进大学生社会实践工作，进一步拓展高校实践育人体系，增强高校思想政治教育的效果具有重要的意义。

（二）提高人才培养质量的需要

在广大大学生群体中开展社会实践活动，既能帮助学生扩展视野、增长才干、提升本领，更是各大高校实现人才培养目标、提高人才培养质量的重要方式，其在提高当代大学生综合素质、帮助大学生更好地了解适应社会中具有不可替代的作用。确立科学合理、全面高效、客观公正的社会实践评价体系，通过明确评价的导向、规范评价的标准、选择评价的方法等措施来甄别优秀实践团队和项目，能够更好地发挥社会实践的育人作用，保证实践活动效果，促进人才培养体系建设，让大学生社会实践真正成为提高人才培养质量与

---

❶ 张育广．大学生社会实践的实效性评估机制浅析［J］．江西社会科学，2014（4）：249-253．

❷ 教育部．国家中长期教育改革和发展规划纲要（2010—2020 年）［EB/OL］．2010-07-29［2021-07-29］.http: //www.moe. gov. cn/jyb_xwfb/s6052/moe_838/201008/t20100802_93704. html .

效率的一种有效途径[1]。

（三）改进社会实践教学的需要

社会实践活动评价不仅包括对学生实践效果的评价，还包括对教师实践教学工作的评价。通过教师实践教学工作的评价，能够反映实践教学过程中的种种问题，能够更加清晰地了解到学生的学习接受情况，从而不断调整整体教学指导进度，反思改善社会实践教学方式与方法，提高实践教学水平。

（四）实现实践育人效果的需要

改革开放以来，大学生社会实践在育人上取得了巨大的成绩，但也存在着诸如形式化严重、服务性不强、延续性不够、保障性不足等问题。究其原因还是思想上不够重视，过程中投入不够，评价上缺乏科学合理所导致。因此，制定科学合理的社会实践评价体系，确立社会实践“见世面、长知识、增才干”的评价导向，不断改进大学生社会实践评价方式方法，提升相关各方对实践评价的参与和重视程度，努力解决评价过程中的诸多问题，让社会实践评价回归实践育人本位，满足实践育人的真正需要。

二、大学生社会实践评价的原则

（一）客观性原则

客观性原则是指整个社会实践活动评价过程，从评价标准到评价方法都应该秉持公平公正的态度，不能主观臆断或掺杂个人感情因素。一方面，社会实践活动评价者必须排除各种主观因素，排除各种外界干扰，实事求是，如实评价活动；另一方面，要制定科学公正的评价指标体系与评价流程，在制度层面上杜绝不公平现象发生。

（二）整体性原则

整体性原则是指在进行社会实践评价时，要将社会实践活动视为一个有机整体，对组成社会实践活动的各方面做多角度、全方位、多层次的评价分析。社会实践活动涉及主题、宣传、社会影响、资金情况等方方面面，这使得社会实践活动表现为一个由多因素组成的综合体。因此，为了反映真实的社会实践效果，应当将定性评价和定量评价相结合，将团队成员自评、团队成员互评、实践单位评价、社会评价相结合，使其相互参照，以求全面准确地判断评价客体的实际效果。同时，也要把握主次，区分轻重，全面有效地评价

---

[1] 肖述剑．关于改进大学生社会实践评价的几点思考［J］．理论观察，2015（2）：142-144．

社会实践活动。

（三）科学性原则

科学性原则是指社会实践活动的评价一定要遵循客观规律与现实，以先进的科学理论作为指导，运用合理的技术手段来观察、认识和评价具体的实践活动。对大学生社会实践活动的评价，坚持科学性原则就是要求评价过程及评价结果要符合社会实践活动自身发展的客观规律。在进行社会实践活动评价时，不能依靠经验和直觉进行主观判断，而是要使用先进的测量手段和统计方法，依据科学的评价程序和方法，对获得的各种数据进行严格的处理，对社会实践活动进行精确有效的评价。

三、大学生社会实践的评价体系

科学全面的社会实践评价体系对规范社会实践活动、指导项目开展、推动实践项目可持续发展有着重要的作用。针对同一项目，不同的评价体系设计可能带来完全不同的评价结果。因此，需要全面考虑各项影响因素，遵循客观、整体、科学的基本原则，兼顾项目的一般性与特殊性，得出相对公正科学的评价指标体系，进行科学评价。

不同学者对大学生社会实践评价体系的设计做出过不同的探索。南京林业大学黄平❶在对大学生社会实践评价体系指标设计中，设置了十级评价项目（社会实践指导思想、领导与投入、指导老师队伍建设、教学计划、具体实施情况、“三下乡”和“四进社区”工作、基地建设、思想道德及综合素质提升、社会评价与就业、社会实践特色）、27级评价指标，并对每级指标设定有A到D四种不同等级，通过各级打分得出最终评价结果。嘉兴学院陈立力❷将评价指标分为实践主题、实践计划、实践态度与能力、实践成果四个方面。其中，实践主题分为“选题满意度”“选题难度”两个维度；实践计划分为“计划完整性”和“计划可行性”两个维度；实践态度分为“团队合作”“爱岗敬业”“主动性”三个维度，实践能力分为“沟通能力”“应变抗挫能力”“资源利用能力”三个维度；实践成果分为“实践总结报告质量”“其他实践物化材料”“成果答辩情况”三个维度；在已有评价指标上，采取Delph法、主成分分析法、层次分析法给予权重确定并计算。

---

❶ 黄平. 探讨大学生社会实践评价体系的构建［J］. 教育与职业，2008（6）：117-119.

❷ 陈力立. 大学生社会实践评价指标体系与评价方法研究［J］. 中国青年政治学院学报，2010（2）：27-32.

笔者综合学界多种评价指标设计，根据社会实践活动的基本环节与评价指标体系构建的基本准则，将社会实践评价指标分为前期准备、中期实施、后期总结三个部分，并针对不同阶段具体设计14个二级评价指标。此外，根据评价主体不同，分为自评与他评两个环节，坚持“他评为主、自评为辅”的原则综合两方评价，最终得出相对科学完整的社会实践评价指标体系（表4–1）。

表 4–1 大学生社会实践评价指标体系

评价阶段	评价指标	等级标准		评价等级（A、B、C、D）	
		A级标准	C级标准	他评	自评
前期准备	培训指导	有完备培训流程与指导课程，全程跟进指导纠偏	零星培训，指导具有临时性、随意性		
	单位对接	单位积极支持，提供保障大力配合实践活动开展	单位允许活动开展		
	项目申报	积极申报相关项目，提交申报书，项目化运作活动	零星活动开展，缺乏统一项目申报与运作		
	团队组建	团队构成数量充足，包含多个学科背景与兴趣特长，队员认真负责	团队构成单一，缺乏跨学科交流合作		
	经费预算	经费投入充足、构成多样，能够保证活动顺利开展	经费勉强维持社会实践活动的开展		
中期实施	项目执行度	项目按照原定计划高标准完成，各项目标计划100%实现	原定计划基本完成达标		
	团队合作	团队各司其职、分工合理，活动中无纰漏矛盾	团队成员能够完成任务，缺乏交流合作		
	教师指导	学校党政干部、共青团干部、辅导员等均参与大学生社会实践，并持续跟进项目	有相对固定的指导老师参与指导社会实践		
	专业匹配	根据专业提升参与者社会认知与择业就业能力，提高整体就业率	针对专业开展活动，但特色不明显		
	实施保障	社会实践人财物各项保障充分，能确保活动顺利开展	提供基本活动开展保障，但存在一定缺失		
后期总结	实践总结	充分反映活动开展情况，在实践中发现问题并提出解决问题的办法，总结充分	有活动总结，缺乏深入探索与思考		
	实践答辩	答辩流畅，能充分展示实践成果	完成实践答辩，正常结项		
	实践单位评价	高度认可实践活动，期待活动持续开展并希望成项目化运作模式，提供积极支持	满足基本期待，认可活动开展		
	社会影响力	受到国家及相关部委表彰，形成一定社会认知与赞同，活动影响范围广且持续	活动影响力有限		

大学生社会实践评价涉及多个方面，针对不同类别的社会实践项目可灵活调整评价指标，并通过设置不同指标体系权重来最终测评大学生社会实践活动的得分。通过科学合理的社会实践评价指标体系的建立与执行，对优秀实践项目进行针对性奖励与扶持，最终形成一批社会影响力大、专业背景贴合、育人功效明显的社会实践项目；同时，也表彰一批先进社会实践工作个人与团队，形成你追我赶、争优创先的良好氛围。此外，对于社会实践活动开展中的问题，通过评价给予及时的反馈与纠正，帮助其改正提升，更好发展。

四、大学生社会实践评价中的问题及对策

（一）大学生社会实践评价中的问题

1. 评价导向偏差

大学生参加社会实践的意义在于了解社会，认识国情，增长才干，奉献社会，锻炼毅力，培养品格。而现如今，社会实践考核评价体系则将媒体报道与项目转化作为衡量社会实践活动好坏的主要指标，这在一定限度上导致大学生在进行社会实践活动时更多地追求媒体的关注，而忽略了社会实践的本来意义，自身的个人能力也缺乏有效的锻炼。此外，部分社会实践活动过多强调结果评价，而忽略社会实践活动的过程和体验，忽视学生的全面发展和个体差异，特别是对学生的实践能力、创新精神等更是缺乏重视。这些导向上的偏差都导致了社会实践评价不能够做到真正的公正客观，也难以筛选出真正优秀的社会实践项目。

2. 评价主体单一

社会实践评价需要多方参与，学生、教师、社会、活动机构均应参与社会实践活动评价过程，以确保评价的多元性与科学性。然而，当前社会实践评价单以教师为绝对主体的现象十分严重，普遍存在忽视学生与社会评价的问题，学生的主体性发挥不够，社会主体参与度不够。这种排斥被评价者对评价的介入，允许被评价者之间的相互交流探讨，以及反对被评价者与评价者之间的沟通与协商的行为，必然会使评价流于形式，做表面文章，也极容易使被评价者对评价活动和结果产生对立、反感及抵触情绪，从而一定限度降低活动参与积极性，减少实践活动投入热情[1]。

---

[1] 李文砚，徐伟. 新课改视野下学生评价现状及对策［J］. 江西教育科研，2007（3）：116-118.

3.评价方法单一

评价标准是评价社会实践活动的基本参照和重要依据，应该采取定量与定性相结合的方式，力求评价的科学稳定、合理公平。然而，现如今的社会实践评价中，既缺乏有效的评价工具和方法，又存在偏重定量方法而忽视定性的倾向，从而导致了多数社会实践评价流于形式，未能发挥评价实效。社会实践活动评价大多以报告形式进行，缺乏彼此之间的交流学习，使得部分社会实践团队在进行社会实践时，不是把精力花在总结反思、体验提升上，而是花相当大的精力去整材料、补照片、求宣传，或是签字盖章，更有甚者还会出现造假行为。评价方式的简单粗暴直接导致了社会实践难以收到应有的实践效果，社会实践评价流于形式。

4.评价结果无反馈

社会实践评价的目的之一是总结活动开展的经验教训，从而更好指导后续社会实践活动的开展。现如今，社会实践评价往往是社会实践活动的最后一环，并没有将评价的结果和建议反馈给实践团队，并没有形成活动“开展—指导—反馈”的闭环。当前各高校在对大学生社会实践进行考核评价后，仅仅将考核优秀结果告诉学生，其余项目“不闻不问”；甚至只负责开展活动、收集资料，对大多数实践活动“不予评价”，更没有告诉学生结果从何而来，如何改进从而获得更好的效果。这种“无回应、无反馈、无闭环”的评价必然导致学生在后续的社会实践活动中迷失方向、难以提高，也必然导致学生将社会实践当任务敷衍完成，偏离国家设立大学生社会实践制度的初衷，更难以真正发挥实践育人的功效。

（二）大学生社会实践评价建议

1.评价标准多样化

评价标准是评价体系的核心，它是评价大学生社会实践优劣的重要依据，因此，要通过科学合理的标准来引导和达到实践的目的。社会实践评价应该坚持多样化标准，应该将社会实践作为一个整体，多维度、多层次、多方面进行评价，而不是单从新闻报道数量、活动开展范围等单一指标进行评价。在社会实践评价过程中，应该以原本既定实践目标为基本参照，根据不同主体标准设置多元化的评价标准，确立适合学生个体发展、促进项目可持续进行、有益于推动社会经济发展的综合评价标准，克服评价的随意性、单一性、简单性。通过科学多维的评价标准进一步挖掘学生各方面的潜能，促进学生综合素质的全面发展，并为经济发展和社会进步提供一份青年答卷。

2.评价主体多元化

评价主体多元化要求评价主体既包括教师、学生、实践单位、社会等各个方面，也要求各方主体加强沟通交流，通过自评与互评转被动为主动，形成多方主体共同参与、交互评价的过程。多主体的评价重视学生的自我评价，允许学生在评价过程中充分表达自身见解，对活动情况做出详细解释说明，这使得评价信息的来源更为丰富，评价结果更加全面、真实，更是加强了评价者和被评价者之间的互动，确保了评价的公平与全面。因此，在社会实践活动中，要把学生作为社会实践评价的主体，加强自评与互评，使社会实践评价成为教师、学生、家长等共同参与的交互活动。

3. 评价方式科学化

评价方式是大学生社会实践考核评价的有效载体，科学、合理、完整的评价方式将直接影响大学生社会实践的最终效果。但从大学生社会实践现实情况来看，其通常具有活动时间长、活动内容多样、活动结果难以确定等特性，因此，在选取评价方式时要综合运用各种科学的评价方式。具体而言，一是要注重过程评价。在评价过程中要坚持过程导向，注重强化过程、淡化结果，始终把握社会实践“受教育、长才干、做贡献”这一基本目标，强调社会实践的过程评价，确保评价的客观科学。二是要将定性与定量评价相结合。由于实践过程的长期性、复杂性和不可确定性，导致了评价的方法不能一概而论，必须坚持定性与定量相结合的评价方式，坚持具体问题具体分析的基本原则，科学合理地评价社会实践活动的质量。对于一些可明确量化的指标，如媒体报道次数、实践成果获奖等级、活动覆盖范围、活动参与人数等进行定量评价，而对于难以定量的指标，如学生能力提升、活动影响程度、团队个人感受、社会经济助益等方面采用定性的方式进行评价。

4. 强调评价反馈与激励

评价的根本目的在于促进发展，指导实践。社会实践评价应该逐步淡化甄别与选拔的功能，更加注重反馈与激励。一方面，要突出评价的激励与调控功能，激发师生的内在发展动力，促进其不断改进，从而更好地开展社会实践活动。另一方面，要及时将社会实践评价反馈给具体团队，并在活动存在问题、活动改进方向、具体措施上给予一定的指导。社会实践评价应该关注学生实践学习的过程，诊断学生成长中的问题，发掘学生的特长，展示学生的才华，从而充分发挥评价的激励反馈功能，以提高社会实践活动的实效性，促进学生发展的功能，真正达到实践育人的目的。

第五章 大学生社会实践的保障机制

PART 5

大学生参与社会实践活动是教育体制改革探索的一项重要形式，是贯彻劳动教育的重要举措，是学校教育的拓展。社会实践是教育的第二课堂，大学生参与社会实践活动对锤炼学生意志，提升学生的综合能力，学会情绪控制具有重要的作用。但是由于社会因素、各种不确定性以及制度的不完善。大学生开展社会实践过程中，会遇到各种各样的问题。因此，建立大学生社会实践的保障机制，完善大学生参与社会实践的各项制度。对于发挥大学生参与社会实践的积极作用，具有重要意义。

第一节 大学生社会实践中的安全问题

大学生参与社会实践活动，是大学生了解、接触、感知、适应社会的重要方式。大学生可以通过社会实践，将理论与实际相结合，拓展自己的思维方式，同时能够积极地服务社会。参加社会实践活动，在校大学生不仅能够展示自我、发挥特长、锤炼意志、丰富技能，而且能提升综合实践能力。为毕业后更快地适应社会、适应工作内容奠定良好基础。但是，由于社会环境的复杂性，大学生在开展社会实践活动中具备一定的安全知识是非常必要的。

一、大学生社会实践中的常见安全问题

大学生在参与社会实践的过程中，社会实践形式主要有文化科技卫生“三下乡”社会实践和实习实践。“三下乡”社会实践包括社会调研调查、志愿服务活动、社会服务活动等。实习实践包括学校联系的实习单位，统一组织学生到指定单位完成实习，以及有学校指定实习要求，学生自己联系单位完成实习内容。在完成社会实践的过程中会涉及交通出行、与陌生人沟通、住宿、财务安全、野外考察、网络安全、饮食安全、生病等诸多安全问题。由于不同的原因，大学生在开展社会实践过程中，会遇到欺诈、上当受骗、拖欠工资等情况。一些同学轻易地相信陌生人，被诱骗加入传销组织开始了行骗之路。一些同学在出行过程中，搭乘无运营资质的“黑车”被敲诈车费，甚至因车祸受伤的现象比比皆是。这类事件的发生，为社会实践的组织者、参与者以及整个社会都敲响了警钟。大学生在开展社会实践过程中的安全问题需要各方的重视。

二、大学生社会实践中安全问题产生的主要原因

大学生在开展社会实践过程中，极易产生安全问题。这是由于大学生自我保护能力不强，安全防范意识不足，社会经验不足，法律意识淡薄，家庭和学校安全教育的缺失，社会实践法律法规和制度的不健全等原因造成。

（一）大学生自身安全意识不足

在现实生活中调查发现，大学生在消防、出行、防诈骗、食品等方面的安全意识较为薄弱。在校大学生宿舍普遍存在违规使用大功率、违禁电器。部分宿舍出现使用酒精锅、电热锅等厨房用具。各种安全隐患的出现，正是由于大学生的安全防范意识不足产生。在社会实践过程中，对安全隐患的麻痹大意，将会导致一系列安全事件的发生。

（二）大学生社会经验不足

目前，很多大学生都是成长在一个被过度保护的环境中，有的甚至是六个成年人面对一个孩子。家庭的过度关爱导致学生自身阅历成长缓慢，不足以面对当前的复杂的社会环境。由于诸多不确定因素的存在，大学生在参与社会实践的过程中，可能会遇到洪水、道路塌方、车祸、蚊虫叮咬等自然或意外伤害。只有在平时储备相关知识，才能在意外事故来临或者发生时做出积极有效的应对。大学生由于社会经验相对不足，思想较为单纯，明辨是非能力较弱，不能够全方位看待问题，轻易相信人，在面对陌生的人和事时，容易上当受骗。同时，大学生比较意气用事，不够理智，遇事往往容易冲动，会导致很多不必要的意外事件产生。

（三）大学生法制意识淡薄

遵纪守法是公民的一项义务，大学生作为高知群体的代表，理应知法懂法，成为遵纪守法的模范。但是现实中，一些在校大学生普遍认为只要学好了专业课程就可以，非法学专业的学生认为法律跟自己关系不大，往往把与法律相关的选（必）修课程当作一项考试任务来对待，应付了事，并没有真正意识到培养法律意识的重要性。部分大学生法律意识淡薄，受到金钱利益或不法人员的诱惑后，甚至触碰法律底线。有软件专业的大学生，利用商家软件中的漏洞，针对漏洞开发新的程序出卖给其他人，从中获利，商家发现后报警，学生被公安机关抓获后才知道自己已经犯法，给自己造成了悔恨终身的影响。每年大学生在参与社会实践的过程中，都有学生因为法律意识淡薄出现违法乱纪的案例。

（四）社会实践安全制度不完善

现阶段，在社会实践的组织工作中，很多高校都没有一套完备的安全管理制度，大多只重视活动的申请及结果的验收，没有专门人员来负责实践中的安全工作，缺乏对安全问题的关注。大部分高校的学生社会实践都是由团委来负责实施落实，由于团委的组织架构人员配备的限制，往往只安排一名老师负责该项工作。社会实践这项复杂度较高的工作，只依靠一名老师、一个部门来完成，难度非常大。必须有更多的职能部门参与，从学生开始社会实践到结束，制定一系列科学的安全管理制度。提高学校整体对社会实践工作的重视度，做到多管齐下、操作规范，才能保障社会实践工作的安全顺利进行。

（五）专业指导体系建设缺失

大学生由于未经过社会的历练，心智、心态、思想、思维方式都不够成熟。同时，由于未开展相关的教育活动，大学生在社会实践中面对突发的情况，很难有效地处理，需要寻求外界的帮助。但是，各个高校在社会实践活动的指导中，指导老师的配备不能做到全覆盖，无法满足学生的实际需求，存在指导老师缺位的现象。即使配备有指导老师，大多数也只是关注到学生实践的专业性及实践成果。对学生在实践过程中的心理问题、思想问题、安全问题介入不多。指导工作缺乏专业性、系统性、连续性，无法及时地防范和解决安全问题。有些社会实践活动因为缺乏专业的指导，突发意外安全事件而不得已仓促结束，这样的社会实践既没有实现学生参加社会实践的初衷，也给社会实践安全管理工作带来了更多挑战。

（六）社会实践基地建设不够

社会实践基地有助于高校学生开展社会实践活动，同时能减少一部分安全隐患。据调查显示，相当一部分高校没有建立长期稳定的社会实践基地，甚至有些高校没有建立社会实践基地。社会实践基地的建设数量也无法满足学生参与社会实践的需求，大部分学生的社会实践都需要自己联系用人单位，由于用人单位层次不同，管理水平不同，且较为分散。对实际的管理工作带来了相当大的困难。有些高校社会实践基地只是进行了授牌，没有签署具体的协议，双方的责任和义务不明确，并没有开展长期稳定的社会实践活动。部分高校长期不跟实践基地沟通，基地在接收大学生开展社会实践时，存在不热心、不负责的情况，没有了解学生的实际问题，缺乏安全保障措施，管理混乱。以上问题使社会实践基地的建设流于形式，无法发挥实践基地应有的效果。

三、大学生社会实践中安全问题的应对措施

大学生社会实践安全保障问题不仅涉及社会实践的全过程，还是一项系统性工程，需要学生个人、家长、学校、社会等多方协调配合，积极参与，共同做好安全保障工作。

（一）加强社会实践的组织管理工作

加强对大学生社会实践的教育引导，将大学生社会实践教育列入培养计划，相关课程作为教学计划，设置二个及以上的学分，将其提升到与思想政治理论课、形势与政策课同

等重要的高度，引起学生、老师、学校对社会实践的重视。学校各职能部门加强联动，出台社会实践工作的管理制度，齐抓共管，共同做好大学生社会实践管理工作。同时，重视社会实践过程与成果的分享，树立典型通过校内网站、媒体、微信公众平台、视频号等充分宣传大学生在社会实践过程中的收获、服务社会的意识，传播青春正能量。将大学生社会实践的第二课堂成绩单作为学生综合测评和毕业条件的一项重要指标。

（二）加强大学生的安全教育

大学生安全教育是增强大学生安全防范意识，帮助大学生掌握安全知识，提升安全防范水平，减少安全隐患的一项重要举措。安全教育是生命教育，仅仅依靠社会、学校、家长对学生进行保护是不够的，重要的是引导大学生树立安全观念，形成安全意识，掌握自救自护知识，锻炼自救自护能力，使他们能够勇敢机智地处理各种危险，果断、正确地进行自救自护。高校应制定完整、具体、系统化的安全教育培训方案，从新生入学教育开始到大四毕业签订就业协议，定期开展安全教育。对不同年级、不同专业的学生，通过案例分享、防范技能操作演练，有针对性地开展安全教育。与学校所在的辖区派出所社区医院开展联动，从出行、交友、住宿、食品、户外运动、防诈骗等方面加强大学生的日常安全教育工作，提升学生们在社会实践活动中的安全意识、防范水平和技能。在社会实践活动开展过程中，树牢安全责任意识，始终把安全放在第一位。

（三）加强大学生的法治教育

依法治国，是坚持和发展中国特色社会主义的本质要求和重要保障，是实现国家治理体系和治理能力现代化的必然要求，事关党执政兴国，事关人民幸福安康，事关党和国家长治久安。推进全面依法治国，需要加强法治教育，提高全体人民的法治素养。青年大学生是法治中国建设的生力军，是全面依法治国的推动者和社会主义法治的维护者，承担着社会主义法治建设的重要使命。因此，加强大学生法治教育，提高大学生的法治素养，为国家培养法治公民，是推进全面依法治国、建设法治中国的必然要求[1]。加强大学生法治教育是高等学校培养和提高大学生法律信仰与法治意识、保证大学生健康成才、维护校园乃至社会稳定的重要举措。在大学生中开展法治教育要有一定的针对性，法治教育要进入课堂，教育学生们掌握基本的法律知识，培养学生们的法律意识。同时，法治教育要融入学生的第二课堂活动，通过组织举办各类普法知识讲座、知识竞赛、知识演讲活动，通过寓教于乐的方式，让学生有所收获。

---

[1] 张永波. 大学生法治教育的问题与对策［J］. 法制与社会，2020（30）：153-154.

（四）加强社会实践指导教师队伍建设

大学生在参与社会实践的过程中，会遇到理论与实践脱节，与周围人关系处理不当，想法与现实之间存在差距，因棘手事情难以处理而产生的情绪波动等问题，需要专业、就业等方面的指导以及心理辅导。现实情况是，社会实践活动的发起、组织管理、指导工作，基本上都是由1～2名辅导员或者共青团干部来完成。凭借以上师资队伍很难达到指导要求，难以解决学生们在参与社会实践过程中遇到的各种困难，从而使社会实践的效果大打折扣。建立一支由思想政治理论课教师、辅导员、就业指导教师、专业教师、心理咨询师等专业性较强、综合素质高的复合型师资队伍，从发起准备、组织实施、成果总结等各个方面都更加专业、科学、规范。既能够解决大学生专业理论知识学习与解决实际情况的问题，又能够解决大学生在实习、就业、创业之间的矛盾，还能够疏导学生们在实践中产生的心理问题。指导工作的科学化、专业化、规范化，对于全面提升大学生社会实践活动质量具有重要意义。

（五）完善大学生社会实践安全管理制度

社会实践活动参与学生多、地域分布广、主题形式多样，存在诸多的安全隐患。为了更好地保障社会实践活动的顺利开展，制定大学生社会实践安全预案和应急处理预案，完善大学生实践安全管理制度具有重要的作用。通过相关预案和制度的制定，让学生能够在参与社会实践活动之前有充分的心理准备，提高学生的抗压能力，确保在实践过程中遇到突发状况，能够冷静沉着应对，及时有效地处理。在实践活动之前，与学生签订安全责任承诺书，约定学校和学生各自应当承担的责任，提高学生的安全责任意识。同时，为学生在参与实践活动中的人身安全投保，将意外事故导致的人身财产安全损失降到最低。

（六）建立稳定的社会实践基地

社会实践基地是发挥实践育人功能的重要载体，稳定的社会实践基地是推进社会实践活动专业化、制度化、规范化、项目化，深化实践育人实效的重要保障。建立稳定的社会实践基地，对学生在参与社会实践过程中的安全问题具有积极的意义。高校可以和实践基地之间明确各自的权益与义务，在实现互惠互利原则基础上，利用双方的优势资源，为学生提供安全有效的实践机会。同时，各地教育主管部门，可以建立本地区统一的社会实践平台，有效地融合本地区的社会实践基地资源，统一严格基地日常操作管理，实现资源共享，形成良性循环，保障大学生社会实践活动的顺利开展。

尽管大学生社会实践会遇到许多安全问题，但是不能因此否定大学生社会实践的意义而停滞不前。因此，确保大学生社会实践安全，是学校、实践单位、家庭和本人必须承担的责任。对学校而言，要做好管理工作，明确责任到位，要将安全教育形成机制；对大学生而言，要提高安全意识、加强自身技能，多学习相关安全知识，提升心理素质等。虽然在大学生社会实践活动的安全问题上还存在很多问题，但这需要教育工作者不断摸索路径，完善机制，才能逐步使社会实践成为一项体现学校教学质量与办学特色的创新工作。

保障大学生社会实践的安全，需要常抓不懈、长期坚持、不断完善。对大学生而言，要加强安全知识学习，提高自身安全意识；对学校而言，要制定完善社会实践安全管理制度，做好社会实践中的安全教育引导，保障社会实践的安全，这样才能让社会实践的育人效果向更深层次迈进。

第二节 大学生社会实践中的心理问题

参与社会实践不同于课堂教育，能够走出校园，感知社会，对大学生来说充满了新鲜感。由于实践活动都带有目的和任务，在参与过程中，并不能很轻松。相反，学生在参与实践的过程中，要应对交通、财务、饮食、环境、疾病等各种问题，甚至一些突发的应急状况，例如，道路塌方、洪水、蚊虫叮咬等，导致计划被打乱。当他们遇到难以解决的问题时，他们的心理会受到挫折，产生压力及负面情绪，进而演变成心理问题。

一、大学生社会实践中的心理特点

（一）心理问题存在个体差异

大学生因为性格、成长经历、家庭教育、生活环境等不同，在应对问题、危机时存在不同的反应，体现出显著的个体差异性。某些情况下，一些学生会引起心理问题。在社会实践过程中，独立性强的学生在遇到问题时，能够慎重考虑，心态较为稳定。不急躁，权衡利弊，寻找较优的解决方案。依赖性强的学生在遇到问题时，缺少独立思考的能力，解决问题能力弱，当难以获得外界帮助时，会出现情绪低落，产生抑郁的可能。敏感的学生在遇到问题时，想法较多，畏首畏尾，犹豫不决，容易产生焦虑的情绪。

（二）心理问题不易被发现

心理问题不同于生理疾病，它是由人内在精神因素，准确地说，是大脑中枢神经控制系统所引发的一系列问题。一般情况下，产生心理问题的个体不自诉，是很难被发现的。社会实践属于第二课堂的活动，不同于教学，活动的组织没有一个严格的系统，活动过程具有很强的随机性和不确定性。指导老师对实践活动的过程监控有限，很少能全程参与整个实践活动，而学生在参与实践活动的过程中也很难做到将所有问题的想法与指导老师及时沟通，导致积累的一些压力和负面情绪诱发心理问题且很难被发现。

（三）诱发心理问题的因素是多方面的

诱发大学生产生心理问题的因素有很多，可能是很多难以解决的问题叠加导致。社会实践活动的任务和目的，本身就有一定的难度，不易达成。大学生往往阅历较少，心智不够成熟，应激反应较大，遇到问题容易产生负面情绪……这些都会导致学生在完成实践活动任务过程中心理压力增大。除去学生自身的原因，开展社会实践中的客观因素如赶火车过程中的堵车，采访对象临时有事等，都有可能让学生产生心理压力。

（四）心理问题产生的后果较为复杂

大学生心理问题产生后，会对学生情绪带来一定的影响，严重的还会引起身体的应激反应。在社会实践过程中，学生发生心理问题后，可能会对学生本人或者他人造成一定程度的身心伤害，导致各种复杂的后果。因此，学校应提高对学生心理问题的重视程度，对学生产生的心理问题要及时给予关注并有效处理，为学生的社会实践活动营造良好的、轻松的环境，以免因处理不当，导致学生留下心理阴影，不利于学生身心健康和综合素质的提升，也使社会实践活动失去意义。

二、大学生社会实践中的常见心理问题

人们面对应急事件的时候，往往会引起身体、情绪、动作上的反应。相对应的是生理、心理和行为的变化。这种变化，是识别是否产生心理问题的一个重要依据。当大学生在社会实践过程中，遇到紧急情况、难以处理的问题或者很难完成实践任务时，可能在生理上出现心跳加快、呼吸困难、头晕目眩等情况，也有可能导致失眠、头疼、多梦等。不同程度引起情绪上的愤怒、恐惧、焦虑、抑郁失落，产生沉默寡言、冲动

易怒、独来独往等情况。这些是产生心理困扰的表现。

（一）恐惧

恐惧是人们在面对较为危急或者危险的情况时，试图摆脱但又无济于事产生害怕的负向情绪体验。恐惧产生时，常伴随诸如心跳加速、血压升高、脸色苍白、多汗、四肢无力等生理上的变化，大学生在面对突发状况时，往往会出现恐惧的生理变化，这些生理功能紊乱的现象极有可能导致严重的后果。

（二）焦虑

焦虑是个人对即将来临的、可能会造成的危险或威胁所产生的紧张、不安、忧虑、烦恼等不愉快的复杂情绪状态。有焦虑情绪的学生在社会实践的过程中表现出对事物过度和持续的担心，不确定的事件过度的不安、害怕或担心灾难、意外或不可控制的事件发生。甚至出现心率加快、多汗等自主神经功能异常。

（三）抑郁

抑郁往往伴随有情绪低落、思维缓慢、语言动作减少和迟缓等情况。情绪的基调是低沉、灰暗的。在社会实践过程中对实践的前途感到失望，认为自己完不成任务，对活动缺乏兴趣，遇事总往坏处想。对自己的现状缺乏改变的信心和决心，产生无助感，精神不振、反应迟缓，不愿主动与他人交往。自我评价降低，放大自己的缺点，自卑、自责，认为自己毫无价值，充满了失败，一无是处。

（四）适应不良

适应是个体根据环境的要求改变自己和个体作用于环境并改造环境。适应不良主要表现在个体人格方面，指各种情绪上的干扰妨碍了个体从事有效的社会活动。参与社会实践活动时，由于生活的环境发生改变，学生在心理上和身体上出现无法适应的现象，一定限度地影响情绪。适应不良的同学在解决问题时会缺乏信心，在任务执行过程中可能会出现烦躁、困惑、迷茫，部分同学甚至会出现躯体反应。

（五）其他心理问题

学生在社会实践过程中还有可能出现强迫、悲伤、自责等其他情况。有些学生因为受到其他人的指责、批评，认为全是自己的原因，不能正确地认识问题、看待问题、解决问题，对问题采取回避态度，不愿与他人合作，甚至出现漠视敌对态度，严重时出现谩骂、打架斗殴等攻击他人的行为。

三、大学生社会实践中心理问题产生的主要原因

（一）环境适应问题

大学生社会实践活动的开展往往是在一个陌生的新环境，学生对此往往也是充满了好奇心。但随着社会实践活动的深入开展，在学生现场走访、实地居住后，环境适应性的问题就会逐渐凸显。在一些条件较为艰苦的村庄，居住条件简陋、物资匮乏、出行不便、网络不畅，这些都是极有可能会碰到的情况。这些生活上的不适感，会增加学生在社会实践活动中的心理压力。

（二）沟通交往问题

在社会实践活动过程中，与当地人沟通交流是必不可少的环节。而参与实践活动的学生来自全国不同地区，与当地语言上的差异很可能会导致调研工作开展不顺畅的情况，最终影响社会实践活动的开展成效。另外，不能与同行伙伴及带队老师沟通合作也会影响实践活动的正常开展。实践团队内部意见不一致，关系不和谐的现象也时有发生。

（三）文化差异性问题

各地区在价值观念、行为准则和生活方式等方面有着明显的文化差异性。而这些来自全国不同地区的同学，在实践活动开展过程中，需要面对文化信仰、生活方式以及风俗习惯的不同。因为文化的差异性而导致冲突时，一些学生会表现出抗拒的心理，进而影响实践活动的开展。

（四）前期对实践活动认识不足

社会实践活动对于大学生的成长有着极为重要的作用。但是一些同学却将社会实践看作一项课外活动，抱着“旅游一圈”的心态。不仅对实践任务缺乏认识，事前也没有认真准备，以至于实际进行时手足无措，影响任务的正常开展。调研活动的时间往往是紧凑的，要在既定的时间里完成所有的调研任务并非是一件容易的事。没有足够的心理准备，在调研过程中遇到困难或是不顺心的情况时，便感到焦虑不安，有些人甚至会出现消极怠工、烦躁失眠等症状。

（五）实践过程中未能合理安排

社会实践活动是对学生实践能力的锻炼，需要掌握科学有效的原则和方法，在实际开展过程中不断地尝试和总结。如果对实践过程没有一个清晰而合理的工作安排，没有明确主要及次要工作目标，就很有可能导致调研实际开展过程中顾此失彼，将压力都集中在实践活动后期，造成手忙脚乱的情况，甚至有可能无法按时完成实践任务。

四、大学生社会实践中心理问题的应对措施

大学生在社会实践过程中，可以通过确立正确的目标，提高预见力，对可能发生的各种问题做好充分的准备，增强心理抗压能力，提高对恐惧的免疫能力。在平时的学习和生活中有意识地培养勇敢顽强的作风。这样，即使真正遇到危险情况也不会手足无措，而是沉着冷静，机智应对。

（一）提高大学生心理健康水平

在社会实践活动中，当大学生陷入消极情绪时，如果没有良好的自我认知以及自我心理健康意识的理念，就无法冷静对待和解决现实中的问题。同时，一部分人极易因为自身心理健康意识不强，降低对自身的评价，会认为是因为自身的能力不够而导致无法解决遇到的问题，会出现行为混乱以及不良行为，这样不仅对自己有危害，也会对他人造成危害，最终社会实践活动的顺利进行就会受到影响。因此，培养大学生的心理健康意识，提高大学生心理健康水平，在一定程度上就能预防学生某些心理问题的产生。

（二）加强专业心理知识和技巧的指导

学生们可能意识不到由于具有个体差异而导致的心理问题。帮助学生发现他们的心理问题，调整好心态，降低因心理问题带来的风险。在必要情况下，为学生提供心理咨询辅导，让心理隐患能够在开始阶段就得到遏制。通过情绪、态度的积极转变，让学生能够更好地面对自己、面对他人。通过人际关系的修复，获得更多的支持，建立良好的团队氛围，获得更丰硕的社会实践成果。

（三）树立对社会实践的正确认知

在社会实践活动中，学生应秉承科学严谨的态度，认真对待实践活动。社会实践是大学生了解基层、了解社会、脚踏实地的重要途径，也是高校进行思政课教学的重要抓手，不是“走过场”“凑学分”。是一次科学研究活动，也是一次蜕变。学生在老师的指导带领下，从项目设计，到项目实施，再到项目评估和反馈，制定一套完整的计划安排。培养学生的责任心和使命感，在实践的过程中，大学生需要积极主动地承担实践任务，正确地对待社会实践活动中遇到的问题，有勇气、信心、毅力战胜困难，不轻易打退堂鼓。

（四）提高学生参与社会实践的主动性

大学生是实践活动的参与主体，也是受益主体。开展大学生实践活动，必须提高学生主动参与的意识，调动学生参与实践活动的积极性。社会实践工作开展需要高校全方位、多角度地引导与正面宣传。高校可以通过思想政治理论课、形势与政策课等课程引导学生

关注与国情十分密切的政治、经济、文化、教育、科技等民生问题。经常性地组织学生学习交流，培养学生的兴趣。在日常的学习中，培养学生独立思考解决问题的能力，深耕科研探索意识。在实践活动开始选拔前，培养学生的调研技巧，提高学生的调研能力，让学生乐意参加社会实践活动。

第三节 大学生社会实践中的法律问题

一、大学生社会实践中的常见法律问题

随着社会经济的不断发展，教育水平也在不断提高，我国大学生人数不断攀升，相应的社会实践机会变少，竞争日趋激烈。学生在选择实践过程中放低了条件，再加上涉世不深，用人单位侵害大学生权益的现象时有发生。其背后与我国高校大学生社会实践活动的法律背景有密切的关系。虽然我国已经出台了与大学生就业有关的法律法规、行政规章制度，但是并未形成保护大学生权益的法律体系。当前大学生就业权益保护的法律法规主要分布在《劳动合同法》《高等教育法》《社会保险法》等法律中。虽然这些法律法规对大学生在社会实践过程中的权益有一定的保障作用，但随着民主法制的不断完善和大学生社会实践内容的不断发展，这些法律法规在对大学生权益保护的过程中，出现了一些盲点与弊端。

（一）不良中介问题

据调查，大学生主要通过学校实践安排、亲友介绍、投简历（自己申报）等方式参与社会实践。由于学校的办学规模普遍较大，再加上学校层次的差异，大部分高校很难给学生提供充足的社会资源，供学生参与社会实践。亲友介绍也很难是自己满意的方向或者与专业对口。因此，大学生参与社会实践最主要的方式就是自己寻找。这其中难免会跟中介公司打交道，由于市面上的中介公司良莠不齐，一些不法中介利用大学生胆小、缺乏社会经验的特点，对大学生进行侵权。例如，信息登记后倒卖学生信息或用于其他不法用途；学生工作水平低，介绍学生贷款参与培训，收取高额中介费或者介绍不正规、待遇差的工作等。

（二）用人单位问题

一些用人单位在大学生参与社会实践中，会有变相收取费用、扣押学生证件、超时工作、拖欠学生工资等情况。大学生作为短期的工作参与者，普遍待遇低于正常水平。有些用人单位正是利用这一点，增加大学生工作范围外的一些工作，侵害大学生的合法权益。在这种情况下，学生也只能按照用人单位的安排做事，在付出劳动的同时，收益得不到保障，更没法保障属于自己的合法权益。参与社会实践的大学生不受市场欢迎，主要原因在于大学生参与社会实践的时长普遍较短，稳定性不高。在校大学生本身就是弱势群体，在完成社会实践的过程中，一般不会要求薪资待遇、是否加班等，再加上大学生自身的法律知识储备不足，没有专门的咨询机构可供咨询。在面对用人单位在超出法律允许的范围，剥削自身的合法权益时，往往束手无策。一些大学生虽然具备一定的法律常识，能够识别判断用人单位的侵权行为，但是也会由于社会经验的不足，外界支持力量薄弱，再加上受用人单位管束，也只能自认倒霉。

（三）学校职责问题

大学生的成长、成才离不开高校，大学生面对权益受到侵害时，高校是大学生最依赖和信任的单位。因此，高校在大学生参与实践活动中，对保护学生权益具有重要作用。在实践中，高校本应捍卫大学生的合法权益，但是某些高校非但没有扮演好自己的角色，发挥应尽的责任，反而利用职权之便，以实习为借口，强迫学生为用人单位提供廉价劳动力甚至免费劳动力，从中赚取费用。有些学校采取放任不管的态度，对学生遭受的不法侵害漠不关心。对于此类问题，高校应切实履职尽责，相关行政部门更是应该承担起责任。近年来，随着网络环境的不断改善，自媒体飞速发展。学校的管理也走向透明化，公众通过各种网络途径参与到社会监督工作中来。沿用透明化的管理制度，学校保护学生的合法权益问题日益被重视。

（四）法律适用问题

大学生参与社会实践的形式与种类有很多，有的是利用课余时间勤工俭学，有的是根据学校学业的安排完成相关的课业，有的是在毕业之前先到岗位进行实习锻炼，熟悉未来的工作……这些社会实践与劳动法的相关定义不相符合。因此，在社会实践过程中也无法适用《劳动法》中关于薪资问题、工伤问题、休假问题的相关规定。某些不良用人单位抓住这样的漏洞，直接或者间接地侵害大学生的合法权益。

二、大学生社会实践中法律问题产生的主要原因

（一）大学生法律意识不强

参加社会实践的大学生，掌握一定的法律知识具有重要的作用。虽然法学是难以在短时间内通过速成来发挥效果的，但是大学生积累一定的法律常识显得非常重要。在网络如此发达的今天，一些常见的侵犯大学生合法权益的方法和手段不断被曝光。一些不法机构和用人单位已经被登记在案或者被取缔。学生在自行寻找合适岗位的过程中，应做好甄别，多查多看多了解，避免在遭受不法侵害后，不知道侵害人的名称。在确定与用人单位的权利义务关系中，有很多常识性的条款，不需要专业的法律知识储备，只需要大学生仔细留意相关的内容。因此，相对于系统地学习法律法规知识，在学习生活中的积累更加容易。保持一颗警惕之心，勿贪图小利，就能避免很多侵害合法权益行为的产生。

（二）学校相关工作不足

当前教育背景下，由于高校数量多、生源多，各类高校拥有的社会资源不均衡，大多数的高校无法为大学生提供充足的社会实践岗位。学校普遍实施的是只发布社会实践的任务、形式及最后的成果验收要求，至于中间的过程以及如何开展，学校并没有做过多的考虑，也没有相关的部门负责过程的实施。学校过程保护的缺失，是学生在社会实践中，合法权益容易遭受侵害的一个重要因素。学校建立和完善学生社会实践的保障机制对于大学生顺利完成社会实践，保护学生的合法权益具有重要的作用。学校在大学生参与社会实践工作中，应尽可能地为学生提供足够的指导和教育，在实践前进行足够的培训，做好实践的报备，尽可能多地组织老师参与学生的社会实践工作。做好实践的中期审查，为学生提供全方位的实践安全保障。

（三）行政管理机关工作不到位

行政管理机关在行使公共管理职权过程中，应该为大学生参与社会实践提供保护，成为大学生合法权益免遭侵害的有力保障。现实中，某些行政管理机关部门在遇到大学生权益遭受侵害时，漠不关心、相互推诿。在有线索的举报后，没有及时地帮助处理，挽回大学生的损失。甚至有些行政管理机关与不法单位之间存在包庇保护的现象。这种现象，不仅降低了行政管理机关的公信力，同时，还让大学生通过合法途径打击不法单位的信心备受打击。大学生不仅是一个家庭的未来，还是整个社会的未来。如果大学生在进入社会之前，对行政管理机关的公信力丧失信心的话，对整个社会来说，都是很大的悲哀。

（四）法律保障不足

目前，在法律保护领域，没有专门的针对大学生权益保护的法律法规，也尚未建立和完善大学生的实习实践管理制度。法律法规中没有明确保护大学生合法权益的具体内容，有关实习的管理办法也都是倡导性的，没有实际的操作性。大学生的实习实践周期较短，不属于劳动者的定义，因为学生在实习实践过程中，签订实习协议、获得报酬、遭受的工伤、参与工作的时长等不受《劳动法》《劳动合同法》的保护。在学生遭受侵权行为时，依据侵权责任谁主张谁举证的原则，普遍存在学生对侵权单位举证困难的问题。

（五）其他社会因素

导致侵害大学生合法权益问题的主要原因在于社会实践的供求关系紧张，大学生处在弱势群体地位。原因在于：第一，人才培养与社会需求不匹配。许多高校在人才培养的过程中，与社会发展需要脱节，不能让大学生在实习实践中快速地适应工作内容。第二，实习和就业岗位的不足。比较突出地存在于一些文科类的专业，例如，工商管理、法律等，这类专业在实际中，很难提供充足的岗位，导致学生很难找到与专业匹配度较高的实习和就业岗位。第三，社会性歧视现象存在。性别、学校、学历等歧视现象以显性或者隐性的方式存在于各种求职过程中，对大学生公平获得社会实践岗位形成了不小的阻碍。第四，社会保障的力度不够。短期的实习实践处在法律法规保障的薄弱地方。同时用人单位不太乐意接收大学生，在用工的过程中，侵害大学生合法权益发生纠纷时，大学生的利益也往往难以得到有效的保障[1]。

三、大学生社会实践中的法律救助

大学生社会实践中的法律救助，是指大学生在社会实践过程中，合法权益受到侵害产生损失时，可以通过法律途径获得补救，挽回损失或者对侵害行为进行制裁。因此，法律救助只有当大学生在社会实践过程中合法权益受到侵害，才会存在。法律救助途径主要有以下两个方面。

（一）诉讼救助

诉讼救助是正义以看得见的方式实现的手段。目前，大学生社会实践中的诉讼救助主要包括民事、刑事、行政三种纠纷类型。相应的就有民事诉讼、刑事诉讼和行政诉讼。

---

[1] 张琳．大学生社会实践中的权利保护［J］．法制与社会，2014（3）：194-195．

1. 民事诉讼

民事诉讼是指法院在当事人和其他诉讼参与人参加下，审理解决民事案件的活动以及由这种活动所产生的诉讼关系的总和。民事诉讼的整个过程，围绕解决民事纠纷这一基本任务，由若干个有其中心任务的阶段组成，同时各个阶段相互衔接，依次连续进行。大学生参与社会实践过程中产生的民事纠纷，涉及最基本的民事诉讼解决程序。

2. 刑事诉讼

刑事诉讼是指审判机关（人民法院）、检察机关（人民检察院）和侦查机关（公安机关含国家安全机关等）在当事人以及诉讼参与人的参加下，依照法定程序解决被追诉者刑事责任问题的诉讼活动。刑事诉讼可附带民事诉讼来实现权利的补救。

3. 行政诉讼

行政诉讼是指公民、法人或者其他组织认为行使国家行政权的机关和组织及其工作人员所实施的具体行政行为侵犯了其合法权利，依法向人民法院起诉，人民法院在当事人及其他诉讼参与人的参加下，依法对被诉具体行政行为进行审查并作出裁判，从而解决行政争议的制度。它对保障一个国家依法行政，建立法治政府，确保公民、法人和其他组织合法权利免受行政权力的侵害，具有十分重大的意义。

（二）非诉讼救济

诉讼是解决纠纷和权利补救的最终方式，具有很强的权威性。但是对于解决大学生社会实践过程中产生的侵害行为，诉讼程序相对较为复杂、成本较高。在诉讼救济之外，有很多行政和民间解决的救济手段，与诉讼救济产生互补，多元化解决纠纷，来挽回大学生因侵害行为产生的损失。一般包括调解、和解、行政复议、信访等。

1. 调解

调解是指中立的第三方在当事人之间调停疏导，帮助交换意见，提出解决建议，促成双方化解矛盾的活动。根据调解的主体不同，有人民调解、法院调解、行政调解、仲裁调解以及律师调解等。在这几种调解中，法院调解属于诉内调解，其他都属于诉外调解。在校大学生参与社会实践与用人单位之间不具备《劳动法》中定义的劳动关系。因此，大学生在社会实践过程中产生的纠纷，通过调解是较为方便、快捷的解决方式。

2. 和解

和解是指双方当事人之间通过信息的交换和沟通，就产生纠纷的事项达成共识和就纠纷的解决作出一致的决定的过程和结果。和解主要依赖协商。和解能够节省费用和时间，从而使当事人之间的争议得以较为经济和及时地解决。大学生参与社会实践过程中产生的纠纷绝大多数都可以通过和解的方式解决。

3. 行政复议

行政复议对于监督和维护行政主体依法行使行政职权，保护相对人的合法权益等均具有重要的意义和作用。大学生在参与社会实践的过程中，如认为行政机关侵犯了自己的合法权益，可以通过申请行政复议来维护自己的权益。

4. 信访

信访是以反映情况，表达自身意见，请求解决问题，有关信访工作机构或人员采用一定的方式进行处理的一种制度。信访具有中国特色，是一种间接的利益表达方式。信访具有较高的工作效率。目前，在我国高校中，信访工作是学生诉求得到合理解决的一种重要方式。

第四节 大学生社会实践中的经费投入保障机制

随着教育改革的不断深入，国家越来越重视大学生参与社会实践的环节，近年来，出台了一系列有关大学生社会实践的方针、政策，鼓励大学生参与社会实践活动。社会实践是大学生思想政治教育的重要环节，对于促进大学生了解社会、了解国情、增长才干、奉献社会、锻炼毅力、培养品格、增强社会责任感具有不可替代的作用。要建立大学生社会实践保障体系，探索实践育人的长效机制，引导大学生走出校门，到基层去，到工农群众中去。高等学校要把社会实践纳入学校教育教学总体规划和教学大纲，规定学时和学分，提供必要经费。对教学实践、专业实习、军政训练，要在学校教学经费中做出安排，确保人人参加；对“三下乡”和“四进社区”活动，学校要建立专项经费，地方政府要给予大力支持，要大力提倡和引导大学生自愿参加，政府和社会各方面予以一定支持。

一、大学生社会实践经费的现状

在我国，现有的高等教育管理体制将大学分为国务院有关部门直接管理（部属院校）、省（市）级政府管理、中央与地方共建等。管理层次越高，经费投入更有保障。有关文件指出，完善两级管理、以省级人民政府为主管理高等教育的体制，强化省级人民政府在推动高等教育分类管理和投入保障等方面的责任。教育部将根据区域间经济社会发展水平和人口结构、财政能力等差异因素，加强分区指导，推动高等教育协调发展。不同管理层次的高校，财力相差较大。部属院校、部分省（市）级政府管理高校，生均经费充足，但一些地方高校，生均经费预算尚未能达到国家标准。为了保证学校的正常运转，这些学校在大学生社会实践活动中投入的经费不足。因此，办学层次、财政拨款的差异成为制约大学生社会实践经费投入的重要制约因素。

社会实践保障机制中，活动经费的保障是一个重要方面，是社会实践活动能够顺利开展的先决条件。当前，社会实践的经费来源主要依靠各高校的办学经费，所占比例甚少，甚至很多高校没有专门的预算。有限的经费难以在所有参与者中全面覆盖。办学经费相对充裕的高校，能够提供诸如大学生社会实践期间的人身伤害意外保险、学生和指导教师的差旅费、开展活动中的活动经费等工作经费支持。若活动在离学校相对较远的地区开展，交通和食宿费用支出后，团队费用也所剩不多。大部分情况下，学生要承担一部分费用，难以推动社会实践深入开展。办学经费有限的院校，采取单项支持的方式，将有限的社会实践经费划拨给成立的重点实践团队。大部分团队和学生个人得不到经费的资助，经费投入少，教师参与指导社会实践的积极性不高。同时，极少有高校将指导学生社会实践算入课时量或者工作量，给予相应的补助[1]。

实践活动经费的多少直接影响社会实践开展的效果，而目前一些高校学生参与社会实践活动中安排的专项经费较少，导致活动开展的范围不够广泛、深入，因此，活动要达到预想效果，活动经费仅靠高校自身是远远不够的。政府、企事业单位和社会团体对大学生社会实践活动的资金支持不明显。经费缺乏保障，严重影响了大学生开展社会实践的效果。另外，资金的使用不规范也影响了大学生开展社会实践活动。在社会实践中资金使用监管不到位，一些高校只对资金使用作出安排，分配到二级单位和具体项目，对学生使用资金缺乏后期的管理和指导，导致资金的使用效率低，影响了活动开展效果。

---

[1] 呼和．大学生社会实践育人机理及运行机制研究［D］．北京：北京科技大学，2018：150–151．

二、大学生社会实践经费的制约因素

影响大学生社会实践活动开展的因素有很多，经费投入是其中的重要因素，经费投入不足的原因主要表现在以下几个方面。

（一）经费来源保障度不够

当前，在大学生社会实践活动领域的法律法规尚属空白，各级政府和学校也没有相应完备的社会实践管理制度。关于社会实践经费的来源及筹集问题一直没有有效的明确。尽管中央、国务院、中宣部、团中央印发有相应的文件，鼓励建立多种形式的经费投入机制。但是，由于缺乏明确的法律依据，社会实践的资金来源缺乏有效的保障。另外，高校对大学生社会实践活动经费投入也没有明确[1]。

（二）社会各界重视度不够

全国大中专学生志愿者文化科技卫生“三下乡”社会实践活动由中宣部、中央文明办、教育部、团中央、全国学联联合下发通知，但在实际实践活动开展过程中，地方政府和学校的重视度都不够。主要原因有教育部在教学成果评估中没有纳入大学生社会实践成果；没有法律法规的强制性要求，各级财政和高校未能合理安排社会实践的专项经费；高校在组织实施的过程中，协调力度不够。

（三）组织规划实施统一度不够

大学生社会实践在机构设置、人员安排、活动经费、活动策划等方面没有严格组织落实。

1. 组织机构设置不明确

大学生社会实践形式多样、内容丰富，在开展过程中需要多部门的协调配合。但是，地方政府和高校没有设立专门的组织机构，指导活动的开展，保障活动能够顺利进行。

2. 人员安排得不到落实

目前，高校没有安排一支专业的指导学生开展社会实践活动的师资队伍，使得社会实践的组织工作，以及活动质量得不到保障。

3. 经费投入不足

大学生开展社会实践活动，一般耗资较大，经费投入不足致使活动在开展中往往流于形式，未能达到满意的效果。

---

[1] 陈爱民，陈剑. 构建大学生社会实践经费投入保障机制研究［J］. 广西社会科学，2011（12）：142−145 .

4. 缺少远期规划

高校在组织学生开展社会实践，对于顶层设计和完整规划没有明确的措施，社会实践的意义不能完全体现，社会实践基地的建设不能得到有效保障，致使人才培养效果难以保证。

（四）实践基地建设力度不够

当前，高校社会实践基地主要是校外基地的形式，在社会实践基地的建设过程中存在缺乏统一的标准、类型少、数量少、运行不规范等问题，很难保证大学生社会实践活动的顺利进行。在现实中，部分高校未能建立长期稳定的校外社会实践基地，大学生在开展社会实践时，需要自行联系。活动的开展较为分散、流动性强、随机性较大。一方面是因为在校大学生动手能力较差，难以在短期内发挥出实际作用，用人单位不愿意接受；另一方面是学校未能主动跟用人单位接洽，投入和拓展社会实践基地的建设，建立长久的合作关系，致使大学生社会实践基地建设力度不够。

三、大学生社会实践经费的保障措施

在社会实践中，直接受益者是大学生。大学生参与社会实践所在地区和单位，如城市社区、农村乡镇、企事业单位、部队、社会服务机构等单位是间接受益者。大学生到这些单位实践的时候，可以用自己的专业知识、创新性的思维、具有批判精神的眼光和视角来为工作单位服务，产生一定的社会效益。可以说，社会实践活动就是要本着“合作共建、双向受益”的原则，从地方建设发展的实际需求和大学生锻炼成长的需要出发，建立多种形式的实践内容。但是，广泛认可和有力支持的氛围、局面尚未形成，表现在社会关心支持不够。社会既是开展社会教育的舞台，也是大学生社会实践活动的舞台，离开了社会也就无所谓社会实践。因此，社会实践活动相关经费支出应得到社会各界的大力支持。

（一）出台大学生社会实践有关法律法规

大学生社会实践活动是学生教育的重要组部分。有关部门应努力推动立法程序，制定相应的法律法规，将大学生开展社会实践作为一项培养学生创新能力、爱国精神、家国情怀，提升实践能力的重要内容和任务来完成，使得社会实践活动在法律框架内开展得更为有序。根据学校的具体情况，制定社会实践活动的有关制度和措施，使之在人力、物力、资金投入方面得到有效保障。结合时代特征、学生特点、确定社会实践活动开展的目标、内容、形式。设计一套大学生社会实践的管理评估体系，将社会实践活动成果展示纳入学生的人才培养目标任务中。结合专业特色，建设一批高质量的创新实践基地、科研平台、训练中心，为推动大学生人才培养高质量发展，提供更广泛的途径。

（二）增加大学生社会实践活动经费的来源途径

1.建立多层次、多领域的社会实践活动经费来源渠道

大学生社会实践活动是各级政府、教育行政主管部门需抓好的一项重要工作。各级财政和教育主管部门在保证教育经费投入的前提下，应积极支持高校大学生开展社会实践活动，在财政预算中设立大学生社会实践专项资金，专款专用。并将社会实践活动纳入教育教学质量评价体系，扩展到评估范围内。高校应在年度预算中加大对大学生社会实践经费支持，确定大学生社会实践经费的拨款比例，保证社会实践的经费需求。结合本校的实际情况，建立和完善大学生社会实践经费的管理制度，积极寻求和鼓励用人单位、教育各界对社会实践经费的资助与捐助，扩大社会实践经费的来源渠道。加强同各级政府及相关部门社会团体、福利机构、民间组织的联系，协助他们开展社会服务活动，这些服务项目往往得到政府部门的专项资助或公益资金支持，大学生参与其中既进行了实践活动，又解决了后顾之忧。支持企业设定一定的岗位和经费，长期稳固地与高校联合开展人才培养，减轻高校和学生在社会实践活动中的经费负担，保障社会实践活动的顺利开展。

由于地域、基本条件、人才等限制，一些农村、乡镇的政府、企业因资金短缺，部分基础性生产、民生等方面的工作无力推进。而这些工作对于大学生来说有些难度不大，有些与大学生所学专业高度吻合。因此，在教师指导下，可通过论证调研扩大社会交流合作，与企业、公司合作开展互利互惠性质的实践活动，加强社会实践成果的转化，争取一定的经济效益或转变为大学生社会实践所需的交通、住宿、饮食等方面的保障条件。

2.建立可持续的社会实践经费自筹体系

近年来，随着经济社会的快速发展，从国家层面对科学研究、创新发展方面的投入持续加大，教师开展科学研究的经费支持逐步增加。同时，作为社会经济发展中最具活力的细胞——企业，也急需走创新发展之路，趋向产业结构升级的现实要求，这就迫使企业追求与高校、科研院所等深化合作，横向联合推进科技创新，研发创新产品，这也为高校教师开展科学研究和增加科研经费提供了渠道。教师的科学研究需要大量的学

科、专业领域内的基础实验、数据获取、社会调查、文案工作等，而这些基础性工作，大学生通过培训可以短时间掌握其中要领、基本方法。因此，可将大学生实践活动与教师的科学研究课题相结合，参与课题的调查部分或者操作动手部分费用从项目经费中支出，使老师和学生各得其所，同时也解决了实践经费短缺的问题。

高校可以利用自身现有的教育教学资源，通过有偿服务的方式，设立实习实训基地，弥补大学生社会实践活动经费的不足。同时，通过利用各级政府对大学生创业就业的支持政策，积极推动大学生创业工作，为大学生提供创业帮扶与支持，通过创办企业，达到大学生和企业的共赢。实现创业教育的落地，推动大学生社会实践活动的高质量发展。同时，利用学校的优势资源，对接校外用人单位和个人的需求，提供社会化的增值，作为社会实践经费的可持续补充。

第六章 行业发展主题社会实践案例分析

PART 6

近年来，武汉纺织大学始终把大学生暑期社会实践活动作为实践育人的重要环节之一，以实践新形式培养高素质创新型人才。学校暑期社会实践活动特色鲜明，实践形式多样，全校师生立足于专业特色，发扬“崇真尚美”的校训精神，以专业知识技能服务于人民。

其中“纺编青春”实践队依托纺织专业特色，走访地方政府，调研纺织企业，探寻“一带一路”倡议、推动长江经济带发展重大决策、纺织行业“十四五”发展规划等国家政策下我国东中西部地区纺织服装企业的发展思路和方向，研究国家政策为纺织行业发展带来的机遇以及对经济发展和地区建设的影响。

“织行”实践队坚持科技为本，通过走访浙江省内具有代表性的服装企业、实体门店、电商平台、服装博物馆以及艺术宫等，调研智能制造在服装实体经济中的应用，并根据现有基础和手段对服装智能制造发展进行探索研究，以促进服装企业采取有效的方式加速服装行业经济发展，为企业走上可持续发展之路增添动力。

多年来，武汉纺织大学形成全员育人、全方位育人和全过程育人的合力，切实提高大学生的实践能力和综合素质。纺大学子怀着纺织人的赤诚之心，奔赴祖国各地，以专业技能服务社会。

案例一 国家政策对纺织行业转型升级的影响

一、实践背景

（一）新时代背景

2013年9月，在全球经济一体化的大趋势下，我国高屋建瓴地提出共建“丝绸之路经济带”和“21世纪海上丝绸之路”的重大倡议，即“一带一路”。在“一带一路”的大背景下，创建新的经济模式，促进产业链合作升级发展是全国各个领域势在必行的举措。纺织工业作为我国的一个传统型支柱产业，一直以来都具有明显的国际竞争与发展优势，在全球纺织业中占据着龙头地位。经过改革开放40年的发展，我国纺织服装业在促进国内消费和吸纳就业方面发挥了不可替代的重要作用，但纺织行业稳定发展的同时也面临着一些难题，全球经济贸易增长乏力、海外市场竞争加剧、国内劳动力成本上升等因素使我国纺织行业迎来前所未有的挑战，如何战胜这些困难便成为纺织行业发展道路上的重中之重。在新时代背景下，纺织行业的发展离不开政府的大力扶持和引导，相关政策的颁布在行业发展进程中极为重要。所以，为了促进纺织行业更好快速发展，转型升级，全国乃至各个市县都发布了推进纺织行业发展的相关政策。

2016年9月，我国工业和信息化部编制发布了《纺织工业发展规划（2016—2020年）》（工信部规〔2016〕305号），以增品种、提品质、创品牌的“三品”战略为重点，增强产业创新能力，优化产业结构，推进智能制造和绿色制造，形成发展新动能，创造竞争新优势，促进产业迈向中高端，初步建成纺织强国。从提升产业创新能力、大力实施“三品”战略、推进纺织智能制造、加快绿色发展进程、促进区域协调发展、提升企业综合实力六个方面提出了具体任务。

2018年4月26日下午，在武汉主持召开的深入推动长江经济带发展座谈会指出推动长江经济带发展必须从中华民族长远利益考虑，把修复长江生态环境摆在压倒性位置，共抓大保护、不搞大开发，努力把长江经济带建设成为生态更优美、交通更顺畅、经济更协调、市场更统一、机制更科学的黄金经济带。推动长江经济带发展是关系国家发展全局的重大战略。推动长江经济带发展的重大决策使区域内的纺织服装企业高度重视技术改造，将产业结构向节能型、技术密集型以及高附加值行业转变。坚持绿色发展价值取向，在绿色发展中培育经济增长新动能。把生态文明建设摆在优先发展的战略位置，大力发展绿色产业。完善绿色产品供给体系，形成新动能主导经济发展新格局。

（二）行业背景

纺织业作为传统支柱产业，是中国出口经济的一支生力军。棉纺织品是人们生活中必不可少的消费品，随着人们对棉纺织产品消费需求的数量和层次的不断提高，行业发展的动力不断增强。我国拥有 13 亿人口的巨大内需市场，内需将是我国纺织工业发展的主要动力。“十三五”时期的新时代，是我国全面建成小康社会的决胜阶段，也是建成纺织强国的冲刺阶段，为促进纺织工业转型升级，创造竞争新优势。目前，纺织领域的区域结构调整正在由服装产业向纺织品产业快速延伸。除个别指标稍落后外，绝大多数指标已接近甚至领先于世界先进水平，我国“纺织强国”目标已基本实现。在“十四五”期间，纺织行业很可能还会持续低速发展，在这个过程中，技术水平和生产效率的提升是我们的最终目标。

近几年，纺织行业以长三角地区为重点，推动形成纺织服装设计、研发和贸易中心，提升高端服装设计创新能力。在湖北等地建设现代纺织生产基地，推动区域纺织服装产业合理分工，提高产品质量，以智能化促进精品制造，创造特色品牌。

二、实践目的

（1）通过资料收集和实地调研的方式深入了解湖北地区及长江经济带纺织服装企业的发展之路，针对一体化政策下的“花式”转型纺织服装企业打造品牌产品、培育标杆企业的发展经营理念以及管理体制等问题的探索，调查我国长江经济带武汉城市圈、江苏沿江核心城市纺织服装企业在供给侧改革政策下发展壮大新动能所采取的系列措施，并且传递宣讲国家推动纺织产业发展的政策。

（2）了解长江经济带纺织服装企业对破除旧动能和培育新动能的认识，调查各企业发展现状和产业结构情况，调研企业领导对技术改造、将产业结构转向节能型的重视程度。调查在新政策下长江经济带纺织服装企业的产业背景、定位与布局、发展思路和方向，了解企业创新发展模式，深入探索企业打造品牌产品、迎合培育新动能的理念，了解如何打造标杆企业，抓住新时代的机遇。

（3）学习新时代长三角更高质量一体化发展理念，倡导企业员工在综合素质与能力上向更优秀的层次靠拢，向党靠拢，树立正确的产品定位，加大绿色环保的社会责任意识，增强自主品牌创新能力。

三、实践内容

（一）党政建设促中部纺织企业稳中有进持续发展——以湖北地区为例

培育新动能，推动新发展一直是新时代以来各类企业共同关注的问题，新动能的产生，既是稳中求进工作的总基调，也是长江经济带高质量发展的体现。为探究“一带一路”政策大背景下供给侧改革给长江中下游中小型纺织企业带来的发展新机遇，2017年7月，武汉纺织大学“纺编青春”实践队前往汉川进行了为期十天的暑期社会实践（图6–1）。

图6-1 实践队队员合照

2017年7月9～19日，实践队队员前往湖北省武汉市、天门市、仙桃市、黄石市等地调研在“一带一路”背景下长江经济带纺织服装企业发展新动能培育现状，发挥自己的特长，以艰苦奋斗、追求卓越的作风和扎实的纺织专业知识认真完成实践。团队通过资料收集和实地调研的方式，深入了解长江经济带武汉城市圈纺织服装企业培育新动能的发展之路，以及长江经济带纺织服装企业对破除旧动能、培育新动能的认识；进一步调查在新政策下长江经济带纺织服装企业的产业背景、定位与布局、发展思路和方向，抓住新时代的机遇，旨在加大绿色环保的社会责任意识，在宣传企业时与党和国家在深层次上更紧密地联系在一起，将企业复兴紧贴国家理想（图6–2）。

在暑期实践的十天里，实践团队走访了9家企业和当地政府，与政府、企业举办了一次联谊。在湖北荣信纺织有限公司的调研，让实践队明了高举“创新”的船帆，注重党建

图 6-2 实践队在纺织企业参观学习

工作才能寻得企业发展新机遇；在走访湖北妙虎纺织有限责任公司时，让实践队深入了解到中小型企业依旧存在瓶颈，想要突破必须提高融资合理性，让管理体制成熟化；在调研湖北名仁纺织科技有限公司时，让实践队领会到加大企业科技创新力度，增强社会环保责任意识是纺织企业可持续发展的重中之重。

2018年7月10日，"纺编青春"实践队队员再次踏上长江中下游纺织企业调研之路，这次，他们更加体会到了党政建设对企业发展的深刻影响。

通过对湖北荆州优布非织造布有限公司、潜江市湖北比帆制衣有限公司、潜江市湖北比帆制衣有限公司等纺织企业的调研，实践队队员对企业改革以及党政建设有了更深的了解。对于一个企业来说，进行党政建设可以有效提高企业的生产效率，加强企业的宏观管理水平，所以说，在国有企业中，加强党政建设具有深远的意义。员工思想的深度决定了企业发展的高度，同时，端正的态度成就了企业更美好的未来。大家也深刻体会到可持续发展战略是一个完整的体系，只攻一点或零敲碎打都不可取，只有做好"打持久战"的准备，实施"阵地战"式的整体推进，并根据企业实际情况在不同阶段抓重点，找到突破口，才能真正产生长久的实效。

（二）国家政策助推东部纺织行业在高质量发展中再创新优势——以江苏地区为例

长三角是我国经济发展最活跃、开放程度最高、创新能力最强的区域之一，在全国经济中具有举足轻重的地位。把长三角一体化发展上升为国家战略是党中央作出的重大决策部署。为探究在当今时代背景下，纺织行业的发展对于促进江苏地区国民经济发展、增加国民收入、加快城镇化进程等方面的意义，"纺编青春"实践队于2019年7月4日开始了以纺织服装行业“花式”转型为主题的暑期社会实践。实践队队员前往扬州锦辉化纤有限公司、江苏菲霖纤维科技有限公司、江苏怡人化纤纺织有限公司、黑牡丹（集团）股份有限公司、江阴市通源纺机有限公司等多个纺织企业学习调研（图6–3）。

实践队队员在各个公司人员的引导下参观了车间内运作的工艺流程，真切地感受到了

图6–3　实践队队员合照

纺纱厂内的工作环境与工作内容，也更加清晰地掌握了纺织工序运作情况。庞大的生产线和一丝不苟的操作工人让实践队队员感受到了该纺织企业的工作节奏以及操作工人的敬业精神，也更加理解纺纱厂工艺流程之间的联系。公司领导也通过国家政策对江苏地区纺织企业的影响分析了当代纺织行业的发展前景，讲解了智能化、现代化运作对纺纱工艺流程的影响。在实践过程中，队员们发现生产车间内信息化、智能化的设备随处可见，各个企业也致力于推动产业广泛应用新技术、新设备、新工艺、新材料，加快改造提升，促进工业互联网、大数据、人工智能等新技术与集群发展深度融合，提高产品质量，加强企业文化建设，引导产业转型升级（图6–4）。

图6–4　实践队队员与公司人员学习交流

江苏地区纺织企业坚持稳中求进工作总基调，深入贯彻新发展理念，使江苏省经济运行总体平稳、稳中有进、稳中提质，经济高质量发展迈出了坚实步伐，为江苏地区国民经济的发展作出了极其重要的贡献。经过多年的积累，江苏纺织业已经发展为产业体系完整、产品品种齐全、国际国内领先的优势产业。

（三）新型冠状病毒感染下国家对线下纺织品零售企业的扶持政策

2020年1月，新型冠状病毒感染突如其来，为积极响应暑期“三下乡”社会实践的工作要求，助力复工复产，“纺编青春”实践队设计线上集中线下分散相结合的方式进行实践，对关于实体纺织品零售小微企业现状进行采访调研，根据调研数据和信息整理探讨国家政策对线下纺织品零售企业的影响。

2020年8月3～15日，“纺编青春”实践队队员通过线上问卷调查（图6-5、图6-6）、线下门店政策宣讲、问卷访谈实践探究国家政策对线下纺织品零售企业的影响。

针对现实情况，国家以及各地政府陆续出台了相关政策来支持中小企业，积极推动各项扶持措施，如延期缴纳社会保险费、延期缴纳税款、降低企业融资成本、安排贴息资金支持降低企业融资成本等政策，尽可能为业界企业创造更多机会。相信在国家政策的支持下，我国线下纺织品零售企业定能良性发展。

图6-5 新型冠状病毒感染期间线下门店情况

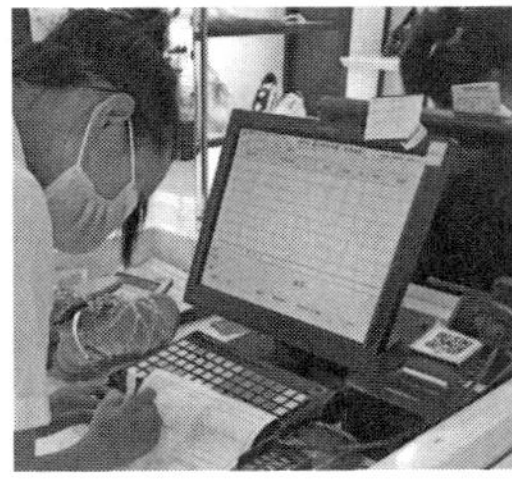

图6-6 实践队队员线下问卷调查

四、实践分析

针对近几年国家政策对纺织企业转型升级的影响完成调研后，本小组进一步剖析国家政策与纺织行业发展的关系。

（1）东部地区纺织企业以要加快传统产业改造升级，推动信息化和传统产业深度融合，有效拉长传统产业链条和增加传统产业增值环节。在原有的现代化、智能化生产基础上围绕满足人民日益增长的美好生活需要，加快运用新技术、新业态、新模式，推进纺织服装业技术升级、模式创新、品牌优化，让传统产业焕发“新气象”，同时，大力发展先进制造业，加快技术改造提升，为产业转型升级打好坚实的基础。

（2）中部地区纺织企业加强企业文化建设，注重生态环境建设，打造自己的品牌，提高产品质量。坚持以深化供给侧结构调整为发展主线，强化对需求侧的引导作用，推进产业体系现代化。在政府引导、市场运作的模式下不断完善产业链条，推动行业持续健康发展。

（3）西部地区发展重点产业，积极推动产业交流合作，充分发挥地理位置与政策支持的优势，加强“一带一路”沿线国家的优势产能合作，加强与我国其他地区纺织企业的合作交流，积极引进先进人才，推动产业规模扩大，助力纺织服装产业转型升级，实现高质量发展。

（4）国家加强对纺织企业的关注，以及对中小型企业的帮助与扶持。鼓励加大对受疫情影响暂时出现困难的创新型、成长型中小型企业投资力度，加快投资进度，帮助企业渡过难关。在线下市场无法正常运行的情况下，线下纺织零售企业也可尝试线上销售，通过线上促销的方式减少线下销售带来的损失。

五、实践总结

中国是世界上最大的纺织品服装生产和出口国，纺织品服装出口的持续稳定增长对保证中国外汇储备、国际收支平衡、人民币汇率稳定、解决社会就业及纺织业可持续发展至关重要。纺织行业作为中国传统行业为促进国民经济发展作出了非常大的贡献。

通过近几年的社会调研，我们感受到了我国不同地区纺织企业的特点，东部地区深入贯彻新发展理念，引导产业加快升级，在经济总量、质量效益、市场竞争力等方面取得了重要进展。中部地区在国家政策引导中不断推动行业高质量发展，使当地经济稳步上升，加强生态建设，树立当地良好品牌。西部地区凭借独特的地理条件发展特色棉纺织产业，在生产中抓重点、提质量，在带动其他行业联动发展的同时，对促进就业和经济发展，推动产业链投资，拉动基础建设等方面都作出了巨大贡献。

纺织企业的良性发展离不开国家政策支持和各地政府的引导，作为纺织专业的学生，从纺织企业的转型发展中感受到国家对企业发展的支持与帮助。正是有了国家政策支持，纺织企业才能够不断扩大产业链，优化产业结构，推进智能化制造和绿色制造，形成发展新动能，提高综合实力。近几年，我国已经出台多个全国范围最新纺织行业政策，多个省市地区就全国政策给出了相关的指导意见以及配套措施，并陆续出台具体细化的地方性纺织行业政策扶持和规范行业发展。相信我国各区域的纺织企业将持续协调健康发展，共绘新时代背景下纺织企业的美好蓝图。

案例二 大数据下服装智造产业融合共建

在中国经济步入新常态的大形势下，中国的制造业处于转型升级的关键时期。武汉一直是中国重要的轻工业生产基地和集散中心。而20世纪90年代末，汉派服装步入了低谷期，品牌影响力也逐渐减弱。江浙地区服装业却从1994年起进入了产量高涨的阶段，1994～1995年突破10亿大关，曲线上升的幅度明显。本次调研通过对江浙地区智能制造在服装实体经济中的地位和重要性进行调研，根据现有基础和技术手段对纺织服装智能制造发展进行设想，以此促进武汉服装企业采取有效的方式加速服装行业经济发展，引领企业走上可持续发展之路。

一、实践背景

在中国经济步入新常态的大形势下，中国的制造业处于转型升级的关键时期。美国工业互联网、德国工业4.0先后出台之后，中国提出了自己的《中国制造 2025》（国发〔2015〕28号）总体战略和行动纲领，其主线体现为信息技术与制造技术的深度融合。

在重点的创新驱动战略中，智能制造是核心内容，它不仅是两化深度融合的主攻方向，也是工业互联网的切入点。

武汉纺织大学始终守初心，担使命，落实“立德树人”根本任务，强化责任担当，凝心聚力，真抓实干，进一步加强学科建设，全面提高人才培养能力，强优势、补短板、创特色、争一流。

（一）国内服装经济发展现状概述

服装业是创造美好时尚生活的基础性消费品产业和民生产业，也是集中体现人类文化创意、技术进步和时代变迁的创新型产业，在提高人民生活质量、发展国家经济、促进社会文化进步等方面发挥着重要作用。“十二五”期间，中国服装行业在国家一系列大政方针的指导下，深入贯彻落实科学发展观，积极应对复杂变化的国内外形势，实现了良好的发展。行业保持稳定良好增长，产业结构优化明显，创新能力不断增强，行业效益大幅提升，品牌建设持续推进，国际竞争力、影响力进一步提高。

“十三五”期间，是中国全面建设小康社会的冲刺期，是深化改革、全面调整经济结构、加快转变发展方式的攻坚期，也是推进服装行业由大变强的关键期。中国服装行业需要站在新的高度，主动适应经济发展新常态，充分发挥市场力量的决定性作用，利用良好的产业基础，牢牢抓住创新驱动，加快结构调整和转型升级的步伐，创造互联网时代产业发展新优势，建设科技领先、品牌一流、生态持续、人才杰出的服装强国。

（二）汉派服装发展现状概述

武汉一直是中国重要的轻工业生产基地和集散中心。“汉派服装”在20世纪90年代崛起并风靡全国，曾在十大女装著名品牌中包揽6席，多家男装企业曾名列全国同行业前列，使武汉一度成为中国服装产业重镇，一定程度上引领了国内服装产业的发展。而20世纪90年代末期，汉派服装步入低谷期，品牌影响力逐渐减弱。

1.武汉服装行业经济体量和质量不足以支撑“汉派服装”产业链

20世纪80年代末，湖北地区的服装经济体量与浙江地区相当。20世纪80年代末至90年代初，湖北与浙江在服装行业经济体量上的差距仍比较小。进入21世纪，湖北服装业的体量出现下滑趋势，并逐步落后于浙江地区。目前，湖北地区与其之间的差距仍在增大。武汉发展行业与江浙地区相比尚且如此，与海派、京派比较则更显弱势。因此，通过当今21世纪的“汉派服装”体量变化可知，武汉服装行业竞争力明显不足。

2.武汉的服装行业协会和商会无法给“汉派服装”铺路

湖北省服装商会是2009年正式成立，实施服装生产销售的非营利性社团活动。湖北省服装商会属于民间组织，影响力着实有限。从湖北省服装商会成立时间可以了解到，在所谓“汉派服装”一词提出及其鼎盛时期，没有一个官方的、正式的行业协会肯定其定义，仅靠武商集团的宣传是不能作为一个服装派系生存和发展的基础的。即使是先有“汉派服装”概念，后有“汉派服装”实体，也需要在武汉当地服装行业协会和商会以及政府高校、企业的支持下，进行“汉派服装”风格、气质的设计和研究。然而这一切似乎都没有相应地开展起来，多年来仅仅停留在口头，并没有风格建设和特色企业建设，从而没有相应的经济效应，这些没有基础的东西是很难站住脚的。

3.目前的武汉服装品牌看不到“汉派”特色

在20世纪90年代初期，武汉凭借传统纺织行业的实力基础，加上起步较早的产业结构和九省通衢的地理优势。“汉派”女装以“线条大气、色彩艳丽”的风格，曾一度与京、粤、沪等流派齐名。并在巅峰时期开创了地方品牌组团参加中国国际服装服饰博览会的先例。汉派女装曾是武汉服装业的一张金名片。武汉一直存在时尚的土壤，随着人均GDP的提升，加上近几年武汉一直在打造时尚之都，提升人们对于时尚的敏感度，就更加强调了品牌理念。

从这个方面看，汉派服装要想从批发业态占领市场，品牌和原创的意识都需要更强。在现阶段，武汉尚缺少有竞争力的品牌。个性突出的设计师以及汉派女装所代表的艺术水平也相对比较落后，品牌的策划包装也不够完善，这些问题都制约了汉派服饰的发展。

4.“汉派服装”设计师群体现状不足以创造出“汉派”风格

缺少人才是“汉派服装”难以为继的重要因素。曾经辉煌的“汉派服装”由于市场优势不再，缺少人才，更缺能重振“汉派服装”的人才。

武汉作为全国大学最多的城市，设计人才辈出，但人才通常都集体“东南飞”，本地高校的设计类人才毕业后也不约而同地选择了沿海一带。人才流失的主要原因包括薪资较低、科研经费不足、政策优惠力度小，纺织服装行业尤其严重。由于服装品牌的本质就应该是设计师品牌，所有创作是需要设计师的生活历练、见识和大脑里独有的创想力去实现，成熟的设计师有其独特的个人设计风格。如果武汉本土培养的设计人才（包括服装行业其他环节的人才）基数起来了，就很有希望诞生高效人才和龙头品牌，给区域服装产业注入很大的活力。

5.“汉派服装”创新不足，难以满足人们的个性化需求

在国内经济改革的新环境下，“汉派服装”逐渐与时代脱节，高新技术难以得到体现。老牌的“汉派服装”在个性化需求时代，仍保持着较为老旧的生产制造观念，原创力不足，缺乏对于新兴技术的应用。正因如此，汉派服装多年来给市场留下了“低廉”“老旧”的标签，辉煌不再，人们对于其发展期望值一降再降。在服装行业新形势下，企业面临劳动力成本上升、东南亚等低成本地区挑战、互联网营销方式变革、公众消费需求升级等问题，但服装企业不能止步于此，企业在选择坚守传统产业的同时，还要用创新推动企业向时尚产业转型。

（三）国内服装电商智能制造发展现状概述

智能制造是服装制造业由传统制造向现代化制造发展的必然。服装企业如果想要向长远方向发展就必须要求企业从服装供应链以及管理模式上向数据化、信息化、互联化、协同化、智能化方向转型。从目前服装市场来看，传统服装市场已经饱和，竞争异常激烈。以快时尚服装品牌为例，自2010年以来，增速明显放缓，一、二线城市渐趋饱和，快时尚市场“周边化”和“下沉式”两大趋势不断增强，二线市场亟待开发。

因此，传统服装企业向智能制造方向转型显得尤为重要，而目前也已有部分企业开始向这一方向转型，并且目前已经取得了部分成绩。但不可否认的是，服装企业向智能制造方向转型的确面临着各种挑战。但部分服装企业在产品供应链（包括产品供应、产品销售和后勤服务）和企业资金管理（包括现金流和成本）方面，已经具备较为成熟的智能化运营模式。

目前，部分服装企业已经实现转型的第一阶段，即服装流程自动化制造，但实现第二、第三阶段，即部分智能自动化制造和服装智能制造工厂仍需要进一步探索。

二、实践目的

针对课题背景，提出三个课题。分别针对服装企业区域性市场开发，服装企业用户画像指标体系的优化以及基于大数据的服装试衣镜数据挖掘实现方向的研究进行浅析调研。关于企业区域性市场开发，借助大数据，资源整合，建立一定的影响区域开发划分的指标因素来对实际运行的分区体系进行评估，必要时提出整改优化意见。在数据时代背景下，通过企业官网和各种电商平台的一些信息确定指标体系，在用户统一指标体系下，依据不同的目的挑选总指标中的几项对用户进行划分，之后进行方案优化。关于服

装试衣镜数据挖掘实现方向，更是借助大数据的智能推荐以及新兴科技智能制造来对试衣镜进行数据植入，直观地进入后台反映消费者线下门店试衣情况，研究转化率，并对消费者的下一次购物进行精准推送。

三、实践内容

（一）前期准备

1.主题、时间及地点

本次实践活动的主题为推动大数据下汉派服装智造产业“融合共建”，赋能实体经济新增长。责任老师指导沟通，与调研企业进行对接联系，团队沟通确定调研主题和提纲，安排调研计划，进行团队人员任务分工与安排。实践时间为2019年8月23～30日。实践地点位于浙江省内具有代表性的服装企业、实体门店、电商平台，与服装相关的博物馆以及艺术宫等。

2.团队组建

6月10～15日，组建实践团队，确定实践的行程安排及分工，并联系实践基地及各大服饰企业。查阅文献资料，并设计制作好《服装专业学生大数据下服装智造产业的融合共建》调查问卷，在6月25日前发放并收回完毕。表6-1为团队分工明细。

表6-1　团队分工

小组	职称	工作职责	部分工作
论文一组	管理组长	实践组织	1.完成老师下达的各种任务 2.实践期间成员的管理和分工 3.成员任务进度的实时督促
	宣传组长	新闻稿件	1.完成每天的新闻稿件 2.推送到微信公众号和学校官网上
论文二组	科研组长	提纲论文	1.确定访谈提纲和论文方向 2.小组论文的审查和指导
	数据组长	资料整理	1.前期整理企业的相关资料 2.收集整理访谈音像 3.收集成员的访谈记录和总结
论文三组	访谈组长	访谈答辩	1.和科研组长合作完成访谈提纲 2.答辩访谈主力成员
	摄影组长	调研记录	1.调研过程拍照和会议录音 2.协助宣传组长完成每天的稿件

3. 物品准备

实践队做好相关物品准备，包括打印日程安排表、任务清单，制作宣传条幅、队旗；准备单反、三脚架，用于照片采集及视频拍摄；准备录音工具，采访时使用；准备个人会议记录物品；携带随行应急物品。

4. 实践方法

案例分析法：有针对性调查浙江省内具有代表性的服装市场及企业。

访谈法：通过走访面辅料市场、服装企业，跟踪企业各生产环节，对企业管理人员、工作人员的访谈调研，了解服装“智”造行业发展现状以及服装“智”造对实体经济发展的影响。

对比分析法：将浙江服装在不同时期的发展经营模式进行对比分析，并得出一线城市服装行业的发展模式及规律。

（二）实践可行性分析

1. 时间可行性

实践队成员利用在校期间，多次召开研讨会，结合实践队员的特长，进行了充分分工。成员们前期搜集各服装企业的基本信息，并积极同企业取得联系。为保证实践队员的安全，学校专门召开动员会议，强调实践纪律。

暑假期间，成员们有足够的时间进行实地调研，发放调查问卷，汇总整理收集到的资料，探讨解决方案，并进行调研报告及论文的撰写。

2. 组织可行性

此次对江浙区域服装企业进行实地走访调查，在学校领导及老师的积极沟通下，得到相关政府部门的大力支持，并与企业取得了联系，同意实践队成员的到访。

指导老师拥有扎实丰厚的实践经验和理论基础，暑假成功带领我院完成“双百万工程视域下汉派服装企业人才培养机制”暑期社会实践活动。参加实践的成员，有一部分多年参与其中，为实践活动的开展提供了实施的可能性。

3. 经济可行性

暑期社会实践是我校长久以来积极响应号召，认真落实政策的工作之一，学校层面对暑期社会实践大力支持，并给予足够的活动经费。同时寻求社会支持，包括但不限于发动社会众筹，通过前期的宣传，社会反响良好，为社会实践开展提供了很大的经济援助。

4. 技术可行性

此次调研主要以发放调查问卷、访谈为主要形式，成果以PPT、视频、照片、调查报告等形式呈现。此次参与队员均有社会调查经验，并且具备视频拍摄、剪辑、制作以及撰写论文及报告的基础和能力。

（三）实践过程

项目实践团队响应学校“十三五”要求，发挥高校对于地方企业的指导意义，希望学习江浙服装企业的前沿技术，更好地总结经验，并适用于“汉派企业”的改革与发展。以下是关于三家浙江服装企业调研的具体内容。

1.森马

浙江森马电商是浙江森马服饰股份有限公司（简称“森马服饰”）的全资子公司，也是目前森马服饰的重要引擎业务。森马电商在物流系统建设及运营方面展开了一系列卓有成效的探索，包括打造高效、智能的现代化物流基地——嘉兴物流仓储基地，全面提升公司仓储、物流、配送服务能力，提高供应链效率，降低经营成本。经过多年探索，森马电商逐渐形成了多品牌、多渠道、多模式经营战略。

对于各大电商巨头来说，服饰是每一个电商企业争夺的核心资源，从淘宝到京东，从亚马逊到当当网，从唯品会到聚美优品，无不是在服饰方面投下极大的关注。而正是诸多电商巨头的竞争带动了一大批电商服饰企业快速成长，茵曼、裂帛等都随着淘宝规模的扩大而不断递增。顺着电商潮流，森马抓住了机遇。为了更好地与淘宝合作，森马服饰负责电子商务业务的全资子公司，就设在淘宝总部西溪湿地的旁边，并且引进人才组建独立的电商团队。森马电商采取多品牌、多渠道、多模式经营战略，目前在线拥有八大品牌。不到2年，年销售额从2个亿快速发展到了9个多亿。一年时间，线下服饰品牌就夺回了大半壁线上的市场空间，究其原因，传统企业有这样一些优势：近20年的服饰行业运营经验；优秀的产品开发和研发团队；长期、稳定、高效的供应链合作工厂；拥有成熟的线下渠道和强大的销售能力，从而能够转化为强大的产品议价能力，带来产品成本控制空间；在线下已经具有深入人心的品牌形象。这是大部分互联网品牌难以望其项背的“硬门槛”，一个新生的互联网品牌在短期内是根本无法和这种巨无霸企业抗衡的。

森马的电商团队认为，网红、直播、虚拟现实（VR）才是未来的营销方向，明星跟消费者是有距离的，只能崇拜，不能很好地互动。他们启动了时尚合伙人计划，跟网红、达人用直播的方式合作，和消费者互动。森马开通了直播频道，尝试了很多新玩法。比如让买手团队去工厂，在工厂做直播，让消费者看一件衣服生产流程，有纺纱、织布、剪裁、缝纫，内容非常丰富。消费者拿到的衣服不再是冷冰冰的商品，而是有了温度。

团队成员通过与森马公司领导的交流，发现森马更加重视用户的体验，智能客服“森小蜜”用专业的数据支撑，为客户提供折扣、搭配等不同的选择，减少了人工的费时费力和疏漏。森马还通过用户划分，收集用户信息，与阿里合作，估量自己的市场宽度。用户画像做到及时更新，对不同的商品进行不同的算法推荐，将企业做到了经营的长期化发展。

2. 伊芙丽

建立于2001年的伊芙丽，是一家多元化发展的时装品牌销售公司。公司旗下有伊芙丽、诗凡黎、麦檬、PM四个品牌。它们涵盖了几乎所有年龄段的社会年轻女性，针对差异化细分市场解决消费群体的多元需求。伊芙丽长期与法国时尚设计师及世界知名设计公司紧密合作，将当今世界流行趋势及时传递至各品牌终端。它是国内新零售、新制造领先企业，同时是一家全链路数据化、智能化、时尚平台型公司。

相比很多女装品牌，伊芙丽没有把自己局限于线上。线上线下均衡生态发展的伊芙丽，已经走在了一些著名淘宝品牌前面。公司的定位策略也非常高明，无论是花了500万元请特劳特得到的“亲淑”定位，还是2015年靠客户关系管理（CRM）分析推出的麦檬名牌，无一不是渠道争抢的对象。在研发设计方面，使用产品生命周期管理（PLM）系统将研发过程可视化，工艺产品零部件标准化，使样衣生产时间从7天缩短至2天。在供应链升级方面，通过2年时间，把传统生产加工需要花费15天的捆包流模式，变成只需要6个小时的单件流，这种效率，使得“双十一”的时候，可以做到客户下单以后再生产发货。生产方面，公司的制造执行系统（MES）平台，使得生产过程节点状态实时反馈，便于领导层快速做出相应决策。智能店铺方面，射频识别技术（RFID）地动仪可以检测店铺流量和试衣数据，通过试衣率、进店率、转化率的数据分析，可及时发现隐藏的爆款、导购店长能力高低、人员配置等问题，并做出相应调整。供应链协同方面，四方共协模式可以提前预测并通知供应商备货。库存共享方面最吸引人的是云仓技术，线下门店库存共享使得一个店铺可以卖全国的存货，极短的生产周期使门店甚至可以卖还在线上生产的服装。

国潮回归使中国原创力量的崛起。在国潮崛起的趋势下，伊芙丽不仅是中国原创力量的扶持者，更是推动者。通过中国原创将品牌文化传递给消费者，也让品牌蓄力更多的新生代设计力量。

与森马服饰相比，伊芙丽更加重视娱乐销售。他们发现了更加适合自己的全新

F2O模式。F2O，即focus to online（焦点事件to电子商务）。这种模式的作用机制就是热点事件通过电视媒体扩散和传播，并在电商平台上迅速售卖相应产品，满足瞬间激增的新需求，形成电视与电商的实时互动。投资真人秀、电视剧，发起边买边看的活动等，这样的精准投放使得收益更加可观。这些“抓热点”方式，几乎都是采用当下最流行的科技以及互联网手段，方式新奇，投放也非常精准。此外，和众多当红明星的提成合作方式也有效调动了明星宣传的积极性，使得销量迅速增长。伊芙丽在多部热播剧中出现，在如今的营销模式上，可以看出，品牌必须为消费者创造一个集故事性、趣味性、话题性于一体“文本”，让消费者“复制”到自己的圈子，这样才更具社交化的传播场景。

这种模式并不是长期的方案，F2O的优势是在短期内可以带动线上产品的销售，但这种销量的激增是暂时的。要想维持品牌热度，还需要在打开线上窗口的同时进行多渠道推广，并从目标消费者的角度去看问题，研究消费者的需求和购买心理，达到可持续的重复购买，公司才能拥有更多的活力发展下去。

3. 快鱼

中国一流的“快时尚”休闲服饰零售商——快鱼，成立于2002年，是一家以直营连锁为主的休闲服饰公司。经过近20年的努力，公司从最初的几家门店发展成如今在浙江、上海、江苏、安徽、辽宁、北京、广东等省市拥有800多家自营门店，并先后在杭州、虎门、北京设立大型物流基地的各种配套设施相对完善的服装销售企业。如今公司还在迅猛发展当中，正不断地完善在全国的网络覆盖。快鱼服饰是一家快时尚服饰零售企业，以高质量的男女装和童装以及平民化的价格享誉中国零售业界。

由于服装行业竞争门槛低、供应链成本居高不下、扩张过程中的风险难以控制等原因，快鱼在近几年出现了一些品牌业绩下滑、门店关闭和大量库存的媒体报道。行业的共性话题，也是快鱼面临的难题。

对此，快鱼打通了供应链和销售等多个环节，将数据集中化、业务透明化，通过构建企业级互联网架构形成快速响应的供应链协同。通过业务拆分来降低系统的复杂性，通过服务共享来提高可重用性，通过服务化来达到业务支持的敏捷性，通过统一的数据架构来消除数据交互的屏障，从而使快鱼具备了快速响应业务变化的IT能力，形成了快鱼独有的信息化核心竞争力。相较于其他公司多采用大促销、大折扣的方式来分散库存压力，快鱼得以“柔性生产，小批量、多批次下单”的对策来应对。季前根据商品计划推式铺货，季中通过试销选择出好卖的商品，再依据实时销售拉式补货，这种推拉结合的补货方式，从根本上解决了库存积压的问题。同时，设计师通过实销数据，对产品在市场上的表现获得即时感知，当大部分设计师还在预测未来一年的时尚趋势时，快鱼的设计师已经翻新了好几轮，这让它在市场流行上走在了前列。

对于将来，快鱼公司计划要搭建的共享服务中心，它共涵盖商品中心、渠道中心、人员中心、会员中心、订单中心、库存中心及财务中心共计七大板块，其中，现已上线的商品中心、渠道中心、人员中心和会员中心，已为快鱼带来最优秀的架构设计理念，以及大型分布式系统数据化运营能力，帮助快鱼极速构建大型分布式应用，支持业务需求快速创新，助力快鱼的“互联网+”转型。可以说，互联网平台的构建，为企业面向未来更多挑战打下坚实基础。

由于快鱼走的是快销，它的商品供应链和森马有着一定的区别，快鱼主要是讲求对于市场的一个快速反应，商品企划完成后进行试点试销，达到预期效果时，进行转正、铺货。后期它所要做的就是根据实时销售数据决定是否补货、停售。最后清理库存。快鱼服饰更新迭代快与市场反应密不可分。

同森马、伊芙丽一样，快鱼也建立了自己的用户社区，公众号、微博、品牌官网等与用户接触。由于快鱼体量小，比起森马自己分析客户数据，快鱼选择与阿里合作，进行数据外包，依托阿里的技术发掘自己的客户。他山之石，可以攻玉，强强联合，效果突出。

四、实践分析

江浙服装经验借鉴及汉派服装产业转型分析。

（一）加强对汉派服装企业的支持

汉派服装企业需要在发展中不断提升企业品牌价值，强化企业社会责任，促进品牌发展良性循环，提高企业综合竞争实力。学习江浙地区集群发展的理念，寻求获得政策帮扶，政府依法依规与专业投资机构合作设立汉派服装品牌发展基金，为汉派服装企业提供股权投资，并鼓励、孵化企业积极对接资本市场，培育全国乃至全球畅销品牌，推动企业挂牌上市。

（二）集各家之长，建立汉派服装设计研发中心

与学校合作，建立汉派服装设计中心，设立汉派服装学院。打造纺织科技、时尚设计成果转化基地，形成“产—学—研”协同创新模式，设立汉派服装新技术应用实验室。适应柔性化生产趋势，用大数据、智能生产技术提升汉派服装科技化生产能力。解决原创性的设计问题，聘请优秀的设计师同样是解决问题的关键。通过调研发现，服装公司一般会选择和大学直接对接（例如：伊芙丽积极加强同东华大学的交流合作），吸收人才。其次，还与大学学院合作，培养及培训营销管理、服装设计、品牌电商等专业人才，培育高素质的服装产业队伍。

（三）加强对营销环节的改造升级

吸取江浙服装企业物流、运输管理经验（例如：森马拥有的高效、智能的现代化物流基地——嘉兴物流仓储基地），加强企业全面的供销关系网建设，建立汉派服装营销、交易、物流服务体系。变革过时的营销体系，适应时代发展需要，完善对于环节的监督，升级环节系统，发挥汉派服装企业的集群效应，树立新形象，使其不仅在华中地区形成一定的规模影响力，更要扩大其在全国的辐射影响力。

（四）建立产销一体化模式

支持已建成的服装工业园提档升级、规范发展，建立现代化汉派服装加工基地，形成武汉服装产业产销一体发展模式，发展智能化供应链管理，使汉派服装成为全国服装产业成本洼地，提升产业竞争力。

（五）打造特色时装周，打通国际市场展销通道

打造属于“汉派服装”特色的时装周，开展多元多层次时尚活动；在“一带一路”沿线国家设立“汉派服装”展销中心，积极参与国际展销会，推动汉派服装开辟国际市场。

（六）利用好线上销售渠道，加强正面营销

电商与“互联网+”的到来给大量的实体店铺带来了不小的冲击，这也就导致了大量的服装品牌纷纷进军电商领域，汉派服装企业要抓住时机，线上线下均衡发展，在天猫、淘宝、唯品会等电商平台上开设属于汉派服装的网上专卖店、旗舰店，举办专场活动，建立并激活线上销售渠道，扩大市场规模。在这个直播时代，采用直播带货、用户画像等新兴“互联网+”方式进行汉派服装推广。

（七）推动大数据下服装智造产业融合共建

加强汉派服装在大数据下的智能制造，推动服装智造产业融合共建，鼓励汉派服装产业的创新创业，加强对初创企业的扶持和地区龙头企业的支持，打造独具特色、技术突出的新兴发展局面。

五、实践总结

此次实践活动对智能制造在服装企业的推行上进行了调查，不仅得到了服装企业对智能制造的观点和看法，更重要的是让我们了解到智能制造在服装实体经济中的重要地位。同时，根据现有基础和技术手段对纺织服装智能制造发展进行设想，以促进服装企业采取有效的方式加速服装行业经济发展，引领企业走上可持续发展之路。

在对江浙地区进行调研的同时，团队将进一步吸取江浙地区发展服装行业的经验，并将其经验与武汉地区服装行业实际情况相结合，改善汉派服装行业环境，实现汉派服装产业的转型和升级。以下是关于汉派服装产业升级的具体方案。

（一）重振汉派服装雄风，创立汉装品牌名牌

文化是城市的灵魂，汉派文化依武汉而兴，武汉则凭汉派文化而发家。重振汉装雄风就需要政府的推动和支持。其一，通过社会参与和市场化运作，致力于调动武汉较强的服装设计力量，组织一些汉装设计大奖赛，有意识地培育和强化汉派风格特色。其二，通过政府推动、市场运作方式实现服装企业实质性重组，加快集团化和基地化建设，促使其做强做专做精做特，打造现代汉装产品链，创出汉派服装名牌，以增强其生命力和竞争力。振兴汉派服装，必须走特色化道路，着眼和着重于服装的文化内涵和文化个性，突出体现汉装特色。其三，还可进一步推动武汉城市圈内服装产业资源的优化整合，并有效形成区域性产业集群的竞争优势和极化效应；制定圈内统一的纺织服装行业发展规划，突出加强汉派服装的优势和特色，形成圈内汉派服装的产业链，并筹划和引进一批产业链空白项目，以此推动整个汉派服装的发展。

（二）从女装出发，将生产链铺陈开来

根据国家权威统计数据，中国35岁以上中青年女性的数量庞大，所以，振兴“汉派女装”具有很大的市场价值。武汉应该基于其产业基因，以“原创设计”和“品牌营销”提升“汉派女装”的形象、品质和知名度，让其摆脱低端、抄袭和廉价的诟病，形成“优雅知性”“熟女风”“轻商务风”的中高品质产品特征，对标满足目标人群日益提升的对服装品质的要求，一旦成功将获得巨大的产业回报。

达到这一产业目的，高质量专业的设计人才和营销人才在中间将发挥巨大的作用。当地政府和企业除了出台各种政策留住当地培养的优秀人才外，还应积极地跟武汉市以外的优秀专业人才和机构开展各种形式的合作，形成不拘一格的有效人才引进方式。

（三）企业建立动态化用户画像

对于以快时尚为主的成衣品牌，用户画像的动态模型可以从源头开始，对用户在服装品类上的喜好偏向进行较为精准的预测，真正实现以用户为中心的服装产品开发。在此基础上，服装品牌在商品企划方面可以大大提高其准确性，实现服装品类、各品类订单数的合理规划与分配。在营销推广和产品推送方面同样可以针对不同的用户及时地推荐符合用户口味的促销活动方式、推广方式以及服装产品类型。对于以高级成衣、定制为主的服装品牌，用户画像的动态模型从精度上完全能做到这类服装品牌的要求。无论从时间维度上、用户可视化背景上还是用户非可视化背景上，都能做到精确定位，并且这类用户画像相对于快时尚成衣品牌，所储存的用户信息更加精确，由于这类企业面向的客群体量较小，对于用户画像的动态化管理也相对方便。

（四）用户管理以及用户信息反馈的挖掘

在服装零售行业中，以用户为主导的服装营销管理的主要价值在于能够持续不断地为服装企业带来销售额和利润。同时，也为服装企业在供应链上的运营模式的改善不断提供数据支持。对应当前服装企业来说，更有利用价值的用户信息更多的属于会员信息。所以，一般企业会以各种方式吸引用户成为旗下品牌的会员，并且尽可能地提高其会员的忠诚度，延伸会员周期。甚至有些企业会利用各种手段对遗忘会员或者失活会员进行再次激活。在维持用户处于会员状态时同时也需要对其投入维护成本，但其中蕴含的潜在价值也相对巨大。在这样的情况下就需要企业合理地利用用户管理系统对用户潜在价值进行较为准确的预估。服装企业用户管理及其信息挖掘的重要性也体现在这里。

本次实践通过调研智能制造在服装实体经济中的应用，并根据现有基础和手段对服装智能制造发展进行探索研究，以促进服装企业采取有效的方式加速服装行业经济发展，为企业走上可持续发展之路增添动力。调研结束后，实践团队在校园内进行调研内容分享，撰写调研报告与学习成果论文，根据学院的要求完成共青校园的报备。总计推送了7篇新闻稿件，共撰写完成5篇论文。

此次社会实践结束后，我院将继续在学校“十四五”方针政策的指引下，更好突出学院办学特色，打造学院文化品牌实践活动。积极鼓励学生参与社会实践，与企业交流先进行业经验。同时，以社会实践为载体，帮助同学们进入社会、走进企业，提升社会责任感，发挥社会实践的启迪意义，进一步培养学生实践成果学术化的能力，展现育人实效。

第七章 志愿公益主题社会实践案例分析

PART 7

大学生社会实践是高等教育体系的重要组成部分，更是新时代背景下各大高校实践育人的重要阵地。以不同专业背景为支撑，充分发挥专业特点与优势，结合学科特长开展大学生社会实践活动，不仅有利于社会实践活动的专业化开展与持续性推进，更有利于大学生提前接触行业前沿，在实践中发挥专业所长、提升专业技能、历练专业本领，从而更好地了解未来职业发展与就业前景，促进当代大学生高质量就业与高水平发展。

武汉纺织大学高度重视大学生社会实践活动，积极贯彻落实国家相关规定，逐步形成了一批以专业发展为导向，以素质提升为支撑，以“服务社会大众、促进学生发展”为宗旨的社会实践项目。其中，以教育类专业为依托的多项志愿公益社会实践项目获得了长足发展。教育类社会实践活动充分利用教育专业特长，通过先进教育理念、科学教育方法、先进教育工具对实践目标进行充分调研与服务，以教育促进教育发展，以社会发展带动青年进步，既极大丰富了大学生社会实践活动范围与内容，更为社会经济发展提供了持续助推力量，也为大学生成人成才提供了锻炼机会。

武汉纺织大学信义织梦支教团队充分发挥大学生优质教育资源优势，深入广大贫困山区，以丰富多彩的教学课程与活动、科学多样的实践教学工具，积极探索新时达背景下乡村教育新路径，持续推进“互联网＋乡村智慧教育”发展新模式，为乡村教育发展和教育均衡发展不断探索。武汉纺织大学“蓝灯”志愿服务队聚焦自闭症儿童发展现状，通过艺术疗愈方法服务自闭症儿童与家庭，并通过广泛调研为现阶段自闭症社会服务体系建设提供建设性意见，促进自闭症儿童福利事业的发展。

案例一 新时代背景下“互联网+乡村智慧教育”模式研究

乡村振兴战略的实施离不开教育振兴，新时代背景下需要更加关注乡村教育需求，聚焦教育发展短板，解决城乡教育发展不平衡等问题。武汉纺织大学信义织梦大学生义务支教志愿服务团队深入鄂东、鄂西贫困山区，利用前沿互联网工具与优质大学生教育资源，充分了解当地义务教育发展现状与问题，通过开展系列教育活动开阔学生视野、引导学生学习，大力推动“互联网+乡村智慧教育”模式的发展与推广。

一、实践背景

自乡村振兴国家战略发布以来，国家颁布一系列政策来适应新时代中国特色社会主义建设的实际需要，而人才和文化的振兴是实现这一战略重要的支撑和动力源泉。当前，湖北省农村中小学教师队伍普遍存在结构性矛盾，尤其在鄂东、鄂西贫困山区义务教育阶段的学校存在师资队伍年龄老化、专业教师匮乏、教非所学等情况，这些问题加大了城乡教育发展不平衡的现象。

为此，湖北省信义兄弟农民工帮扶基金会携手武汉纺织大学等各大高校，在省、市、区各级政府及相关部门的指导、协助下，启动“湖北信义织梦大学生义务支教志愿服务”项目。团队利用每年暑期7～8月，组织武汉高校的青年志愿者赴鄂东、鄂西等边远乡村小学开展为期一个月的支教活动。支教团课程以趣味英语、趣味语文、趣味数学、中国传统文化传承、安全教育、诚信感恩教育、自然科学、暑假作业辅导、音乐舞蹈、手工绘画、书法等基础课程延伸拓展的趣味类教学为主，为乡村孩子们打开一扇知识的窗口，丰富山区孩子们的课余生活、开拓孩子们的视野，传承和弘扬优秀传统文化，为实现乡村振兴做出贡献。

二、实践目的

（1）通过调研了解鄂东、鄂西贫困山区义务教育情况。

（2）通过实地调查，进一步了解当地学生教育诉求与困境。

（3）将实践调研结果归纳总结，为鄂东、鄂西贫困山区义务教育发展建言献策。

（4）与贫困山区建立长期支教联系，大力推动“互联网＋乡村智慧教育”模式发展与推广，为农村教育发展和乡村振兴事业贡献青春力量。

三、实践内容

（一）实践内容

（1）在充分调研了解鄂东、鄂西贫困山区义务教育情况的基础上，组织支教团队开展系列支教活动，通过实地调研与支教活动进一步了解当地教育诉求与困境，大力推动“互联网＋乡村智慧教育”模式为农村教育事业发展建言献策。

（2）调研前期收集鄂东、鄂西贫困山区基本情况，特别是对经济发展情况、义务教育现状、适龄儿童学习情况进行资料收集与整理，对后期支教活动有个整体了解。对公益支教社会实践活动中的各项事宜进行整体梳理。

（3）调研过程中，团队成员通过各类支教活动，进一步了解当地教育发展现状，积极推行“互联网＋”乡村智慧教育模式，利用现代互联网工具提升教育水平与质量，并为当地教育事业发展积极建言献策。

（4）针对不同群体进行深入访谈，对村干部、乡村教师、学生、学生家长进行专题访谈，深入了解贫困山区教育事业发展过程中的困境与问题，从而更好发挥青年力量，助力乡村教育事业的发展。

（二）实践过程

1. 团队前期准备

（1）人员准备。

①人员招新：2019年3月，支教团正式面向武汉各大高校开始招新，15天线上线下报名，5天摆点招新，2天一轮面试，4天二轮面试，从500余名大学生中通过层层面试、考核，最终优选出100名各具特长的大学生志愿者，参与2019年暑期乡村支教活动（图7-1、图7-2）。

②人员配备：支教团将为每个支教点学校安排18～20名支教志愿者，社区青少年空间安排4～12名支教志愿者；支教志愿者以具有1年以上支教经验的大学生志愿者为主，并在武汉各大高校招募勇于奉献、身体健康的优秀特长生组成“信义织梦支教团”。各支

图 7-1　信义织梦公益支教项目启动仪式

图 7-2　信义支教团招新

教点的支教团队将包含教研组、活动组、文宣组、安保组、后勤保障组。

③人员培训：团队成立专门备课培训组，采取“以老带新”模式，针对不同支教内容与板块进行专题培训指导，做到全员参与课程备课与课程教学，并针对个人的特长与爱好进行针对性培训强化，使每一位志愿者的能力实现最大限度发挥（图7–3）。

图 7-3　信义支教团志愿者试讲与培训

（2）项目准备。

①支教点考察：在组建支教团成员的同时，信义兄弟基金会多次联系黄陂区边远乡村小学负责人，并到学校实地考察，与学校负责人对接沟通支教相关事宜。在考察支教点期间，共青团黄陂区委了解到信义织梦支教项目，在信义兄弟基金会向共青团黄陂区委书记童秀琼汇报支教的情况后，得到了团区委的肯定和支持，并确定与信义兄弟基金会合作，将支教团工作扩展到黄陂区社区暑期托管班，为更多的留守儿童带去关爱与快乐。

在团区委副书记胡震宇的支持与帮助下，在李集街道、蔡店街道、姚集街道相关负责人的协助下，信义兄弟基金会对黄陂区乡村小学和社区托管班进行了考察，最终信义兄弟基金会确定了蔡店中心小学、李集小学、泡桐小学3所乡村学校和蔡店石龙、姚集、蔡榨、研子、李集、泡桐6个社区暑期托管班作为2019年信义织梦支教项目的支教点。

②志愿者试讲：为优化教学模式，支教期间更好地开展支教工作，给孩子们带去丰富多彩的课堂，支教团开展了为期一个月的试讲备课。教学志愿者课前仔细斟酌教案，制作PPT，课堂上突破自我，课后互相提出建议。支教小老师克服重重困难，不断突破自我，从古代史话三国演义、唐诗宋词到英语趣味故事及科学知识……志愿者们注重创新和个性

培养，力争将更好的教育带给更多乡村学生。

③团队建设：为缓解支教团小伙伴们在紧张的支教筹备工作中的压力，同时也让大家在活动中加强沟通和交流，拉近心与心的距离，提升大家对信义织梦支教团的信任感和归属感，增强团队凝聚力，达到放松与团队建设的双重目的，支教团组织志愿者们陆续进行了丰富多彩、形式多样的团建活动。大家在团建活动中彼此沟通与交流，增进了解与信任，发现每个人的闪光点，只为更好地服务于信义织梦，服务于那些孩子们。

（3）经费准备：本次支教活动得到了社会各界的经济支持，主要包括信义基金、社会募集和项目申报等，各项经费开支也严格遵照标准，在确保活动效果的前提下，做到物尽其用、勤俭节约（表7-1、表7-2）。

表7-1　2019年“信义”支教项目资金来源表　　单位：万元

资金来源	金额
申报资金（拟向大赛申请的项目资金）	6
自有资金（组织拟向项目投入资金）	18
社会募集资金	3
联合申报团组织支持资金	3
总计	30

表7-2　2019年“信义”支教项目开支明细表　　单位：万元

预算科目	使用明细	金额
服务费用	教学点教学教具、办公用品	5
人员费用	教学点志愿者衣、食、住、行	12
行政办公费用	教学点项目考察、推广	2
宣传费用	教学点宣传品制作、宣传推广、媒体报道	7
其他	志愿者招募、培训、体检、保险	4
总计		30

（4）保障准备。

①关于交通：支教团队员由基金会统一安排车辆直达各支教点。

②关于住宿：支教团队员由基金会落实安排在各支教点学校住宿。

③关于餐饮：基金会协调支教点学校食堂，由支教团队员自行购买食材做饭，相关费

用由基金会负责。

④关于安全：支教前所有支教志愿者将会进行安全健康知识培训，以保证志愿者在支教过程中的自身安全；学生参加暑期学习前，学生家长需与校方和支教团签订相关协议，并配发学习身份识别卡；活动期间不提供学生们的食宿，每天由家长在学校门口接送，校方和支教团负责学生在校园内的安全，校园外安全则由学生家长负责；基金会将联系当地公安部门，加强支教期间在学校周边的巡逻，保证学校周边安全；基金会将为所有志愿者统一购买人身意外保险。

⑤关于医疗：在支教团队志愿者募集工作完成后，基金会将安排所有支教志愿者进行医疗体检，以确保每位支教成员身体健康；信义兄弟基金会将选取若干名志愿者进行医疗知识培训，以保障志愿者在遇到常规疾病时能够及时得到医治。

2. 团队中期实践

2019年暑期，信义织梦支教团各分队在赴贫困农村地区小学、社区的支教活动中开设了多门理论、兴趣、实践课程。团队成员在与当地小学、政府携手合作的同时，共同努力为山区孩子带去爱与希望。

（1）特色课程。

①环保科普：团队成员依托支教开设环保科普课程，直接面向中小学生进行讲解，增添实验手工，如简易净水实验和废物利用等手工，来加强他们的环保认知，开展相关趣味比赛，如环保绘画展示及演讲作文比赛等活动。

②体育：所有体育项目，均以基础知识为主，重在培养兴趣。能够使学生掌握基本的球类知识和规则，了解带球、运球、射门、投篮等基本技巧，在以后的玩耍训练中逐渐加强。包括足球、篮球、排球、羽毛球、毽球、乒乓球。

③地理：爱国的前提是爱家，老师在授课过程中引导学生对自己的家乡产生认同感、归属感、自豪感，正确认识自己家乡的过去、当下和未来。鼓励孩子们走出去的同时，不能忽视故土观念的培养，以后为建设自己的家乡作出力所能及的贡献。

④艺术：开设美术、手工、音乐这类艺术类课程，重在培养孩子的兴趣爱好，寓教于乐，最大限度地提高孩子的综合艺术素养。教学期间，各支教点完成了对武汉2019年第七届世界军人运动会吉祥物兵兵的绘画，帮助更近更紧更深地接触军运会，了解军运会。

⑤书法：志愿者帮助纠正孩子们平时写字出现的错误，如笔画顺序等。一、二年级学生学写铅笔字，使用田字格，三至五年级学写钢笔字，老师则根据具体情况使用适合的字帖，注重学生写字姿势的纠正和写字习惯的培养。

⑥安全知识小课堂：依据安全知识课本，老师在课堂、班会上讲解安全知识。包括卫生常识、日常安全（在校安全、路途安全、在家安全等）、突发性自然灾害应对等。要求内容符合当地实际，不讲空话、套话，切实帮助孩子们树立正确的安全观念，并帮助他们掌握基本的自我保护措施。

（2）特色活动。

①开班仪式：各支教点负责人及队员给所有支教学生进行登记分班，邀请支教点学校校长及领导给予学生寄语与要求，同时，支教队志愿老师与学生们见面、熟悉（图7-4）。

图7-4 蔡甸小学、黄陂石龙开班仪式

②趣味运动会：支教中期，各支教点志愿者为支教学校学生组织策划了一次“喜迎军运，献礼八一”主题趣味性运动会，让孩子们娱乐其中、爱上运动，鼓励孩子们积极参与报名，享受运动的魅力的同时在运动中感受欢乐，增强学生团队意识、拼搏精神以及友谊第一、比赛第二的体育运动精神。

③结课仪式表演：支教末期，所有支教点志愿者为支教老师、学生组织策划一次结课表演，其宗旨为让每位支教学校学生参与其中，师生告别，以及对一个月支教学习、工作的总结，活动邀请当地居民以及学生家长、老师到现场观看，为他们献上一场别具风味的师生联合表演。

④道德讲堂：2019年8月，全国道德模范、支教团荣誉导师孙东林带领支教团志愿者们在“感动中国”2018年度人物、支教团特约荣誉导师马旭的家中上了一堂特殊的“道德讲堂”。马旭老师生动地讲述亲身故事，教导志愿者们如何做一个于社会有益的人，使志愿者得以感受道德模范的人格魅力，从课堂中汲取养分，提升素质。

2019年8月，在黄陂区姚家集社区青少年空间暑期活动的结营仪式上，全国道德模范、湖北信义织梦支教团荣誉导师刘洋为全体师生和家长们开展了一堂精彩的道德讲堂，鼓励大家敢于追梦，勇做圆梦人（图7–5）。

⑤“喜迎军运，献礼八一”主题活动：黄陂区泡桐小学支教点“童心绘军运”绘画活动现场，孩子们用画笔勾勒出五彩斑斓的《2019喜迎军运会》，表达自己迎接军运会的热情和期待。黄陂区姚集青少年空间“军运知识小课堂”，通过对军运会基础知识的学习和与吉祥物兵兵的互动，激发同学们了解军运会的学习热情。蔡店小学支教点志愿者开展“喜迎军运会我是小小东道主”宣传（图7–6）。

图7–5　信义支教团荣誉导师

图7–6　军运会特色活动

四、实践分析

本次大学生社会实践活动以乡村支教活动为主要内容，以青年志愿者为主要依托，利用互联网工具开展了扎实的课程教学与多彩的特色活动，不仅深入了解了湖北省乡村教育发展现状，更对“互联网+乡村智慧教育”进行了有益的探索，对于改善部分山区教育资源不平衡、缺乏互联网教学工具等问题具有重要意义。

（一）乡村教育资源缺乏，互联网教育手段亟待普及

在实际支教过程中，志愿者发现部分乡村小学教育硬件设施较之于以前有较大改善，教室、课桌、多媒体设备等基本教学条件能够得到充分保障，但教学软件环境有待进一步提升，特别是年轻优质的教师队伍与新兴的互联网教学工具。虽然近年来各地积极引进年轻力量到村镇中小学，但仍然难以实现年轻教师“引过来、留下来”，部分老师存在将乡村学校作为“跳板”，难以沉下心潜心教学，流动性强、离职率高问题突出。此外，虽然部分学校配备了互联网教学设备，但使用频率不高、教学使用效率有限；部分老师不愿甚至不会使用多媒体设备，依然沿用传统教学方法，缺乏互联网教学意识与能力。

（二）乡村教育内容单一，乡村智慧教育理念亟待推广

调研中发现大多数乡村教育学校教授内容依旧以传统课程为主，甚至存在严重“偏科”现象，将语数外等课程作为“主课”进行重点突击，对于音乐、体育、美术等课程缺乏重视；科学实验、生活体验、思想引领等方面的教学活动更是相对缺乏，教学内容单一且不均衡。此外，部分教学活动注重“知识点”传授，而忽视启发教育与教学引导，存在消磨学生学习积极性、降低求职欲望等隐患。本次社会实践过程中，支教团队成员利用互联网教学工具，运用多媒体教育方式为同学们呈现智慧教育新模式，其中既有丰富多彩的教学课程，又有各类特色活动，从德智体美劳等各层面进行教育引导，真正满足素质教育要求，适应了当代中小学生的发展需求。

五、实践总结

本次信义支教团队深入乡村基层开展志愿支教活动，不仅丰富了乡村小学生的课余生活，帮助其提升能力、开阔视野、培养兴趣、激发潜力，也使团队成员在实践过程中提升了能力，丰富了经历。此外，对于支教志愿团队与乡村教育的持续发展贡献了一份青年力量，为“互联网+乡村智慧教育”模式的推广与发展进行了有益的探索。

（一）定制“服务包”，支教服务精准化

乡村支教活动既需要结合孩子实际需求，又要适应新时代素质教育的基本要求；不仅要教授传统文化课知识，更好将各种文化知识及多彩活动带给他们；不仅要用传统教课方式，更要利用互联网工具拓展教学方式与渠道，打开他们认知世界的大门，引导他们对学科、对社会、对国家有更加正向深刻的认知。现如今互联网技术高速发展，但调研中发现，部分乡村小学仍受教育资源限制，难以接触到更多的外部世界，学习习惯、个人认知，特别是价值观、人生观的形成往往会有所受制。支教团队要根据青少年成长规律，依照每个地区、每个小学、每个孩子的现实需求，量身定做专属每个学生的“私人辅导包”，帮助他们丰富假期生活的同时，在能力提升、视野开阔、兴趣培养、潜力拓展、价值观形成上进行积极引导与帮扶。

（二）建立“志愿营”，支教队伍规范化

支教团队需要规范化建设、制度化管理、长远性规划。志愿支教服务离不开广大年轻志愿者的参与，信义支教团队建立了一批稳定、专业、热情的志愿支教团队，并制定了较为完善的工作规范，从而使系列支教活动能够顺利开展。从人员招新到课程试讲，从团队建设到部门会议，从任务分工到安全保障，信义支教团队确定了团歌、团徽、入团誓言，加强了身份认同与团队归属；制定了工作规范与奖惩机制，提高了团队工作积极性与效能；开展了队伍培训与日常交流，增进了成员的感情与团队凝聚力建设。正是这种不断的建设与传承，才使信义支教团队能够持续吸引青年志愿力量加入，并不断拓展支教范围，扩大社会影响，帮助更多的乡村儿童丰富生活。

（三）提供“保障网”，支教活动稳定化

人员充盈、经费充足、物质丰富为志愿活动提供了充分保障。信义支教团队积极整合各类资源，最大限度为支教活动提供全程保障，排除后顾之忧。人员上，加强院校联合，广泛吸纳兄弟院校志愿者加入团队，充实强大队伍；经费上，努力自筹费用，积极争取社会资源，积极申报项目争取项目经费，使项目运作经费构成多元化、丰富化、科学化；物质上，定制专属队旗、队服、队徽，提供活动需要的各种教具，志愿者日常工作学习的常用物品，积极联系对接学校协助提供相关场地与物品，从而确保活动能够顺利有序进行。只有构建完备的“保障网”，才能使志愿项目持续、高效、健康地运作下去，才能真正为国家发展、社会进步贡献一份青年力量。

案例二　艺术在自闭症儿童疗愈中的应用

我国自闭症儿童数量庞大，但现有针对该特殊人群的服务机构与政策相对比较缺失，疗愈方式也比较单一，这给自闭症儿童及家人带来了持久伤害与影响。武汉纺织大学蓝灯志愿团致力于用艺术疗愈方法服务自闭症儿童与家庭，通过广泛深入了解自闭症家庭状况，调研多地、多家自闭症服务机构，访谈自闭症服务从业人员，从而更全面地呈现自闭症群体及其服务体系的现状，促进自闭症儿童福利事业的发展。

一、实践背景

孤独症，又称自闭症或孤独性障碍，是广泛性发育障碍的代表性疾病。自闭症是儿童期的严重精神疾病，据世界卫生组织统计中国大陆有自闭症儿童60万～180万，该病症会表现出社会交往障碍、交流障碍、兴趣狭窄和刻板重复的行为方式，给自病症儿童及家人带了持久的伤害与影响。

2019年暑期，武汉纺织大学蓝灯志愿团开展了题为“华中地区自闭症儿童服务现状调查——基于蓝灯志愿者协会开展的艺术教育活动的效果分析”的社会实践调研活动。本次调研团队在蓝灯志愿团长达8年的关爱自闭症艺术疗愈志愿服务的基础上，广泛深入了解自闭症家庭状况，和湖北省妇幼保健院联合制订科学合理的调查问卷，深入华中地区，包括湖北、湖南、河南、江西等省份多方实践调研，分别从自闭症儿童及其家庭、自闭症服务机构、自闭症行业从业人员、社区儿童对自闭症儿童的了解接纳程度等几个不同的角度进行调查，取得第一手资料，旨在更全面地呈现自闭症群体及其服务体系的现状，促进自闭症儿童福利事业的发展。

二、实践目的

（一）深入了解自闭症儿童服务现状

自闭症孩子的社会性康复要依靠社会环境的支持，社会的接纳是指一个社会对自闭症孩子的康复应该担当起的责任，其在一定限度上决定着自闭症孩子的康复速度和效果，对于自闭症孩子及其家庭有着重要意义。“蓝灯行动”始于2011年，项目最初由关爱自闭症儿童开始，后来拓展到关爱残障儿童、留守儿童等。9年来，“蓝灯行动”在实践中积累了丰富经验，累计服务达近8000小时，惠及自闭症患儿2000余名。为了能继续指导蓝灯志愿团服务活动，全面地呈现自闭症群体及其服务体系的现状，促进自闭症儿童福利事业的发展，本次暑期社会实践活动仍选择与自闭症儿童服务相关。

（二）全面提高大学生个人素质

当“00后”进入校园，学生群体呈现出更加多元化、多样化、自由化的特征，这些特点加快了大学生社会化的进程，但同时也出现了越来越凸显的弊端，特别是对艺术专业大学生来说，过于社会化并不利于成长。“00后”艺术专业大学生性格特点与成长需要，使得社会实践活动需要具有感染力和吸引力。志愿服务作为一种在志愿精神感召下自愿开展的无偿社会公益服务，能够从认知、情感、价值行为等层面对艺术专业大学生个体产生引导，既尊重了艺术专业大学生的内在需求，使他们在实践中由教育客体变成主体，又充分发挥了艺术专业大学生善于创新、乐于表现的主体作用，教育过程由单向变成双向，有利于实现大学生的自我管理、自我服务、自我教育、自我提升。

三、实践内容

绘画艺术治疗是以绘画为媒介，以心理学和艺术学为理论基础，在专业人员指导下，利用艺术活动，帮助患者达到身心整合的目的。从古至今，人们对绘画艺术疗法有诸多有益探索，20世纪50年代末60年代初，艺术治疗成为一门专业，1958年在巴塞罗那召开国际精神病学会提议成立“国际艺术精神病治疗学分会”，1959年在巴黎成立了分会，这标志着艺术和精神疾病治疗的结合得到了学术界的认可，并逐步进入实践探索阶段。

（一）筹备阶段

1. 调查内容的确定

经过深入商讨，最终确定以“华中地区自闭症儿童服务现状调查——基于蓝灯志愿者协会开展的艺术教育活动的效果分析”为主题。通过查阅大量相关文献并向指导老师与湖北省妇幼保健院儿保科主任请教交流后，最终形成家长问卷、机构问卷与社区儿童问卷，共三种调查问卷，分别从自闭症儿童及其家庭、自闭症服务机构、自闭症行业从业人员、社区儿童对自闭症儿童的了解接纳程度等几个不同的角度进行调查。

2. 调查对象与调查方法的确定

根据社会实践主题、目的与调查问卷，本次调查对象主要为家长、社区儿童、机构从业人员。调查方法主要是调查问卷、面对面访谈以及电话访谈。

3. 团队组建

通过口头询问与网络宣传等方式，综合考虑个人能力与性格品行等因素，最终确定团队人选。组建完成后，根据特点、特长与前期经验分派负责不同的实践工作并建立QQ群方便交流。

（二）实践阶段

1. 实践目标

在自闭症儿童中使用绘画技术，帮助自闭症儿童稳定情绪和抒发情感。通过团体辅导改善自闭症儿童的社会技巧和社会适应性，建立社会意识和责任感。通过绘画创作过程促进自闭症儿童语言发展、认知能力改善。通过绘画艺术治疗可以提高自闭症儿童自我认识能力，激发创造力和想象。

2. 实验设置

（1）分组。所有符合诊断和纳入标准的患者被随机分为干预组和对照组，接受不同的治疗方法。随机方法：在随机数字表上连续数60个随机数，按照患者治疗顺序，每个患者对应一个随机数，奇数进入对照组（其他治疗方法），偶数进入干预组（绘画艺术治疗）。

（2）干预前测量。要求干预组与对照组接受干预之前分别接受儿童自闭症诊断量表，由精神科医生完成，自闭症儿童行为检查量表（ABC）和儿童自闭症评定量表（CARS）由家长或监护人填写。

（3）干预方案。干预组和对照组在接受正常治疗的同时，对干预组再进行绘画艺术治疗干预，干预组被试分为6个人一组，共5个干预小组。每周干预2次，总共16周，32次。

（4）干预内容（表7–3）。

表 7–3 干预内容

干预阶段	干预方式	具体做法	干预意图
初试阶段	涂鸦画、颜色和形状、吹墨画和手指画	①要求儿童信手涂鸦，鼓励他们体验绘画的乐趣 ②要求自闭症儿童主动检查画中的项目或符号象征，并且用它们将整个画面与自己的思想和情感联系起来 ③要求自闭症儿童先画直线，在掌握的基础上画形状，用各种颜色画形状，由易到难、循序渐进的培养自闭症儿童的注意力调节、问题解决和自我表达	①引导自闭症儿童将水彩颜料涂抹在水彩纸上，直接用嘴或吸管进行任意吹颜料，观察画面效果 ②引导自闭症儿童用手指沾不同的颜色在绘图纸上涂抹，分别尝试用手掌和手指涂抹的效果，或用手掌涂抹再用手指进行点缀，使画面更丰富，培养作画兴趣

续表

干预阶段	干预方式	具体做法	干预意图
探索阶段	画母亲、画房子、生日卡壁画和脸谱拼贴	①要求自闭症儿童画出自己的母亲，引导自闭症儿童观察自己的母亲并且说出母亲的特点，培养观察力和想象力，促进与母亲的情感交流 ②要求自闭症儿童为其他成员绘制一幅生日卡并赠送，逐步培养团体意识和社会责任感 ③要求自闭症儿童先在卡纸上画一个椭圆形的人脸，然后从报纸上剪下五官拼贴到椭圆形上，通过剪贴巩固对方位的认识，引导自闭症儿童将五官放到正确的位置上，杂志拼贴提供结构和相对不具有威胁的活动	引导自闭症儿童画房子，房子象征个人，不同房间代表不同人格或情感，主要探讨情感与情绪的健康状态。不仅让自闭症儿童对方位空间和透视有所认识，训练自闭症儿童有将身边环境联系的意识
发展阶段	绵纸拼贴、团体立体模型、表达情感、创作集体餐宴和泥塑	①在绵纸上随意撕或剪然后粘贴，通过体验不同的材料，培养自闭症儿童的观察能力和创造力，激发对新事物的兴趣 ②鼓励团体成员堆雪人，调动积极性，激发抽象思维 ③引导自闭症儿童抓住感兴趣的事物主要外形特征，了解泥土性质，培养自闭症儿童半立体造型的意识，提高对工具的使用和对客观事物的认识、概括能力，培养自闭症的空间知觉能力	①引导自闭症儿童画出各种情感，鼓励他们使用乐器来表达一种情感。通过绘画与音乐结合，给自闭症儿童带来更创造性表达的领域 ②团体成员确定自己喜欢的食物将其画出来，通过团体讨论，有利于自闭症儿童探讨和解决问题的训练，语言表达能力的提高
巩固阶段	设计包装纸和制作礼物	①观察水彩逐渐渗透后的效果，引导自闭症儿童进行颜色组合，随意选择不同的颜色，待颜色相互渗透后观察。纸张干透后作画，然后保存 ②通过色彩探索认识色彩能清楚地分辨出颜色，制作获得一种成就感，促进自尊的形成并学会保存东西	①鼓励自闭症儿童选择不同的材料创作，将完成的作品互相欣赏，并作为礼物互相赠送，共同欣赏贴在墙壁上的作品，回顾一起成长的过程 ②活动结束时自闭症儿童会出现焦虑、沮丧，通过互赠礼物作为情感寄托，回顾成长轨迹，让自闭症儿童看到自己的成长进步，心里有一种成就感和喜悦

干预后测量对干预组和对照组进行自闭症儿童行为检查量表（ABC）和儿童自闭症评定量表（CARS）测量，由家长或老师填写，获得测量数据。

（三）实践过程

实践活动从6月22日至7月12日，为期20天，分别前往武汉、南昌、长沙、郑州多地进行实地调研，并对目标群体进行艺术教育治疗干预，帮助自闭症儿童锻炼康复（图7–7 ~ 图7–9）。经过周密的准备，实践顺利进行，具体实践内容见表7–4。

图 7-7　蓝灯志愿团成员在长沙特殊学校开展调研

图 7-8　在长沙特殊学校与自闭症家庭开展座谈、进行问卷调查

图 7-9　蓝灯志愿团成员在机构开展志愿服务活动

表 7–4 实践流程

<table>
<tr><th>地点</th><th>调研单位</th><th>内容</th><th>具体介绍</th><th>收获</th></tr>
<tr><td>武汉</td><td>湖北省妇幼保健院</td><td>动员大会</td><td>①全体成员参加“中国儿童慈善日”公益活动
②开展动员大会
③在漆老师与汪鸿主任和其他医护人员的指导下形成目标并完成调查问卷</td><td>①我国的救助对于特殊儿童的救助虽然正迅速发展，但相较于国外仍处于起步阶段
②被医护人员与社会志愿者的责任感与奉献精神打动。愿意为这项爱心事业付出行动</td></tr>
<tr><td>武汉</td><td>湖北省妇幼保健院</td><td>理论与专业指导</td><td>①学习自闭症相关理论知识
②学习应对自闭症儿童的突发状况应该如何处理</td><td>①意识到对于自闭症的了解并不专业
②要在开展艺术疗愈课程的同时与专业医生进行交流，修改并完善过去的服务课程中的专业部分</td></tr>
<tr><td>武汉</td><td>武汉关山街纺大社区</td><td>完成社区儿童问卷</td><td>问卷的派发、回收、记录与分析</td><td>①自闭症孩子的社会性康复要依靠社会环境的支持。但是现在大多数人依旧介意自闭症儿童
②社区对于自闭症儿童的帮助有限，许多非当地户籍人口，被政府排除在援助之外
③投放社会问卷需要有勇气，并不是所有人都愿意接受问卷调查，在这个过程中还会受到挖苦</td></tr>
<tr><td>武汉</td><td>武汉希望岛特殊教育学校</td><td rowspan="5">①完成家长问卷与机构问卷
②开展艺术疗愈课程
③向专业医师与服务工作者咨询
④与家长沟通、访谈</td><td rowspan="5">①问卷的派发、回收、记录与分析
②课程分为两个部分，第一个部分以特色扎染、绘画、手工制作等为主。第二个部分以音乐舞蹈、艺术游戏为主
③具体课程内容有涂鸦画、吹墨画、手指画、生日卡制作、脸谱拼贴、泥塑与制作礼物等
④听取专家与家长对自闭症儿童社会服务尤其的大学生志愿服务的意见建议
⑤介绍与推广蓝灯志愿团的艺术疗愈课程木</td><td rowspan="5">①将所学专业知识如绘画、陶艺、扎染、编织等运用到志愿服务中，实现了志愿服务的形式创新，也体现了志愿服务专业水平，激发了艺术青年大学生志愿服务的热情
②认识到艺术不仅具有观赏价值与商业价值，还能帮助医生进行康复训练，对专业有了更加深刻的认识
③强化了大学生志愿者认知能力、合作能力、创新能力和职业能力，对于大学生的价值观、人生观和道德观培养都发挥着重要的作用
④不是与父母进行外出，而是与团队，意识到应该遵守团队规则与队友友好相处、互帮互助</td></tr>
<tr><td>南昌</td><td>南昌妇幼保健院</td></tr>
<tr><td>长沙</td><td>长沙中南大学湘雅二医院</td></tr>
<tr><td>长沙</td><td>长沙特殊教育学校</td></tr>
<tr><td>郑州</td><td>郑州妇幼保健院</td></tr>
<tr><td>武汉</td><td>光谷 K11 艺术村</td><td>①开展自闭症儿童的绘画与手工作品展
②完成社区儿童问卷
③分发自闭症儿童与蓝灯志愿者协会相关资料</td><td>①公益创业，在日常志愿服务活动中教授残障儿童及其女性家庭掌握汉绣等相关技能，产生艺术衍生品进行展览与售卖
②向大众宣传自闭症的相关知识，同时推广蓝灯志愿者协会与其艺术疗愈课程</td><td>①通过较大的平台的宣传，大众能够认识到自闭症，面对未确诊的自闭症儿童时能够早日发现，不耽误孩子的最佳治疗时间
②服务活动中产生的艺术衍生品受到他人的欣赏与喜爱时感到很开心
③在于大众的交流中感受到了他们对于大学生的期待，意识到自己的责任感与使命感</td></tr>
</table>

四、实践分析

本次开展艺术疗愈课程5次，共收回有效调查问卷276份，受到了广泛支持与好评，具体调研分析如下。

（一）自闭症儿童及家庭基本情况

（1）孩子大多在2~4岁时（78.65%）被发现有发展问题，有的是在4岁后（10.27%）才被发现异常，因此，错过了最佳训练时间。政府宜采取医疗及教育措施，及早发现孩子的发展问题，并尽早对孩子进行干预。

（2）大部分家长（76.20%）是通过将自家孩子与同龄孩子相比较而发现孩子存在发展问题的。政府宜尽早对家长宣传及教育，使其尽早地辨别孩子问题，并寻求专家评估及协助。

（3）46.29%的孩子从被怀疑有相关症状到确诊需要半年以上时间。机构有必要改善评估服务，尽可能减少轮候时间，并尽早提供相关服务。

（4）有24.39%的家庭每月康复训练支出超过总收入。政府宜适当增加对自闭症家庭的经济支持或对服务机构提供资助，适当减轻家庭负担。

（5）家长对孩子当前的表现及将来的发展表现出较高担忧，如94.48%的家长对孩子的养老问题表示担忧。机构宜为家长提供辅导及咨询。

（6）对自闭症孩子表现的评价中，85.25%的家长表示孩子社交有困难需要协助，63.29%的家长觉得孩子有情绪控制问题，而37.89%的家长则表示，孩子有兴趣或专长，以画画和音乐居多，见表7–5。

表7–5　自闭症孩子表现评价表

孩子是否有下列困难或障碍	是/%	否/%	不清楚/%	有效样本数/份
孩子智力有问题，是智力障碍	47.16	34.11	18.73	598
孩子语言表达有困难或无说话能力	63.26	32.62	4.12	607
孩子与人沟通有困难，无法进行正常交流	77.81	19.09	3.10	613
孩子肌肉控制有困难，不能灵活控制头、躯干或四肢	18.31	75.13	6.56	579
孩子对环境刺激没反应	23.23	67.51	9.26	594
孩子对环境刺激反应过于敏感	31.73	57.46	10.81	583

续表

孩子是否有下列困难或障碍	是/%	否/%	不清楚/%	有效样本数/份
孩子对事物没兴趣	37.94	55.41	6.66	601
经诱导后，孩子能对特定事物有学习兴趣	70.33	22.67	7.00	600
孩子社交有困难，需要协助	85.25	13.29	1.46	617
孩子情绪控制有问题	63.29	31.23	5.48	602
孩子在某方面表现出特别兴趣或专长	37.89	36.91	25.20	512

注 孩子表现出的兴趣和专长以画画和音乐居多。

（二）自闭症服务及政策评价

1. 家长对自闭症服务的评价

超过80%的家长认为需要改善政府资助和社区支持两方面，有72.66%的家长认为孩子的教育安置需要得到改善，69.26%的家长希望改善家长培训，超过60%的家长希望改善康复治疗及辅导与咨询服务（图7–10）。

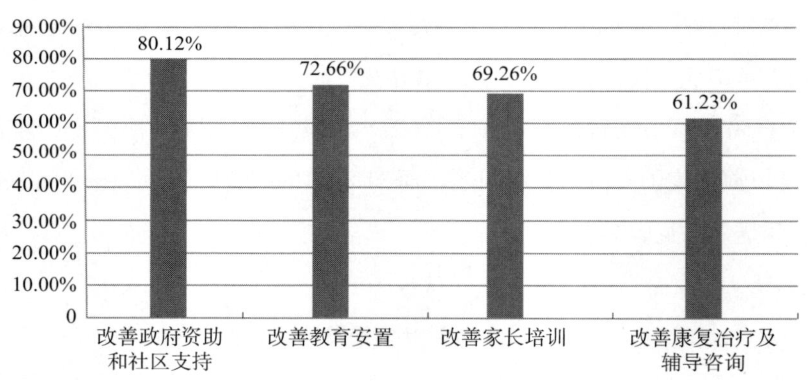

图7–10 自闭症服务评价图

2. 现有政策、措施及资源评价

52.66%的家长认为康复治疗能满足需要，而只有30%多的家长赞同社区设施及活动能照顾到自闭症孩子的需要。对其他方面的评价，如政策、服务、资源、财政、支持、教育安置等，持赞同态度的家长均不足50%。

（三）武汉地区自闭症儿童及家庭研究分析报告

1. 多数自闭症儿童在民办康复机构接受康复训练

此次调查显示，在武汉地区，有超过一半（64.53%）的孩子在康复中心接受治疗。确诊后，60.86%孩子未接受药物治疗，而进行康复训练情况较多，其中固定而持续训练的占57.37%。提供康复训练的地方中71.59%是民办康复机构，50%以上的儿童在居所附近接受治疗。

2. 自闭症儿童家长缺少培训，缺乏相关专业知识

调查显示，家长最初发现孩子的问题多是对比同龄儿童而发现的。孩子的确诊时间平均为半年以上，1/4以上要用一年以上的时间确诊。调查显示，接近90%的孩子在2岁后发现异常情况，超过一半的孩子在2～4岁开始接受康复治疗，有25.4%是在4岁以后开始接受康复治疗。许多家长因为自己固执或不接受事实而错过了孩子的最佳治疗时间。

五、实践总结

在实践调研中发现，艺术疗法对于改善自闭症儿童现状，帮助患者达到身心整合的目的有着重要的作用。

（一）通过绘画艺术治疗促进认知能力的改善

通过绘画艺术治疗，引导自闭症儿童将被动认识转化为主动认识，获取丰富的感知觉经验。熟悉不同材料的质感并运用，鼓励他们通过绘画、泥塑等活动促进感知觉能力的发展，扩大感知觉的范围，通过运用这些材料让自闭症儿童记住这些感知内容。有意识地让自闭症儿童凭借各种感知觉器官的协调获取信息，进而反馈成对形状、颜色、大小的把握，促进认知的发展。

（二）通过绘画艺术治疗促进情感的健康发展

对于自闭症儿童而言，绘画作品是他们表达自己情感体验与生活经历的最直接途径。自闭症儿童可以借助符号、线条、色彩、以物代物等方式来表达自己的情绪、意愿等。对于情绪紊乱冲动的自闭症儿童，可以通过撕纸、涂鸦等进行发泄，渐渐整合情绪。借助绘画作品更好地了解自闭症儿童的内心世界，通过仔细观察与分析作品，与他们更好地进行非语言沟通，促进情感的健康发展。

（三）通过绘画艺术治疗培养创造力和想象力

通过引导自闭症儿童观察，如引导自闭症儿童观察颜色并列、聚散时所产生的变

化，明暗与虚实等，让自闭症儿童建立一个正确的观察方法，通过观察将物体的形象记在脑海里。在画画之前经过回忆，然后将物体画出来，从而促进记忆力的发展。引导自闭症儿童在物体的周围画上其他物体或涂抹上不同颜色等，有助于培养创造力和想象力。

（四）通过绘画艺术治疗培养社会意识，提高社会适应能力

让自闭症儿童关注他人或团体，引导自闭症儿童进行细致观察他人的样子、行为等，绘画主题从描绘自己扩展到描绘周围的人或事，使自闭症儿童逐渐融入团体中，感受团体的协作能力和凝聚力，逐步培养社会意识，提高社会适应能力。通过团体绘画艺术治疗，促进自闭症儿童之间的互动，培养人际交往能力，有助于形成和发展健康的个性心理品质。

第八章 生态文明主题社会实践案例分析

PART 8

武汉纺织大学立足专业学科，将社会实践作为培养学生专业和德育素养的重要抓手和载体。环境工程学院依托纺织印染清洁生产教育部工程研究中心、湖北省水污染控制技术研究中心等省部级科研创新平台，在建设美丽中国、生态湖北的战略背景下，打造以教学实践为主体，以社会实践、创新创业为两翼的“一体两翼”实践育人体系，确立“笃学创新、知行合一”的环保人才育人目标。

学院在环保实践中挖掘专业育人功能。依托“环保志愿课堂”、湖泊水质调研等品牌实践活动，提升学生知识、能力、品德，并进行课程建设。2012年系统开展湖泊保护调查研究，逐步形成以专业知识运用为特点的环保实践调研，纳入武汉纺织大学环境工程专业培养体系。2016年进行湖泊保护调查及黑臭水体治理的实践教学体系构建，将专业实践深度融入“青年红色筑梦之旅”社会实践中，成果丰富。2019年进行环保实践课程体系建设，立项湖北省高校学生工作精品项目，结项鉴定为优秀。2021年社会实践课程入选湖北省社会实践一流课程，2023年入选国家社会实践一流课程。

社会实践立足环境专业学科，围绕河湖保护持续开展专业实践育人活动18年，覆盖6000余名学生，承担“生态湖北建设”社会责任，形成项目化建设模式，获得团中央、湖北省、武汉市等20余项立项，越来越广泛地发挥生态文明实践育人的辐射效应。

其中，“美丽中国建设城市河湖长制调研”聚焦城市河湖保护的制度实施，保护现状，通过走访调研武汉、杭州两市“河湖长”制度实施情况，宣传“河湖长”政策，助力城市河湖保护。

“生态保护视角下的长江经济带建设调研”以《长江经济带生态环境保护规划》为指引，围绕长江经济带建设，通过走访政府部门，开展水质监测、水资源保护宣教、生态多样性考察、问卷调查、企业参观等活动，探究长江沿岸城市经济发展和生态环境的协同发展。

案例一 美丽中国建设·城市河湖长调研

河湖长制是河长制、湖长制的总称，由中国各级党政主要负责人担任“河湖长”，负责保护和监测所负责的河流或者湖泊，保护水资源、防治水污染、改善水环境、修复水生态。本次调研活动主要通过走访调查武汉、杭州两市的“河湖长”制度实施情况，宣传“河湖长”政策，助力城市河湖保护。

一、实践背景

（一）鄂、浙两省是“一带一路”重要关口

湖北省是“千湖之省”、武汉市是“百湖之市”，醉美河湖水，灵动城市魂。武汉依水而生，依水而兴，河湖之于武汉，既是城市之肺，也是城市文化灵魂的根基。武汉的大江大河，承载着江城独特的城市风貌，丰富的河湖资源和多样的水生态环境是武汉的一大特色，也成为武汉人民的骄傲。

浙江省拥有丰富的水域资源，因水而名、因水而生、因水而美、因水而兴；地处长江三角洲南翼和钱塘江流域的杭州市是典型的山水城市，被称为丝绸之府、鱼米之乡。从古时起，烟雨江南的杭州就是全国经济繁荣和文化荟萃之地，西湖、京杭大运河、钱塘江等水系承载着人民的幸福生活、南北地区之间的经济和文化交流等重任，诗画般的杭州是人们幸福生活的美好家园。

（二）杭州市对水质监管严格

西湖是中国首批国家重点风景名胜区，被列入世界遗产名录，西湖常年游客众多，经济繁荣，餐饮行业众多，水生态环境承重加剧。余杭塘河（余杭区）古称“运粮河”，最终汇入京杭大运河；近些年来，由于余杭塘河分布了众多工业企业，一定限度上影响了周边河道的水生态环境，原来这些河港的水质基本上都是劣Ⅴ类，钱塘江饮水工程启动后，经过两次监测，“四港四河”全部达到Ⅴ类以上水质。经过几年的努力，调整优化运河、上塘河流域水产养殖区域布局，不断提高规模化经营程度，基本形成生态高效渔业发展格局，使养殖污染物排放量显著减少，对水域环境的影响显著降低。

（三）武汉市恶劣水质反弹

武汉市湖泊水质近年来不仅没有得到改善，反而进一步恶化。全市166个湖泊中，2017年水质劣于Ⅴ类的多达48个，占比高达29%，比2015年增加11个。其中南湖水质从2006年至今均为劣Ⅴ类，水体长期富营养化，每年都有“水华”事件和死鱼现象发生[1]。

湿地是地球之肾，而藏龙岛湿地公园是为数不多的国家级湿地公园，其内的多塘系统可以净化污水废水。但大量建房、生活污水排放及部分游客乱扔垃圾严重破坏了湿地植被，造成湿地自身的净水功能不断衰退。

（四）武汉市河湖长制现状

2017年，武汉市纳入河湖长制并出台鄂版《关于全面推行河湖长制的实施意见》[2]，比中央要求的时间提前一年落实了河湖长制，更进一步强调了推行河湖长制的重要意义。这一系列重要文件都充分肯定了河湖长制的积极作用，而武汉市河湖长制度的推行不仅使武汉市水环境的治理得到了提升，同时也有效地调动了武汉市各级政府履行保护环境的职责，从而向公众表明政府重视环保的态度，让公众看到政府的行动，进而将治理江湖河的水质落到实处。

1. 河湖长责任体系已全面建成

各级河湖长主要负责相应项目和政策的决策、协调、督办，监督落实，制定考核等；河湖所在或流经的街道（乡镇）为责任主体，由街道办（乡镇）负责人分别担任分级分段河湖长，按职责承担河湖的管护工作；街道办事处（乡镇）按要求将河段细分给村（社区）负责人，村（社区）级河湖长直接管理分段的河湖日常巡河护河工作。

2. 充分调用社会力量

民间河湖长由武汉市河湖长办发起，联合爱我百湖协会招募民间护河志愿者成为河长，是对官方河长制的补充，民间河长群体覆盖企业、民间环保组织、教师等多方社会群体；有利于民间力量参与河湖的保护，提高社会群体护河的责任意识。“三长联动”的方式能更全面，更有效地推进河湖长制工作的落实，不断提升河湖治理工作的成效。

3. 信息化平台已初步建成并投入使用

武汉市水务局开发的武汉市河长制APP已经在官方河长体系中正式使用[3]，应用程序（APP）上有全市河湖的基本信息，可以看到河湖的起点终点，全长多少，水质状况，四级河长信息。官方河长日常巡河通过APP“打卡”，发现问题第一时间拍照上传，上一级通过软件

---

[1] 环坚轩. 武汉市南湖污水直排整治滞后［J］. 中国环境监察，2019（6）：70-71.
[2] 王歌. 武汉市“河湖长制”实践的困境与对策研究［D］. 武汉：中南财经政法大学，2020：16.
[3] 韦凤年. 看得见、叫得应、用得好的“智慧河长”［J］. 中国水利，2017（16）：68-71.

的记录工作来监督下级河长的工作开展情况。目前，河长制APP并未正式上线，社会大众还不能随时关注河流信息。

二、实践目的

（一）宣传“河湖长制”，促进“河湖长治”

通过系列活动，提升居民对金水河、巡司河、南湖连通渠等的保护意识，逐渐实现水质明显改善，钙镁含量下降，硝酸盐含量减少到30，达到国家水质标准目标。通过各种宣传和参与的方式，让居民对河湖长制有深刻的认识，提高了居民爱水护水意识，改善水环境，保持水质优良的持续性。

（二）带动市民参与水体保护

南湖水中生活垃圾明显减少，水体富营养化现象得到改善，水体黑臭现象已达到国家标准Ⅲ类，政府加大对工业污水排放的管理。近500名小学生了解水资源的重要性并参与爱水护水行动。加深学生、居民对当前武汉地区湖泊水资源现状的了解和保护意识，并找到一条真正适合保护当地湖泊水资源的路径。

（三）健全湿地保护机制

结合调研数据，向管理处提意见，规范游客行为。将污染严重的工厂向政府举报，改善湿地水环境。通过多种宣传和参与的方式，加强居民、游客对水环境及湿地的认识，促进人们积极参与水环境的建设，架起社会群众和保护水资源的桥梁，增强全民节水护水意识。

（四）学习浙江河湖长制经验

通过测量水质和开展座谈会，学习杭州市科学的生态建设和管理措施，深入了解两市的河长制实行情况，调查居民的环保意识以及对湖泊保护举措的意见，及时向政府反馈问题。

（五）健全河湖长制机制

通过开展座谈会和实地调研，对比湖北省武汉河湖长制实行情况，形成调研报告，提出合理化建议，促进湖北武汉等地的河长制实施。

三、实践内容

团队根据河湖长政策调研、河湖保护实地调研、河湖水质检测等调研目标，对整个实践进行了系统规划，细化为调研背景、调研主题、调研目标、调研结果四个部分，具体规划内容见图8-1。

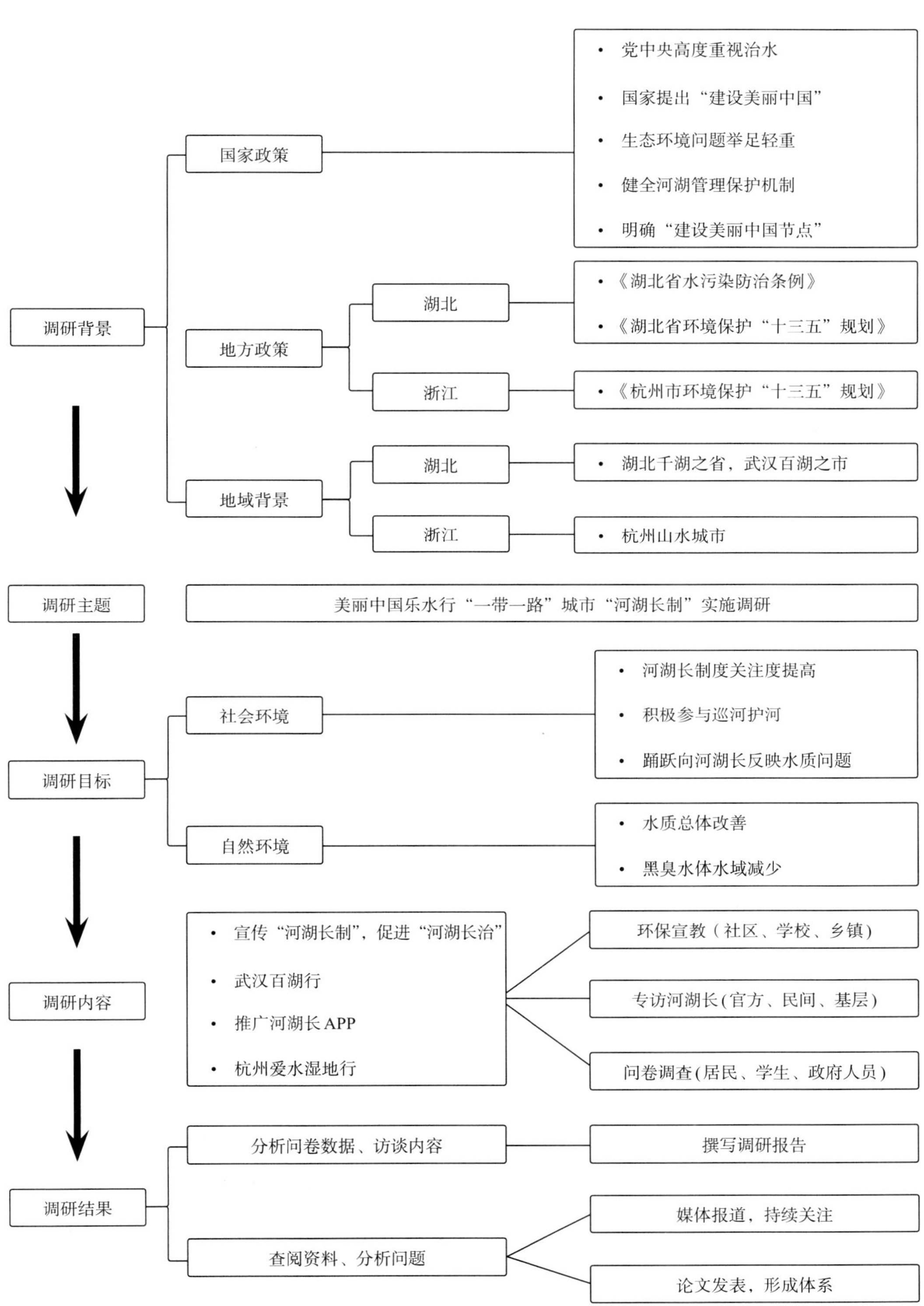
调研背景
国家政策
党中央高度重视治水
国家提出“建设美丽中国”
生态环境问题举足轻重
健全河湖管理保护机制
明确“建设美丽中国节点”
地方政策
湖北
《湖北省水污染防治条例》
《湖北省环境保护“十三五”规划》
浙江
《杭州市环境保护“十三五”规划》
地域背景
湖北
湖北千湖之省，武汉百湖之市
浙江
杭州山水城市
调研主题
美丽中国乐水行“一带一路”城市“河湖长制”实施调研
调研目标
社会环境
河湖长制度关注度提高
积极参与巡河护河
踊跃向河湖长反映水质问题
自然环境
水质总体改善
黑臭水体水域减少
调研内容
宣传“河湖长制”，促进“河湖长治”
武汉百湖行
推广河湖长APP
杭州爱水湿地行
环保宣教（社区、学校、乡镇）
专访河湖长（官方、民间、基层）
问卷调查（居民、学生、政府人员）
调研结果
分析问卷数据、访谈内容
撰写调研报告
查阅资料、分析问题
媒体报道，持续关注
论文发表，形成体系

图 8-1 调研思路

（一）访谈官方、基层、民间河湖长

2019年6月28日～7月8日，实践团队先后前往武汉、杭州两地开展与河长座谈、河面垃圾清理、水质检测、河长制及水资源保护宣教、深入走访及问卷调查（图8–2～图8–9）。

图 8–2　访谈武汉爱我百湖协会

图 8–3　与武汉行澈工作人员合照

图 8–4　访谈武汉绿色江城负责人柯志强老师

图 8–5　专访杭州最美民间河长李勤爱

图 8–6　武汉市洪山区狮南社区座谈会

图 8–7　武汉市洪山区北洋桥社区河长访谈

图 8-8　武汉市江夏水务局座谈会

图 8-9　武汉市江夏区金口街道河长座谈会

（二）水质调研

汤逊湖位于湖北省武汉市东南部，是国内最大的城中湖[1]。该湖常成为沿湖垃圾、废水、生活污水的排泄区，造成水体富营养化现象严重。部分地区河面上大量生活垃圾悬浮，河水黑臭，且部分河面藻类大量繁殖。南湖是武汉市第三大城中湖，南湖水环境整治工作部署滞后、落实不力[2]。实践队开展了水质调研（图 8-10、图 8-11）。

图 8-10　武汉市东湖风景区流域测水

---

[1] 杨卫，许明祥，李瑞清，等．面向生态环境的河湖连通引水调控方案研究［J］．武汉大学学报（工学版），2020，53（10）：863．

[2] 徐文江．整体性治理视角下的城中湖污染治理问题研究［D］．武汉：华中师范大学，2015：25．

武汉纺织大学-绿色环保协会
-水污染治理团队
水质监测数据记录表

时间2019年7月6日 13:37 星期六
天气 晴 地点 东湖生态旅游风景区东湖小梅岭
活动负责人 陈君 取样人 陈君

经度 东经114°20'18"	纬度 北纬30°33'1"
大气温度 35°C	水温 32.2°C
水体颜色 浅绿	浑浊度 清澈透明
气味 无异味	溶解氧 6~7 在国标几类（Ⅱ）
磷酸盐 接近0 在国标几类（Ⅰ）	氨氮 <0.2 在国标几类（Ⅱ）
TDS 140（水中溶解性总固体）在国标几类（Ⅰ）	（单位mg/L）（除特殊标注外）

武汉纺织大学-绿色环保协会
-水污染治理团队
水质监测数据记录表

时间2019年7月4日 16:21 星期四
天气 多云 地点 江夏大道与庙山东路交叉口向西260m
活动负责人 陈君 取样人 陈君

经度 114°22'23"	纬度 30°25'13"
大气温度 31°C	水温 30.6°C
水体颜色 黄绿色	浑浊度 有悬浮物
气味 无异味	溶解氧 7~8 在国标几类（Ⅱ）
磷酸盐 ≤0.05 在国标几类（Ⅱ）	氨氮 0.2~0.4 在国标几类（Ⅱ）
TDS 161（水中溶解性总固体）在国标几类（Ⅰ）	（单位mg/L）（除特殊标注外）

武汉纺织大学-绿色环保协会
-水污染治理团队
水质监测数据记录表

时间2019年7月2日 13:03 星期二
天气 多云 地点 东湖生态旅游风景区东湖小梅岭
活动负责人 陈君 取样人 陈君

经度 东经114°22'7"	纬度 北纬30°33'50"
大气温度 33°C	水温 30.2°C
水体颜色 浅绿	浑浊度 清澈透明
气味 无异味	溶解氧 6~7 在国标几类（Ⅱ）
磷酸盐 接近0 在国标几类（Ⅰ）	氨氮 <0.2 在国标几类（Ⅱ）
TDS 146（水中溶解性总固体）在国标几类（Ⅰ）	（单位mg/L）（除特殊标注外）

武汉纺织大学-绿色环保协会
-水污染治理团队
水质监测数据记录表

时间2019年7月1日 9:28 星期一
天气 多云 地点 墨水湖公园南湖大桥弘博软件教育附近
活动负责人 陈君 取样人 陈君

经度 114°22'18"	纬度 30°29'1"
大气温度 27°C	水温 28.1°C
水体颜色 浅绿	浑浊度 有颗粒物
气味 无明显异味	溶解氧 7.0~8.0 在国标几类（Ⅰ）
磷酸盐 <0.05 在国标几类（Ⅱ）	氨氮 0.6~0.9 在国标几类（Ⅲ）
TDS 224（水中溶解性总固体）在国标几类（Ⅰ）	（单位mg/L）（除特殊标注外）

图 8-11 水质检测数据

（三）环保实践

水治——通过对湿地公园水污染的观察、监测以及宣传，尽自己最大的努力，对水环境进行保护；鸟组——对鸟类进行爱鸟护鸟观察，了解其生活习性，以便更好地保护其栖息环境；环教——向游客介绍湿地相关知识，呼吁大家积极保护湿地生态系统，提高全民环保意识（图8-12、图8-13）。

图8-12　在武汉市洪山区狮南社区宣教

图8-13　志愿者讲师给幼儿园小朋友上课

（四）对比武汉、杭州两市水质及河湖长制实施情况

测量杭州市西湖、余杭塘河不同地点的水质情况，走访西湖区林业水利局、杭州市林业水利局，开展"河长制"学习座谈会，向西湖、余杭塘河周边居民开展问卷调查；测量武汉市东湖、南湖沿线取水点的水质情况，走访武汉市洪山区东杨港、江夏区金水河河长，并对东杨港、金水河周边居民进行问卷调查（图8-14）。

（五）探索解决方案

召开学习"河长制"座谈会，展开河长制实行情况调研，紧跟浙江省河长制的脚步，深入了解浙江省关于河长制工作的实施情况，探讨河长制实施过程中可能出现的问题并发掘问题解决办法（图8-15）。

图8-14　队员在杭州市西湖开展水质调研

图8-15　成员学习杭州市河流综合整治工程

四、实践分析

（一）对河湖长制的调查

选取了具有代表性的两座城市，武汉市地处有着“千湖之省”的湖北省，而且武汉市又为“百湖之市”；杭州市地处浙江省，而浙江省为中华人民共和国最早推行“河长制”的省份。

1. 民间河长

团队走访调查了武汉市行澈环保、绿色江城、爱我百湖、杭州市西湖街道的民间河长，了解了民间河长的工作困难以及所管辖的河道的水质情况、巡河内容。民间河长们普遍认为民间河长不仅要数量，更要“质量”，具有强烈的责任感和热衷绿色环保事业，愿意为保护河流献上一份力量，才是民间河长的合适人选，只有河湖长做出一定成绩，才能让老百姓认可，才能让公众真正参与河湖治理过程，河湖制的宣传自然事半功倍。

2. 官方基层河长调查

团队走访调查了武汉市洪山区狮南社区、通惠社区、南湖山庄，武汉市青山区和平街北洋桥社区，西湖区蒋村街道办事处的官方基层河长，深入了解到政府对河湖长政策的建设、实施情况以及基层河长日常河湖保护工作的开展情况，感受深刻。

3. 政府访谈

团队走访调查了江夏区水务与湖泊局、武汉市江夏区金水河街道，了解了江夏区河湖长制的实施情况以及其管理方式。政府以“制”“管”“建”三字概括了河湖长制度的管理体系及日常工作任务。目前存在的主要问题是上游化工厂的排污，虽然本区域的政府和生态环境局花费了很大的力气，但是依然没有触及问题的根基，各个区域共同协作治理河流才是最好的方式。通过专访和座谈，团队深入了解江夏区河长制实行区、街、村“三长三员”制并且取得了一定的成效。

（二）武汉市河湖长制分析

1. 民间河长

2018年9月，武汉市河长办委托“爱我百湖”协会面向群众招募第一批武汉市民间河长[1]，民间河长们在全市多个湖泊开展了多种形式的巡湖调查、监督、对话等行动，促使一批典型问题得到有效解决，最终建立起政府与百姓联手保护湖泊的机制。政府和爱我百湖协

---

[1] 湖北日报．武汉 61 个重点河湖民间河湖长获聘上岗［EB/OL］. 2019-01-13［2021-05-20］. http://news.hbtv.com.cn/p/1665710.html.

会定期对民间河长进行培训，增强水环境保护相关知识，让河长们的巡河活动开展得更加顺利。武汉市河长办也已经建立了相应的考核机制及管理方法，保证民间河长质量。团队针对武汉市金水河、杭州市西溪河等地民间河长展开调查，了解了民间河长工作的相关情况。

（1）民间河长工作内容。民间河湖长的主要作用是监管督查，定期去巡河湖、观察水体基本情况，向爱我百湖协会进行反馈，再上报到相关部门，有关部门再向下传达治理工作命令。民间河长作为官方河长的补充，他们是一支有着环保情怀的队伍，是群众和官方河湖长之间重要的桥梁，能有效地加强水污染防治领域的公众参与和社会监督，促进武汉河流水质持续改善。呵护祖国绿水青山，需要社会大众共同努力。助力河湖长制的长效发展，有利于绿色生态可持续发展，也有利于城市水生态恢复。

（2）民间河长存在的问题。目前，民间河长虽然有相关管理办法但执行力不强，部分民间河长存在积极性不强，没有责任感的问题；有关激励制度不够完善，尚不能同官方基层形成合力。

2. 官方基层河长

通过专访社区基层河长以及座谈政府部门，对官方基层河长有了较为全面的了解。

（1）官方基层河长工作内容。河湖长的职责和工作重点，主要包括监管督察、定期巡河湖、观察水体基本情况，及时向管理部门反馈等。社区级河长每周至少巡河一次，每次巡河都必须在武汉河湖长制APP上打卡记录，每次发现问题都要拍照上传，同时在河湖长工作手册上要做相应的记录，照片要求包括本人巡查时候的照片和发现问题时的照片及问题处理后的照片。工作日志上详细记载了水体是否污染，河水是否有垃圾，流域内的污水的处理，垃圾的填埋，新建的餐饮企业以及养殖场，非法投肥，投饲料，非法围垦等问题。在基层河长能力之内的河湖问题他们会处理，能力之外的问题要及时向上级反馈，相关部门处理完成后再给基层河长反馈。

（2）官方基层河长存在的问题。一是基层河湖长专业知识不足，对于河湖污染情况难以鉴别；二是不同区域的河湖长沟通交流较少，尚未形成协同合力，上游污水容易对下游造成影响，双向沟通机制不全；三是居民对于政策的了解体验不够直观，由于治理河湖是一个长期治理工程，居民没有直观感受，政策宣传效果不够明显；四是河湖长制度存在的困难在于配套经费和激励机制问题，在人员配置不足的情况下，巡河护湖的成效不是特别显著；五是老小区排污管道设计不合理，要实现雨污分离工程很大，但堵住排水口暴雨天容易形成内涝，目前没有很好的解决办法。

（3）问卷调查分析。河湖治理最重要的是采取行动，河湖长制的施行无疑是保护河流的重大举措，对武汉市的南湖、汤逊湖、东湖、金水河、巡司河、南湖连通渠周围的群众以问卷调查等形式了解其对武汉市河湖长制的了解程度，根据居民就自身体会对身边的水污染问题、河湖长制的了解程度、河湖长制推行后近些年来的变化等开展调查。

本次一共回收453份有效问卷，调查对象主要为河湖周边的居民、学生和部分从事相关工作的人员（图8–16），遍及各个年龄段，但45岁以下人数较多（图8–17）。调查发现，河湖环境问题对居住在周边的老人和小孩影响相对较大，对于城市的主力军成年人来讲，每天早出晚归，对周边河湖环境关注相对不高。在河湖长制施行前，河湖环境问题很少被人关注，大量水体浑浊，水里无鱼无虾，甚至居民的生活污水、工业废水未经处理即偷偷通过管道直排到水里，导致当地水体污染严重，水中氮磷含量严重超标，水生生物大量死亡。有的河湖水变成“死水”，严重影响了周围居民的生活。在调查中发现这类问题在河湖长制实施后，河湖环境有了明显的改善（图8–18 ~ 图8–22）。

在汤逊湖、金水河、南湖、巡司河、南湖连通渠、东湖、东杨港周围以及街头调查的共453名群众中，对河长制情况有了解的共占比42.61%，了解非常清楚的只占比5.74%（图8–22）。说明大众对于河长制了解程度较低，河长制宣传力度不够，还没有让河长制深入人心，从侧面可以看出政府对于宣传保护水环境的力度不强，社会力量的参与不够。

一河多长，分级管理，对排入水里的一切污水管道进行切断堵截，采取河水疏通、生物治理、打捞清洁等方式对河湖水进行修复。另外，每级河湖长都会定期巡河湖、护河湖，保证一经发现问题第一时间上报有关部门进行处理，确保河湖水的修复顺利进行，大家都非常关注身边的河湖情况，也时刻关注自己生存的家园，对于河湖治理，89%的调查对象都对民间力量的加入持积极态度，并且也愿意带动身边的人参与治理防护工作。河长制实行后，政府做了一些重要的措施，河湖治理得到了空前的改善。大部分居民认为，河湖长的管理与自己的生活息息相关，但目前对河湖长政策有所了解的人数不超过一半。

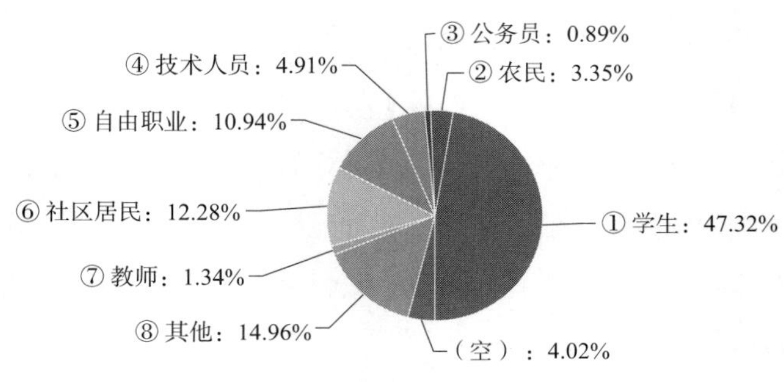

图8–16　问卷调查职业分布

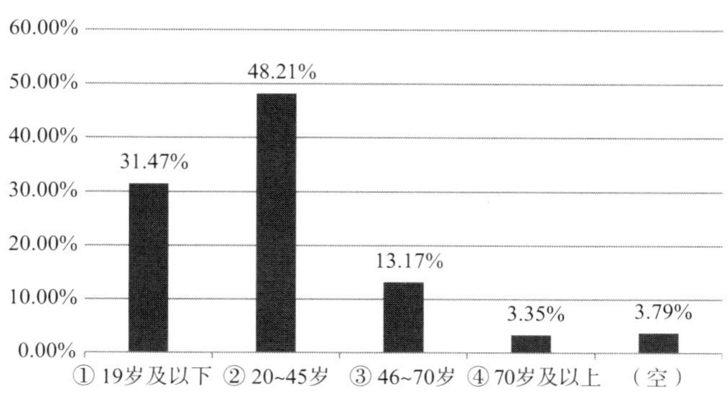

图 8-17　问卷调查年龄分布

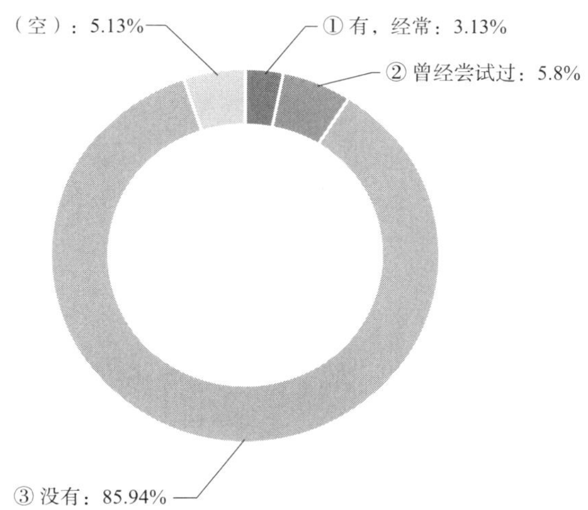

图 8-18　问卷群众对河湖长巡查情况的了解

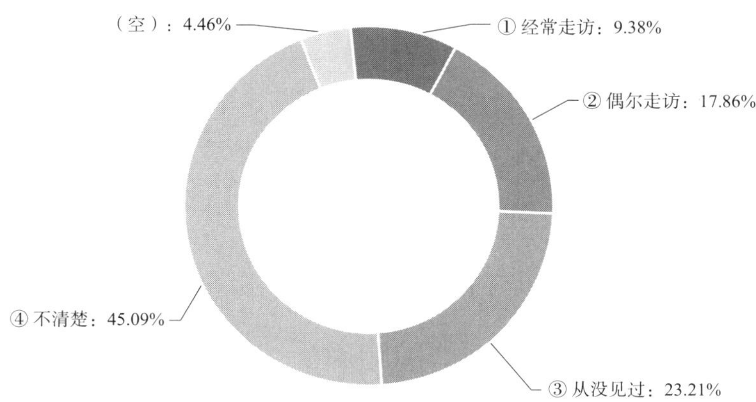

图 8-19　问卷群众向河湖长反映问题的情况

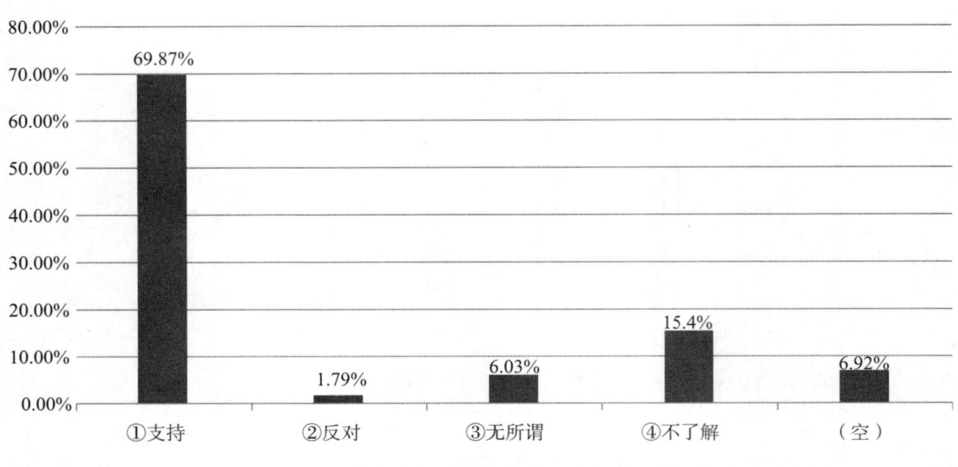

图 8-20　问卷群众河湖保护加入民间力量情况

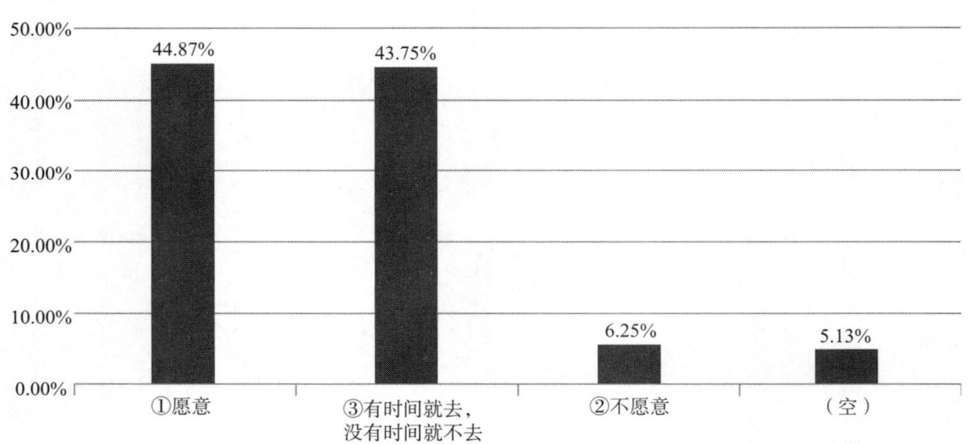

图 8-21　问卷群众加入河湖保护情况

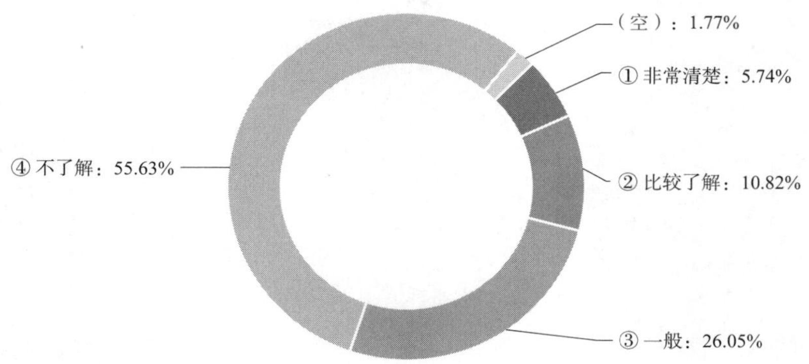

图 8-22　大众对于河湖长制的了解程度

（三）杭州市河湖长制分析

1. 民间河长

杭州市从2014年开始招募民间河长，民间河长由街道级政府招募并管理[1]。多数为社区退休居民，他们在日常生活中就可以开展巡湖护河行动，发现问题后可以及时向社区级河长反映；社区级河长会及时作出处理；各区的河长办会经常组织民间河长开展交流会议，交流巡河经验；政府会经常组织优秀民间河长评选，提高民间河长的工作积极性。

2. 打造独特的河道文化特色

杭州市西湖区蒋村街道将文化建设和河湖保护结合起来，让社区居民更加直观地感受、参与河湖保护。河长公示牌上标明了各级河长手机号、河流基本信息、河流水质实时监测信息二维码，接受公众实时监督，与武汉的河长公示牌相比，能有效地进行河道执法；在雨水污水分流处理上，杭州市在排入河流的雨水口设立了标识牌。蒋村街道在河道文化建设中被评为“中国民间文化艺术之乡”，沿“十字港”打造居民“阅读港”，为社区居民提供学习休闲、参与巡湖志愿活动的场所，增加了社区居民对河流保护的认同感，调动了普通民众参与河流保护的积极性，真正实现保护环境，人人有责。

3. 问卷调查及数据分析

杭州市是河湖长制的先行者，以“五水共治”为依托，将河长制融入大众群体。在杭州市一共回收有效问卷212份，调查对象主要为杭州市西湖区的群众，遍及4个年龄段；大部分调查对象在本地居住了十年以上；调查对象中还包括外地游客，有87.91%的调查对象对杭州市水环境表示认可。杭州市队员在问卷调查中实际感受到杭州市居民对河长制的了解程度高于武汉市；大部分杭州市居民发现河流问题时会选择向街道办反映，基层河长是河流问题的第一接触者；群众对政府做出的河流治理了解程度较高并且了解相关环保政策。社会大众都非常关心自己周围的生活环境，有86.79%的调查对象认为河湖长制的管理与自己的生活有关系，84%的调查对象积极支持河长制加入民间力量，超过90%的调查对象表示愿意加入河湖保护的队伍。

---

[1] 杭州日报. 坚持“民间河长制”［EB/OL］. 2015-09-28［2021-05-20］. https: //hznews. hangzhou. com. cn/chengshi/content/2015-09/28/content_5934036. htm .

五、实践总结

（一）政府居民合作，完善河湖长制

1.提高民间河湖长执行力

民间河湖长是一支有环保情怀的队伍，他们的主要作用是监管督查，定期巡湖观察水体，发现情况向爱我百湖协会反馈并上报，其中不少民间河长在加强水污染防治领域的工作参与和社会监督上发挥了重要作用。但是民间河长并不能参与决策制定，虽有相关办理办法但是执行力不强，可提高民间河长在相关决策制定的话语权以及更加注重民间河长关于某些制度的反馈，提高民间河长的执行力。

2.促进民间河长同官方基层形成合力

民间河湖长作为官方实时监督的眼睛、民众呼声的传声筒、官方河长的补充，在群众与官方河长的交流中起到了重要作用。如联合周边企业共同开展志愿者护河活动，带动居民关注水环境，保护湖泊水质等。官方基层河长应加强与民间河长的交流，比如，民间河长巡查时发现的问题更加及时地反馈，官方基层河长通过民间河长将相关的水治理政策带进民众生活，让居民更加直观地了解相应政策，民间河长与官方河长形成合力，发动群众的力量，政府与群众相互配合，共同推进河湖长制的落实。

3.增强不同区域间基层河长的交流

目前，不同流域的河湖长之间交流较少，双向沟通机制还需完善，难以形成合力。如武汉市江夏区金水河街道，虽然通过河长制的实施，各部门的落实改善了金水河环境，但是，目前仍存在着上游化工厂排污导致水体污染。问题根源在于各个区域间还未齐心协力有效协作治理河流。不同区域间可通过借助相关组织加强联系，或者通过线上交流的形式，对其他水域的问题进行及时、有效地反馈。

加强官方和民间河长协同合作。民间河湖长可以成为群众和官方河湖长之间重要的桥梁和纽带，他们对于政府的工作来说多了一双监督的眼睛，扩大了群众的呼声。团队在杭州市的调研中发现杭州市民间河长都由政府部门直接管理，不同于武汉市民间河长以非政府（NGO）组织委托的形式；区级河长办可联合爱我百湖协会牵头促进官方河长与民间河长对话。首先，同水域内的官方基层河长可以加强与民间河长的沟通，民间河长发现身边河流问题可以及时向最近责任主体反映，提高问题的解决效率。其次，民间河长相对于官方基层河长来说，护水爱水热情较高，日常巡湖次数更多，能及时发现河湖问题，对官方基层河长的工作做一个良好的补充。

增强跨区域治理。跨地区的河流治理往往难以协调；根据河湖等级划分分级分类落实河湖长职责，跨区域河流清晰划分界限，明确权利和责任，避免相互推诿的现象，上游出现问题下游及时沟通协调，同时安排相关部门专业人员组成监督机构，双方可以多多开展交流会议及时交流反馈。

4.改进激励机制，增加配套经费

建立资金保障机制以及激励政策。目前，河湖长没有奖励机制，仅仅靠上级压力的推动不能长效保证河长工作积极性。专项资金可用于各级河长奖励和支付村级专管员管护工资，确保常态化巡查、及时清理到位等。

2020年5月，武汉爱我百湖志愿者协会推出“水滴币”奖励机制，对护水有方的民间河湖长奖励相应数量水滴币来换奖品。这个措施改善了河湖长奖励机制缺乏的状况，促进河湖长的积极性。而河湖长制度因缺乏配套经费容易导致人员配置不足的问题，可增加经费或继续改善激励政策，确保人员的配置与巡河的成效。

（二）加大媒体宣传，建设“美丽百湖市”

1.媒体宣传，加大河长制普及度

如今媒体的宣传形式越来越多样化，河长制的普及也有了更多渠道。形式也从单一的文字扩展到图片、视频甚至直播。武汉作为“百湖之市”，在水资源相关领域有非常丰富且值得报道的话题，而河长正是联系居民生活与水资源问题的桥梁，加大河长制的宣传力度，调动社会大众积极性，一起呵护绿水青山。

2.彰显人文，打造河道文化

民间河长的作用之一便是带动居民一起关注水环境保护水质，彰显当地“河长制”亮点，促进民众积极性。如蒋村街道“河长制”除了一般巡河巡湖的日常任务外，街道还结合了河道文化建设与河湖保护，让居民更直观地感受、参与河湖保护。每个地区都有相应的文化特点，结合文化特点与水域保护，提高居民关注度。

3.联合周边企业组织，开展志愿活动

加强与周边企业或环保组织的联系，尽可能多地举办相关志愿活动。志愿活动是民众践行环保的最直接措施，仅靠宣传难以让居民直观体验关于河湖的保护，积极开展志愿活动，让环保意识真正走进人们的心中，提升民众环保意识。

4.联系旅游产业，环保、经济两手抓

武汉被誉为“百湖之市”，河湖长可与当地旅游局联系，通过自身对于当地河湖的了解，帮助开发当地旅游产业，同时，还能在旅游产业发展的同时更好地引入环保相关内容，在推动经济发展的同时也让环保不掉队。

（三）建立健全相关制度

目前，武汉市在明确的河长制考核机制、划分各级河长的具体责任、协调各相关部门工作等方面未出台具体政策，仍有很大的探索空间。民间河长工作完成度难以具体衡量，对于不作为的部分河长需要采取一定处理措施，强化河长履职意识。

增加社会群众的参与比重。目前，在武汉市河湖长制中，民间河长仅限于巡查和反馈，并未赋予民间河长决策参与权。首先，提升群众参与度，在制定具体决策、监督治理过程、考核官方河长等过程都可以加入社会力量，民间河长作为河流水质的直接感受者，更能了解河流现状以及民众诉求；在官方河长的考核中增加民间河长的否决权，可以提升河长治水的动力[1]。

在为期两个月的调研过程中，团队成员积极努力配合，调研活动圆满结束。调研过程中，团队成员利用所学所获为美丽中国建设添砖加瓦，将理论学习应用到实践调研，将环境教育从教学楼搬到大自然，将科学实验从实验室推广到江河湖泊，为国家生态文明建设贡献青春力量，这也是国家加强第二课堂教育建设的最终目的，而高校社团在此成为大学生与调研实践活动的一个纽带，将两者紧密联系。

案例二 生态保护视角下的长江经济带建设调研

作为长江经济带发展的重中之重，生态保护一直是近年来国家政策关注的重点。长江经济带是中国经济社会发展最具活力和潜力的区域。2018年6～7月，实践队开展长江经济带生态环境调研活动，通过走访政府部门、开展水质监测、水资源保护宣教、生态多样性考察、问卷调查、参观企业等活动，探究长江沿岸城市的发展对生态环境的影响，并结合调研结果积极开展长江保护政策宣传、普及等活动，助力长江经济带生态环保建设。

---

❶ 周建国，熊烨．河长制：持续创新何以可能——基于政策文本和改革实践的双维度分析［J］．江苏社会科学，2017（4）：38-47．

一、实践背景

（一）建设“美丽中国”国家战略

1.国家提出“建设美丽中国”

建设美丽中国，把生态文明建设摆在突出位置：“要把生态文明建设纳入经济建设、政治建设、文化建设和社会建设的各个方面和全过程，建设美丽的中国，实现中华民族的可持续发展[1]。”

2.明确“建设美丽中国”时间节点

2018年5月，在北京召开的全国生态环境保护大会，明确了“建设美丽中国”的“时间表”和“路线图”[2]：建设美丽中国，需要通过水污染防治行动计划实施、防治土壤污染行动计划、农村人居环境的整治行动及生态环境风险常态化管理等举措，消除重污染天气，还老百姓蓝天白云，推进美丽中国建设。

（二）环境保护是湖北省的历史使命和政治担当

1.《湖北省环境保护“十三五”规划》[3]明确重点任务

规划于2016年12月出台，确立了生态平衡、污染治理、节能减排、长江保护、风险防控五项重点任务。到2020年，全省生态环境的质量总体有所改善，生态系统的稳定性持续增强，生产和生活绿色水平明显提高，生态文明制度体系基本完善，环境治理能力基本实现现代化，生态文明的建设水平和全面建成小康社会目标相对适应。

2.环境保护是湖北的历史使命和政治担当

2017年1月，湖北省提出，推进长江经济带发展，是一项重大的国家战略；推进绿色发展和长江经济带生态保护，也是湖北的历史使命和政治担当。

（三）长江经济带生态要建成先行示范带

1.国家高度重视长江经济带生态环境保护

2018年4月24～26日，调研组走访了宜昌、荆州、岳阳、武汉等长江沿线城市，对化工企业搬迁、河流污染控制、非法码头管理、追溯工作和河势控制、湿地恢复、运河管

---

[1] 国新. 幸福中国的美丽愿景——学习十八大“大力推进生态文明建设”的科学论断［J］. 中华魂，2012（24）：8-9.

[2] 新长征编辑部. 新时代　新使命　新思想　新征程——聚焦党的十九大报告新看点　开启新时代新征程［J］. 新长征，2017（11）：40-64.

[3] 宜昌市生态环境局.《湖北环境保护“十三五”规划》解读［EB/OL］. 2017-04-27［2018-08-20］. http://hbj.yichang.gov.cn/content-42495-974176-1.html.

理和水文站水文监测等进行了实地考察，提出了把恢复长江生态环境放在促进长江经济区发展的重要位置的重大建议，走生态优先、绿色发展之路。

2.明确长江经济带环境保护时间表

2017年7月，生态环境部、水利部、国家发改委对长江经济带覆盖的11个省市生态环境保护提出了要求，明确了分区保护重点[1]。保护水生生态系统，维护生物多样性，恢复沿江沿岸湿地，确保水质安全，优化和规范沿江产业发展，管控土壤环境风险，引导湖北磷矿、湖南有色金属、江西稀土等资源合理开发。通过实施规划，建立健全长江生态环境协同保护机制，努力把长江经济带建设成为水清地绿天蓝的绿色生态廊道和生态文明建设的先行示范带。

（四）长江经济带简介

长江经济带覆盖浙江、江西、安徽、江苏、上海、湖北、湖南、重庆、四川、贵州、云南11个省市，横跨我国东中西三大区域，面积约205万平方千米，人口和生产总值均超过全国的40%，是中国最具影响力并和国际经济关联密切的金融中心[2]。

1.长江经济带的提出

长江经济带的提出前后经历了三个发展阶段：第一阶段是1980~1992年，即“七五”计划时期，长江经济带被确定为国家经济发展的重要轴线，并从宏观上提出“一线一轴”战略构想，即沿海一线、长江一轴，总体呈T型结构分布。第二阶段是1992~2012年，长江经济带第一次被纳入国家重大发展战略，并从国家层面提出了“发展长江三角洲及长江沿江地区经济”的战略构想。第三阶段是2012年至今，党的十八大以来，长江经济带再次被提高至国家重大发展战略的高度，地域范围扩展为11个省市。[3]

2.长江经济带的核心内容

在新形势下推进长江经济带发展，要正确认识总体推进和重大突破、生态环境保护和经济发展、总体规划和长远成果、新旧动能的转换等问题，培养自我发展和协调发展。在这四大关系中，核心问题是如何处理生态环境保护与经济发展的关系[4]。

---

❶ 罗志高，杨继瑞．长江经济带生态环境网络化治理框架构建［J］．改革，2019（1）：87−96．

❷ 西部论坛编辑部．“新常态”下长江经济带发展略论——“长江经济带高峰论坛”主旨演讲摘要［J］．西部论坛，2015，25（1）：23−41．

❸ 周泓，刘洋，张雪瑶，等．生态优先推动长江经济带绿色发展——《长江经济带发展规划纲要》初步解读［J］．环境与可持续发展，2016，41（6）：191−192．

❹ 常纪文．长江经济带发展的一个核心问题［N］．学习时报，2018−05−28．

3. 长江经济带的经济特色

凭借长江流域地理位置的优势，长江经济带孕育了独一无二的经济特色。长江经济带横贯我国腹心地带，每年有多艘商船、游船经过，且与京九、京广、京沪、皖赣、焦柳等南北铁路干线交汇，是十分重要的交通枢纽。依山傍水，更是玉米、棉花、小麦等农产品的最佳生长位置，形成了服务业、农业、工业共同发展的经济特色。

4. 长江经济带的环境特色

长江经济带土地辽阔，环境条件复杂，形成了生态环境多样性和生物种类多样性，同时，长江经济带周边有多个自然保护区。长江水和各地独特的地理环境养育出多种多样的水生动物，如棘头梅童鱼、银鲳、中国花鲈、川陕哲罗鲑、刀鲚、娃娃鱼、扬子鳄等，更有世界上稀有的珍贵水生哺乳动物白暨豚，国家二级保护动物江豚、具有活化石之称的中华鲟。极为丰富的珍贵鸟类分布在长江流域，如绿尾虹雉、蓝马鸡、红腹角雉、血雉、白头鹤等。

二、实践目的

（1）通过初步实践，了解长江经济带生态环境现状及长江周边的野生动物的保护生存状况。

（2）通过实地调研，了解长江经济带沿线政府和群众的环保意识。

（3）通过调研结果与所学知识相结合，为长江经济带的生态优先和绿色发展理念的实施提出建议，在注重保护而非大规模开发的理念下，促进长江经济更高水平的发展。

（4）通过社会实践，理论和实践相结合，培养学生团队综合能力，为环境保护贡献力量。

三、实践内容

以政府部门走访、水质监测、水资源保护宣教、生态多样性考察、问卷调查、环保讲堂、企业污水处理参观等形式，探寻沿岸城市的发展对野生动物和生态环境的影响，以及市民对环保的认知度，找到城市绿色经济同步发展面临的机遇和挑战，并且考察其绿色发展的现状（图8-23）。

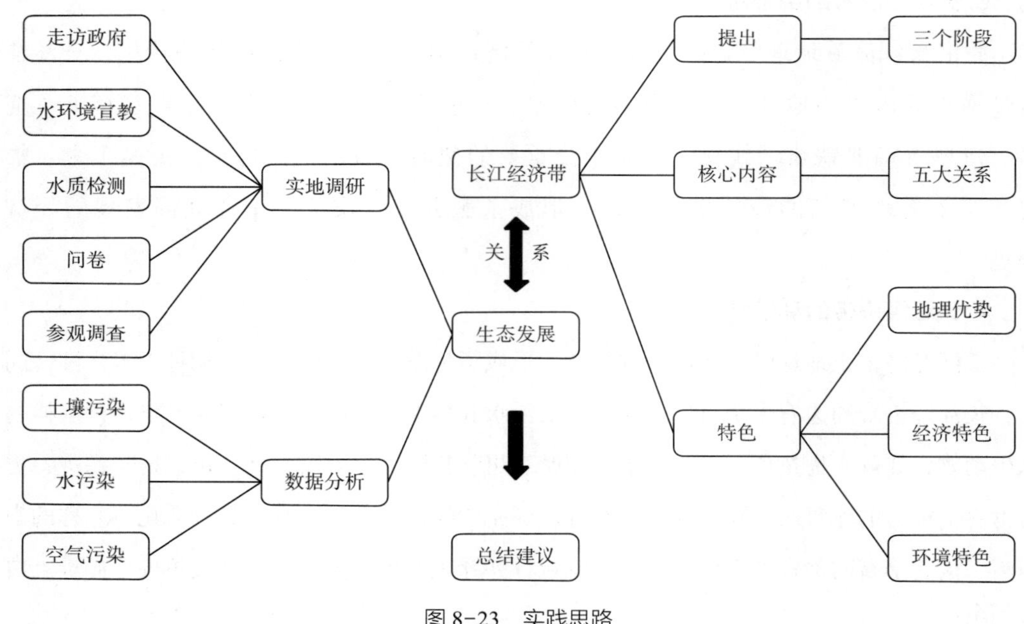

图 8-23 实践思路

（一）走访政府部门

走访环保和水利管理部门，包括宜昌市生态环境局、荆州市生态环境局、荆州水文水资源勘测局、宜昌市经济和信息化局，了解当地政府部门对长江环境保护以及水资源处理方面的举措，长江大治理的前景及面临的主要问题。

（二）开展水质监测

对长江沿线水域进行水质检测，详细记录水质检测结果，对数据进行分析、整理及存档，同时将检测报告送至相关政府机构，创造让学生深入学习水知识，将专业实践与理论学习相结合的机会。

（三）水资源保护宣教

在沙市荆州港分洪纪念碑、岳阳市君山华龙码头、武汉市黄陂区府河湿地自然保护区、黄陂区金潭村等地区水河流域附近和居民社区，组织环保知识宣讲，将环保理念传递给社会群众，实现社会参与共同保护的目的。

（四）“爱水”环保讲堂

在武汉市第十九中学、光谷第十小学、水果湖第二小学、江夏区庙山小学、向阳村幼儿园、北洋桥鑫幼儿园、武汉纺织大学幼儿园等地开展环保讲堂，向儿童、青少年讲解环保的重要性，提高其环保意识。

（五）开展问卷调查

展开对水资源保护和中华鲟、白头鹤等动物保护的调查问卷各1份，在附近村庄或社区进行问卷调查，主要探究河流周围的生态环境与当地居民生产生活方式之间的关系和影响。查看沿线水域水环境情况，了解水流的日常管理和制度建设情况。综合该地河流保护的规划，对沿线的集镇的污水回收处理方式进行调查研究，相关排污口的排污情况及可能对河流造成的面源污染问题。了解近年来中华鲟、白头鹤生存环境变化趋势、繁衍情况，提升当地居民对中华鲟、白头鹤的了解及保护意识。

（六）企业参观调研

参观兴发集团宜昌新材料产业园，与被工信部确定为全国样板项目在全行业推广的污水处理亲密接触，让学生近距离感受前沿的环保处理技术。与湖北农谷畅响土壤修复科技股份有限公司一起，对宜昌地区长江沿岸化工企业退役场地污染调查。

四、实践分析

（一）访荆州市水文水资源勘测局

时间：2018年7月10日

本次实践活动主要以政府部门的走访座谈为主，而第一站就选择位于荆州市沙市区的荆州市水文水资源勘测局（图8-24）。自2002年以来，荆州市就作为全国首批开启水文水资源生态监测工作的城市，开始了对长江流域荆州段的水质水体和生态等问题的数据监测。2007年，荆州市又开始了对城中湖的底泥监测工作；2010年、2011年

图8-24　在荆州市水文水资源勘测局座谈

又对全市及其下属各县市的50多个较大湖泊进行底泥监测。目前，荆州市水文水资源勘测局在全市拥有水文基本站6个、水位站、水质监测站包括水文业务管理局等在内共计200多个相关布点单位，主要负责全市的水质水源监测、污染点和污染源的长期监测报告以及主要饮用水源区的数据积累。通过本次在荆州市水文水资源勘测局的座谈与参观访问，了解了现阶段长江流域荆州段的主要水体污染来源和目前面临的主要水质生态环境问题。

（二）荆州市生态环境局座谈及荆州市长江大桥沿岸水质调查

时间：2018年7月11日

地点：荆州市生态环境局

在荆州市生态环境局进行了对于包括水质和以生态为主要内容相关环境问题的学习探讨（图8-25、图8-26）。在此次座谈中了解到，荆州市生态环境局经过近几年的考察监测以及数据统计，目前将其水质管理的工作重心放在了四湖流域的污染治理上。2018年的环境评估以及生态监测数据结果表明，目前荆州市及其管辖区内的各县市的自然水体质量评估结果近91.7%属于Ⅱ～Ⅲ类水质，符合国家标准；少部分尚处于Ⅳ～Ⅴ类水质的不达标区域，目前主要是四湖流域。不仅有畜牧业等产业的影响，水体本身因为人类排放造成的富营养化情况也十分严重。对此通过记录相关资料并针对相关问题提问进行了探讨。

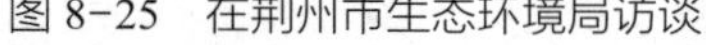

图8-25　在荆州市生态环境局访谈

图8-26　在荆州段进行长江水质抽样调查

（三）参观宜昌市兴发集团工业园区及中华鲟保护研究院

在本次实践调研过程中同时进行了实地的水质抽样检测及问卷调研，对长江经济带的生态环境保护现状和城市居民对环境的认知状况进行调查（图8-27、图8-28），同时整理了自我调查的一些结论和报告。

图 8-27　在居民区进行问卷调查

图 8-28　参观中华鲟保护区

（四）访宜昌市生态环境局

时间：2018 年 7 月 12 日

地点：宜昌市生态环境局

图 8-29　在宜昌市生态环境局参加座谈会

实践团与宜昌市生态环境局污染防治科的成员在生态环境局内进行了座谈会议（图 8-29）。自中央下达了长江经济带生态环境建设的政策和工作目标以来，宜昌市生态环境局响应中央的号召，确立了污染防治“打好三大攻坚战”的中心思想。通过长期的监测部门配合工作，把污染的防治攻坚当作首要工作。污染防治科承担了所有污染物（除大气外）的监测管理、预防、治理工作，负责组织实施环境质量、污染源的监测、评估、公报工作，承担环保标准宣传贯彻任务。

（五）访宜昌市经济和信息化局

时间：2018 年 7 月 13 日

地点：宜昌市经济和信息化局

图 8-30　在宜昌市经济和信息化局访谈

在与宜昌市经济和信息化局的座谈中，主要针对宜昌市较多的化工企业以及之前在包括宜昌市生态环境局、荆州市水文水资源勘测局等政府环保部门座谈时所收集到的有关化工污染的资料进行一定的了解与提问（图 8-30）。宜昌市经济与信息化委员会主要负责调整产业结构，提出改革整治措施等工作。同时，也对宜昌市主要化工企业的产业调整、资源综合利用、统筹规划等工作起到十分重要的作用。在本次座谈中也收获了一些十分重要的一线资料和最新的发展动态，例如政府对产业升级所制定的主要步骤、针对产业升级颁布出台的相关政策文件等，从而对政府部门在环境整治问题方面所提出的主要方针方案有了一定的认识。

（六）数据整理与分析

1.长江经济带沿线城市环境现状

（1）水污染。长江水体富营养化，大量水生生物死亡，水源安全问题存在隐患。

长江独特的地理优势吸引了大量城市在长江上开设工业园，而工矿废水和生活污水已成为长江流域的主要污染源之一，据国家环保总局统计，长江流域排放总量达163.9亿t，其中工业废水72.5亿t；主要污染物的化学氧总排放量为481.4万t，工业废水为131.8万t。除了工业污染外，农业、水产养殖和排放到生活水域也会导致水体富营养化。如果雨水和地表水排入自然水体，不稳定的生活污水，大量氮、磷、钾等营养物质随雨水和河水排入河流，很容易导致蓝藻暴发。

长江航运非常发达，全年运营船舶21000艘。每年有3.6亿t含油污水和生活污水排入长江，7.5万t生活垃圾排入长江。存在水域污染、水生生物大量死亡的问题。

（2）空气污染。长江经济带气体污染排放总量大、强度高，部分地区引起酸雨，严重影响居民正常生活。“重化工围江”造成了大量工业废气，并增加了空气污染（表8-1）。以镇江、常州、武侯和苏州河段为例，在200km以下的河段有100多家化工公司。这些高污染化工厂在生产过程中排放大量工业废气，如CO_2、SO_2、NO_x、烟尘和生产性粉尘。

表8-1　长江经济带雾霾污染浓度统计　　单位：μg/m^3

数据类型	年度												
	2000	2001	2002	2003	2004	2005	2006	2007	2008	2009	2010	2011	2012
平均值	35.35	35.89	37.23	40.20	40.55	44.36	45.78	48.21	48.74	49.38	48.14	47.78	46.13
标准差	11.00	12.01	13.07	14.47	14.12	15.59	14.98	16.64	17.55	18.18	17.13	16.16	14.86
最大值	50.94	54.19	57.45	62.72	62.97	69.06	69.48	74.64	76.26	77.24	75.72	74.36	70.39
最小值	12.64	14.20	12.58	13.77	13.46	14.55	15.53	15.24	15.27	15.63	16.33	17.28	17.73

（3）土壤污染。经济的快速发展，人口增多，对资源能源的需求量大，使土壤资源损失退化、土壤环境污染。长江经济带沿线城镇大建设，产业大积聚，交通大发展。城镇化、工业化和农业现代化程度以及目前沿江省市拥有大小城市200多个，占全国城市数量的30%以上；城镇化水平超过 50%；城市密度为全国平均密度的 2.16倍。全国土壤总的超标率为 16.1%，长江三角洲、珠江三角洲长江经济带部分区域土壤污染问题较为突出[1]。

（4）宜昌、荆州段污染。长江经济带宜昌段，空气污染问题较明显。特别是郊区和县市，宜昌市化工产业发展迅速，但工业园与居民区未完全分开，工业污染给居民正常生活造成了巨大影响。化工厂烟囱林立，猇亭区和宜化集团一带，100多米的烟囱就有了5个，一年四季浓烟漫天飞舞，还有几个大型的磷化企业、造纸厂、热电厂，使当地大气污染严重、气味刺鼻，居民甚至不敢开窗。而三面环山的地理位置使大气污染物未能及时排出，大气环境恶劣。

水污染问题突出。宜昌工厂众多，据统计，至2017年，仅猇亭区就有多家工厂，其工业废水经处理后达标才能排放入长江中，但在这些工厂中，部分工厂规模小且偷排处理未达标的废水，使周边水体富含大量的磷氮物质，给当地水生生物和植物造成了极大影响。宜昌优美的风景吸引了大量游客，但有部分游客在景区乱丢垃圾污染环境，使水环境恶劣。

在长江荆州经济区，存在大量与港口规划和土地利用规划不符的非法码头，未经授权使用港口和非法占用港口沿海地区的。大量非法采砂造成河床局部变形，破坏水沙平衡。水流模式的变化会导致明显的冲刷，从而导致河床整体调整，影响河床的稳定性和上升。改变河流生态系统，使大量水生动植物死亡。

2.环境改善举措

为响应国家对长江经济带生态保护的战略规划，实现绿水青山就是金山银山，政府和企业都进行了政策及产业调整。

（1）政府政策。围绕统筹推进“五位一体”总体布局和协调推进“四个全面”战略布局，牢固树立和贯彻落实创新、协调、绿色、开放、共享的发展理念，坚持生态优先、绿色发展。提出严格指标管理，合理确定城镇规模，统筹流域水资源开发利用，加强国家重点生态功能区保护，开展生态退化区修复治理等政策，从水污染防治、生物多样性改善、生态修复等多方面进行管理。

---

[1] 陈能场，郑煜基，何晓峰，等.《全国土壤污染状况调查公报》探析［J］. 农业环境科学学报，2017，36（9）：1689-1692.

近两年来，推动长江经济带发展领导小组办公室组织开展了6项生态环境保护专项行动，从对“共抓大保护”中突出问题进行专项检查、消除沿河非法捕捞、加强沿江化工厂的管理、落实江内污水处理厂专项治理程序、检查饮用水源的安全性、对长江干流沿岸长江干流的保护和利用情况进行了专项检查，有效提高了长江经济带的经济环境协调发展。

（2）企业支持。强化绿色发展的宣传教育和培训工作，进一步提升员工的环保意识，贯彻学习绿色发展理念。做到宣传环保、学习环保、实践环保、确保环保投入，让绿色发展工作在人力、物力和财力上有保障。从建立和完善绿色发展体系、优化设备、优化生产设备、优化污染治理装置、生产化运作和政府引导有机结合、配合政府部门实施产业园搬迁工作等开展各项工作。

（3）宜昌、荆州环境改善举措。当地党委和政府坚决支持化工行业的重组和发展，同时宜昌关闭、暂停、合并和移交了几家不符合安全和环保要求的公司。134家化工公司将被“关闭和搬迁”，为期三年。2017年9月，宜昌开始了沿河的第一次化学清理，湘西化工厂位于长江宜都区1km范围内，万吨重电石生产设备被拆除，其他设施相继拆除。违法地区的家禽养殖场和3291个施肥饲养池在河流、湖泊和水库中进行了前所未有的清理。

2017年前11个月，该市超过规定规模的29家磷酸盐开采企业、18家煤矿和86家僵尸公司被关闭或暂停。宜都和宜陵整体退出煤炭生产部门。该市淘汰了24家产能公司，并率先淘汰了蒸汽量不足20t的燃煤锅炉。公共服务、基础设施等领域补短板步伐加快，并对各企业进行不定时检查监督❶。

宜昌市政府积极开展生态多样性保护工作。全市共建设各类自然保护区52个，保护总面积为180826公顷（1公顷=10000m^2）。其中包括长江宜昌中华鲟自然保护区，中华鲟是国家一级保护动物，这有助于中华鲟每年繁殖。

3.长江经济带经济发展与环境保护的关系

长江经济带的发展依赖于地方产业布局，以宜昌市和荆州市的国民经济产业布局为例，第一产业包括农业、林业、牧业和渔业；第二产业包括建筑业、采掘业、制造业和医药制造、水电油气、公共工程；第三产业包括金融、商业、通信、交通运输、教育服务及

---

❶ 宜昌市政府. 2018年湖北省宜昌市政府工作报告(全文)[EB/OL]. 2018-02-28[2019-01-11]. http://cn.chinagate.cn/reports/2018-02/28/content_50616505.htm.

其他非物质生产部门（表8–2、表8–3）。

表 8–2　荆州市国民经济统计　单位：亿元

时间	生产总值	第一产业	第二产业	第三产业
2017年	1922.18	389.72	847.95	684.51
2016年	1726.75	382.72	736.39	607.64
2015年	1590.50	353.01	695.12	542.37
2014年	1480.49	347.00	659.58	473.91

表 8–3　宜昌市国民经济统计　单位：亿元

时间	生产总值	第一产业	第二产业	第三产业
2017年	3857.17	426.72	2077.58	1352.87
2016年	3709.36	398.89	2122.74	1187.73
2015年	3384.80	370.31	1986.41	1028.08
2014年	3132.21	351.56	1857.56	923.09

从整体上看，宜昌、荆州地区国民经济值为递增趋势，长江经济区的经济增长将跟随长江经济带增长，长江经济带将注重高水平的保护，不会参与大规模开发，制药和其他工业相比较弱，绿色经济得到改善。2011～2015年，长江经济区绿色发展指数年增长率为2.67%。报告分析指出，绿色产能对长江经济区绿色发展起到了重要支撑作用，这与长江经济区丰富的自然资源，特别是水资源密不可分，长江经济区的绿色发展也与改善绿色安全密不可分，相比之下，绿色增长对长江经济区绿色发展的贡献略低。可见，这是提高长江经济区绿色发展指标，大力发展绿色经济的迫切方向[1]。

五、实践总结

（一）政府、企业、社会组织共同合作

关于促进长江经济区的可持续发展，人们总是想到“政府主导”，但政府的作用有限，

[1] 崔奇，俞海，王勇，等．长江经济带绿色发展：关于状态、特征与制约的文献综述［J］．环境与可持续发展，2020，45（3）：79–85．

不足以完全依靠其“治理”。经济可持续发展不是几个学科的单线连接，而是多学科的网络连接。这是一个共同建设和共同治理的体系。因此，企业、社会组织、创新人才和企业家结成联盟密切合作尤为必要。

1. 加大政府政策执行力度

（1）改善已污染流域，改造现有的经济和环境。开展长江生态环境普查，系统梳理和掌握各种生态隐患和环境风险，评估资源环境承载力，对母亲河进行全面体检。化工污染、水环境污染、固体废物污染、非法码头、生物多样性降低已经是目前存在的问题，对此，政府对企业、码头进行整改、合并、关停，对非法工厂、码头进行搬迁、拆除，对化工园排污、长江各个流域水质进行实时监控，并积极开展动植物保护工作。从源头上系统实施生态恢复与环境保护总体规划和行动计划，分类战略，重点突破。以舒筋活血、祛风祛寒、脏腑调理、经络疏通为治本之法。全面做好长江生态环境保护修复工作，解决长江生态环境透支问题。

（2）保护尚未污染流域，引导各个领域坚持可持续发展。出台绿色优先的政策，采取绿色优先政策、法律法规，了解生态环境保护与经济发展的关系，公布长江经济带，探索生态优先、绿色发展的新途径。

2. 激励企业带动经济发展

（1）引进高端技术，产业转型升级。实施商用锅炉、发动机等高耗能设备的系统节能改造，提高资源利用效率。促进清洁回收和可再生资源的广泛使用，提高循环资源的生产量。节能节耗，节约原辅材料，减少废弃物排放。推进能源、造纸、钢铁、水泥、玻璃等行业的清洁化改造，减少二氧化碳、二氧化硫、氮氧化物、烟尘、氨氮等污染物排放。加快科技创新和体制创新，发展新技术、新产业、新形式、新模式，促进发展和现代化。

（2）合理安排工业布局。沿江大小企业众多，部分企业占地面积大，生产设备落后，生产力低下，排污系统不达标，严重占用了资源，同时污染严重。部分企业布局不合理，工厂区与居民区距离较近，虽为居民提供了大量的工作岗位，同时也带来了污染，严重影响居民生活。面对这些情况，不少工厂搬迁、合并、整改后，方可进入工业园区。

（3）重点关注能效发展、高水平环保、资源循环利用等领域，支持绿色产业发展，积极发展新能源及其系统技术，从设备和服务上推动绿色低碳产品的生产，开发节能材料、燃煤锅炉和建筑，以减少化石燃料排放。发展资源管理，实施循环发展引领计划和循环经济重点工程，大力推动工业废弃物综合利用，完善再生资源回收体系，积极开展新品种废弃物回收利用，发展再制造产业。

3.加强社会工作支持

长江经济带十几个城市中有近百个学生环保组织，多个社会公益组织，进行长江经济带经济持续发展宣教。社区、公司会开展环保公益讲堂，邀请专家、环保公益人士、企业负责人、机关干部定期开展环保宣讲活动，宣传长江经济带的可持续发展。同时，编制环保读本教材，将环保教育纳入课堂，从小培养绿色经济、可持续发展意识。环保志愿者自发开展清理江面、保护动植物等一系列公益活动。

（二）继续走生态发展之路

从分析结果可知，在经济发展的过程中，长江经济带还存在许多生态问题急需去解决。需要加强环保常识的宣传和普及，提高公众爱护环境的意识，倡导人与自然和谐共处，同时，还要建立专业机构和部门，进一步走可持续发展道路。

1.环保知识的宣传

加强环保知识宣传，深入社区、学校等地区，加强与社区居民、青少年、群众的沟通交流，进一步推动“美丽湖北”建设与宣传开展，通过选举社区宣传员、设计环保课程、开展环保讲座等，由环保宣传员进一步对群众进行环保知识的宣讲。

2.专业机构的合作

政府、社区、学校等设立或对接相关专业环保机构，定期开展水质调研、环境监测等环境相关数据反馈，实施大数据管控，精准把控环境变化状态，再由专业机构进行治理修复工程。

（三）发挥群众及第三方监督作用，让公众参与工程和项目

1.保障群众监督权利

明确监测的目的、内容和形式，落实人员的知情权、参与权和评论权；利用广播、电视、网络和平板报纸进行宣传动员，使群众充分了解党组织和党员保持先进性的特殊要求和措施。

2.开放群众“发声”通道

举办研讨会、发布咨询形式、深入基层、创建提案箱、畅通人们的发声渠道，使人们能够参与工程和项目的讨论与反馈。

3.建立群众监督平台

通过群众与部门、群众与党员、群众与单位领导之间的直接对话，直接接受群众的投诉，直接回答群众的问题，解决群众反映的问题，形成群众监督的直接渠道。“公民反馈”和“群众论坛”等建立在一个平台上，在这个平台上，群众可以发表意见，讨论问题，直接参与基层民主治理。

（四）经济建设注重生态环境因素，促进产业有序转型

在今后的发展过程中，稳步推进经济发展时，要多考虑生态环境因素，多措并举，保证经济和生态环境共同发展，共同进步。为此，长江经济带城市应结合生态环境的地方特点，定制可行的战略、目标和规划，加强对各省市系统中的自然环境和人工环境的综合管理。

1. 鼓励企业积极转型

帮助企业正确认识企业转型带来的经济发展优势，抓住金色跳板、把握机遇、加速转型，在继续发挥其优势的状态下，积累经验为转型升级创造条件。

2. 改革企业运作模式

（1）政策推动。在转型过程中，找到将转型带来的损失降到最低的方法，从终端生产企业入手，促使其向有利于当地发展的方向发展，从而达到平衡。

（2）引导扎根。政府积极引导企业转型，避免“转型不升级”等情况发生，切实保障企业升级目标要求。

3. 培育建设相关项目

通过“培训”和“招收”大型企业，大力引进高新技术企业，支持重大项目开展，并保障政策的环境保护，对重点企业进行培育和相关配套服务式引导。

第九章 乡村振兴主题社会实践案例分析

PART 9

武汉纺织大学“青春护农”实践队成立于2012年，是由志愿从事社会公益与社会保障事业的大学生组成的非营利性的学生团体。该团队在团中央2017年大中专学生“三下乡”社会实践“千校千项”遴选中荣获“最具影响好项目”“真情实感志愿者”“下乡情怀好日记”；2013～2016年连续四年荣获团中央全国大中专学生暑期“三下乡”实践活动优秀团队；2018年荣获全国大学生暑期社会实践先进个人；2019年再次获得团中央大中专学生“三下乡”暑期社会实践“千校千项”遴选最具影响力好项目，以及全国大学生昆明暑期社会实践活动优秀调研报告二等奖；2012～2017年、2019～2020年，八次获得湖北省大中专学生暑期“三下乡”实践活动优秀团队等诸多荣誉；2020年、2021年获批成为“全国大学生暑期社会实践之昆明专项活动重点团队”，并获得湖北省“互联网+”“挑战杯”、志愿服务项目等多项比赛奖励。2012～2020年的8年中，“青春护农”实践队致力于乡村振兴，足迹遍布湖北、陕西、新疆、云南、贵州等地区，服务对象达3000人，对接了42个农村，帮助贫困户800余户，推广农产品超过了150种，完成调研报告60余万字，公开发表论文50余篇，拍摄农产品专题片10余部，获得新华社、人民网等40多家主流媒体的报道。本章介绍了“青春护农”实践队的乡村振兴主题社会实践案例。

案例一 特色农业发展带来的新机遇调查研究

2019年7月，“青春护农”实践队前往山西长治开展调查研究，以该地上党区西火镇特色农产业发展研究为出发点，运用六力分析理论、4C理论、品牌建设金字塔模型等相关专业理论，合理分析国内、国外相关研究现状，提出当地应该充分利用特色农产业的优越自身条件，加以“电商+旅游+品牌建设”的发展新模式，促进山西省特色农业由求产量向质量、优惠并重转变，加快农业供方结构改革步伐，促进农业实体经济发展。

一、实践背景

农业、农村、农民问题是关系国民经济和民生的根本问题，充分发挥生态、资源、政策的优势，加快创新驱动发展，实施搞活农村战略，解决涉及农业、农村、农民的问题是全党工作的重中之重。大力发展乡村旅游，有助于农民致富、促进农业产业升级、实现农村发展。产业兴旺、生态宜居、乡风文明、治理有效、生活富裕是实施乡村振兴战略的总要求，也是新时代“三农”工作的总抓手。其中，产业兴旺是乡村振兴的前提和基础，是实现农民增收、农业发展和农村繁荣的关键。产业贵在特色，只有培育具有区域特色的产业，才能避免同质化竞争、构建独特的竞争力。

我国疆域辽阔，南北方特色鲜明，对于农业发展新模式有着不同的发展模式以及借鉴经验。

（1）江南模式。借用江南水乡传统村落抓住全民旅游热情高涨的时代机遇，全面融入江南水乡全域旅游体系，为我国中西部地区的传统村落融入全域旅游积累了许多有益的经验。在全域旅游热度日益高涨的浪潮下，江南水乡传统村落逐渐成为乡村文化旅游聚焦的热门目的地，江南水乡传统村落的文化产业、休闲农业、旅游业得到蓬勃发展并呈现出农、文、旅三业融合发展的态势。

（2）中原模式。乡村振兴战略为返乡农民工和青年大学毕业生带来了欢欣鼓舞的产业发展政策，传统村落产业发展要积极利用返乡农民工和青年大学毕业生的人力资源优势，让传统村落的人口红利转换为乡村振兴的强大动力。

（3）黔东南模式。黔东南传统村落如同散落西南少数民族地区的璀璨明珠，完好保持着各民族鲜活的原生态农耕文明，并具有存续条件好、数量大、类型多、品质高的突出特征。黔东南传统村落积极探索国家扶贫开发项目与传统村落保护发展相结合的途径，在保护传统村落的同时，充分发挥人文资源优势，将产业发展与民族地域文化传承融为一体，大力发展特色农业和特色农产品加工业，依托民族和地域文化特征合理开发黔东南传统村落文化旅游，逐步探索出一条适合西南少数民族地区实际情况的传统村落民族特色产业发展路径。

因此，在乡村振兴背景下，发展本地特色农业，打造“电商+品牌+文化”新模式已有多种模式下的选择，如何结合旅游和品牌文化进一步发展特色农业所带来的机遇呢？这既需要理论指导，也需要实践探索。

山西省长治市上党区西火镇历史悠久，积淀深厚，早在上古时代就有人类在此繁衍生息。西火镇在当地政府的正确领导下，因地制宜，确立了产业发展工作思路。西火镇根据当地实际情况成立专业合作社，种植油牡丹、中药材等经济作物。同时，实施农业现代化+智能化，种植油葵、金银花等多种农作物。此外，西火镇还发挥地缘优势，与振兴紧密合作，致力打造田园综合体建设，加大古镇文旅开发力度，全力打造“农业+文旅+产业”综合产业生态，形成产业变革，带动社会发展。

2015年，实践组探寻了高铁为“丝绸之路经济带”农业经济发展带来的机遇。2016年，实践组再到丝绸之路，探索“互联网+农业、农村、农民”模式给“丝绸之路经济带”和农村经济发展带来的新机遇。2017年，工作组“电子商务+内容营销”模式为丝绸之路经济带农产品的宣传提供了机遇。从基础设施建设对农业经济的影响到构建促进农产品销售的电子商务平台，“青春护农”实践组持续关注丝绸之路沿线农村经济发展。实践队在之前的基础上继续深入调研，探访山西省长治市上党区西火镇特色农业，秉承服务三农的宗旨，通过专业知识为农民做实事，加强对当地特色农产品的包装销售，帮助政府企业推广农产品，转变经济发展方式，促进乡村振兴（图9–1）。

本次社会实践针对山西省长治市上党区西火镇“乡村振兴”背景+“特色农产品品牌建设”方向+“互联网发展与旅游发展”为农品经济发展带来的新机遇进行深入调研（图9–2）。

通过调研，为政府相关部门及社会相关行业进一步了解山西省目前的农村经济状况和发展需求提供参考，做出更有利于改善经济发展状况、推动山西省经济转型发展、完善国家推行的经济发展政策。通过对当地政府及相关部门的对接，挖掘特色农产品、特色文化，对当地特色农产品进行包装宣传，主力推广特色产品、特色文化帮助提高当地特色产品的知名度及美誉

图 9-1　实践队在庄子河综合治理中心调研

图 9-2　实践队在西火镇作成果汇报

度，扩大市场，进行物质扶贫，推动乡村振兴。同时，会帮助挖掘特色农产品的文化底蕴，结合创意片、文化报、短视频、直播多样形式，丰富内陆农村地区人们的精神世界，充分发挥大学生的创造性和能动性，进行精神扶贫。

作为当代大学生，“青春护农”实践队深入基层，以社会实践为载体，将自己所学所得用于实践，服务社会，践行中国梦。

二、实践目的

（一）振兴乡村经济发展

现今我国乡村面临着凋敝和衰落的客观事实，乡村振兴战略的提出，旨在以此来激发乡村发展活力，增强乡村吸引力，构建新时代乡村可持续发展机制。因此，大力发展农业新模式，创造新机遇，是历史和现实的双重选择，有伟大的理论意义。

乡村振兴是建设现代化的必然要求，当前解决三农问题是全党问题的重中之重，2019 年是决胜全面建成小康社会的第一决胜阶段，因此，构造乡村振兴新模式，旅游和品牌文化双重结合必将打造一个全新的发展思路和发展理念，极大地激发了乡村振兴的内在潜力，促进了农业现代化建设。

（二）拓宽农产品销售渠道

利用电商模式，拓展了农产品的销售渠道，为农民增收致富打开了新的模式，提高了人民的福祉，激发了农民群众脱贫致富的积极性和创造性，使农业发展拓宽产业链，增加附加值，打造出各地具有不同特色的品牌农业，必将有利于农业提质增效和社会主义市场经济的持续稳定健康发展。

建设美丽中国离不开美丽乡村。实施乡村振兴战略，树立和践行绿水青山就是金山银山的理念，坚持尊重自然、顺应自然、保护自然，统筹山水林田湖草系统治理，加快推行乡村绿色发展方式，加大农村人居环境治理力度，有利于建设生活环境整洁优美、生态系统稳定健康、人与自然和谐共生的生态宜居美丽乡村。

综上所述，在乡村振兴战略的实施背景下，电商结合旅游和文化的新模式有利于打造共建共治共享的现代社会治理格局，推进国家治理体系和治理能力现代化。

三、实践内容

（一）研究方式

观察法：实地走访考察，对西火镇特色农业种植地进行考察，通过对种植户的询问，相关资料收集和记录，进一步了解关于在乡村振兴和政府大力支持下的农业一体化发展，以及对电商平台入驻的可能性。

文献收集法：文献收集的主要目的是进一步获取现有的研究成果。通过查阅村中种植记录、纸质文献和电子文献，归纳整理。在原有的研究成果中突破新的研究成果。通过现有的互联网电商平台，利用收集好的文献资料，为特色农业发展进一步打好基础。

分析法：以曾经大面积种植油葵失败为例，总结失败原因。实地考察种植作物的自然环境和人工成本，分析引进作物是否适宜环境和迎合市场的能力。

市场分析法：通过调查相邻县市的特色农产品市场的发展情况，了解市场需求，迎合消费者的购买能力。电商平台可提供同类产品的销售信息，了解消费需求，为特色农产品市场提供理论依据。

（二）成果形式

为该地农产品种植提供相应建议。由于西火镇种植地形四面环山，农业生产工具作用较小，且近几年降水较少，粮食减产，青壮年劳动力较少。为此，实践团队查阅相关资料，提出集约化发展的建议。种植业与第二、第三产业相比不具有竞争优势，而粮食作物的生产要求具有技术依赖度低，在播种和收获时间对劳动力要求多的特点。近年来，随着劳动力价格不断攀升，劳动力成为种植业发展的一大投入成本。因此，种植业要冲破劳动力缺乏的束缚瓶颈就一定要走劳动集约型道路。通过引进机械化工具，减少劳动力，提高劳动力素质，加大机械化生产推广力度，对于提高农业劳动生产率、推广现代农业技术、促进农业集约经营，降低农产品生产成本有着重要的作用。

（三）研究思路

基于ASP及SQLServer技术的长治市特色农产品电子商务平台构建研究涉及很大范围，本文的研究内容是从农产品电子商务的角度，分析农产品在农村电商平台上销售加以内容营销的增值环节。根据这一基本思路，本研究将理论分析和实证研究相结合，一方面，从理论上分析山西省长治市特色农产品结合电子商务平台是促进产业增值的一种有效方式；另一方面，利用数据分析结果提出内容营销提高山西省长治市农特产品在电商平台上销售业绩的方法。

制订课题调查研究计划如下：

（1）乡村走访。在村干部带领下，走访了解村子农作物的种植情况及收益，获得村子的整体种植情况。

（2）田野调查。深入田野，实地考察，了解种植现状，掌握农作物的生长发展。

（3）文献收集。把握长治市特色农产品的研究现状及文化状况，通过分析文献做出研究计划。

（4）比较分析。与现有的研究方式进行比较，探讨差异问题，寻求研究方向。

四、实践分析

（一）西火镇乡村振兴背景下“特色农业”发展现状及营销问题分析

1. 西火镇的农产品销售途径

（1）农民自己对所种植农产品进行贩卖。

（2）专业的公司对指定的农作物进行收购。

（3）从电商平台进行销售。

这三种销售方式分别对农民自产的农作物、大规模经济作物、特色农产品进行销售，在客观上可以互补，保障农村在保证一定的收入的基础之上，不断发挥自身农产品的优势，创造更多的经济价值。以上两种销售已经较为成熟和稳定，但是，由于电商平台需要一定的推广和运营，该平台又处于起步阶段，而所售卖的产品受众有一定的局限，所以该地的电商销售状况不太理想。

2. 当地农作物的优势、劣势

（1）当地农产品的优势分析。由于当地的气候适宜种植金银花、牡丹等经济作物，这两种经济作物有着较好的经济效益，并且种植规模较大，市场前景较好，而且这两种作物对水的需求量不大，可以较好地抵御干旱的影响。

（2）当地农产品的劣势。当地农产品除了上述两种前景较为可观的经济作物外，大部分农民种植的仍然是传统的玉米作物，玉米的收成较金银花牡丹来看，收入十分有限，而且当地种植的玉米缺少特色，只能在市场上卖出较为有限的价格。当地的农作物种类较为单一，种植金银花、牡丹这两种经济作物也主要靠市场的影响，仍然处于起步阶段，尚未建立自己的品牌，经济效益还不稳定。

3.机遇分析

（1）中医药的发展为当地农业的发展奠定了基础。由于中药的发展，中药材越来越受到人们的重视，中药材有着广阔的市场前景，由于该地区种植的规模较大，有着稳定的收购商，可以产生较好的经济价值。

（2）旅游业的兴起对农村的农业发展有一定的促进作用。由于当地有着丰富的旅游资源，而且当地政府也在积极地发展旅游业，来当地旅游的人越来越多。由于人们消费观念的变化，越来越多的人喜欢到农村进行观光旅游，牡丹除了药用价值外，还有很高的观赏价值，可以与当地旅游业实现协同发展。

（3）国家政策的重视可以帮助农村在发展农业的过程中抵御风险。由于农业具有发展周期长、抵御风险能力低等特点，农业大多“靠天吃饭”，往往在遭受恶劣自然天气的情况下会面临极大的冲击。国家政策的帮助以及农村基础设施的发展，使农业抵御风险的能力有了一定的提升，而在遭受损失后，往往也能得到政府及时的帮助，减少损失。

（二）西火镇“特色农业”与乡村旅游、电子商务结合下内容营销及品牌建设的战略分析

1.拓宽营销渠道，创新营销模式

在创新2.0的新形势下，“互联网+”是互联网思维的进一步发展成果，将互联网与农产品相结合，帮助全国各地很多贫困地区脱贫致富。而西火镇有如此良好的农产品特产发展前景，自然可以将“互联网+”引入新的营销规划中。

在传统的营销模式中，参与者主要由生产者和消费者构成，成本虽低，但耗时巨大，利润较小。将电商的概念引入农产品运营中，可以扩大生产、运输、销售的规模，形成一种开放互动、多元共生、协同共进的良性商业生态系统，极大地减少时间成本，加速农产品特产的运营。西火镇可以通过自己打造的品牌优势，将本地的农产品特产通过电商营销给有需求的消费者，通过“每笔赚很少的钱、但是赚很多人的钱”形成长尾效应，帮各个村庄找到合适买家，使大家共同富裕。

2.强化品牌建设，大力吸引外资

多年来，在传统的小农意识影响下，西火镇农民在农产品的销售方面多为“自给自足，

自产自销”的传统模式。在互联网时代，信息发展飞速的今天，当地农户或大队干部因为环境与文化水平等限制条件并没有很好地跟进信息时代销售的班车。在品牌建设上意识较为淡薄，认为品牌建设过于宏大，当下没有条件来进行品牌建设。这样的观念十分不利于西火品牌走出去，因此，强化当地群众对自身产品的个性化品牌建设意识是西火首先要突破的问题。

当然，西火并不是没有企业和集体认识和解决这个问题，也有企业或集体创建了自己的特色品牌，但这些品牌的规模与特色化吸引力都处于起步阶段，在品牌文化的建设方面也十分艰难，故影响力和企业规模十分有限。由此可见，树立品牌意识要从意识和文化层面来逐渐渲染，让新电商模式走进西火，让西火群众接受，为西火带来效益。

3.促进西火特色产品走出去

乡镇特色产业的最大局限性便是辐射范围有限，市场扩张困难。要解决这个问题需要从两方面入手，一是十分重要的品牌特色理念与文化的发扬，文化方面的渗透应注意自然有特色，符合消费群众的需求。二是把好质量关，质量过硬，吸引相应消费者目光。做好这两点后，扩大品牌影响力便是十分关键的，西火产品“走出去”就显得尤为重要。西火特色主要体现在红色旅游业与特色农产品两方面，西火可以挖掘产业特色和卖点吸引投资商，资本助力后逐渐扩大影响力，实现当地特色产业“走出去”。

4.提高产品质量，加强人才队伍建设

把关产品质量，建设品牌信誉。特色农业的营销手法固然重要，但仍不可忽视的是产品的本质。西火镇的产业规模化较弱，在这样的条件下容易出现产品质量参差不齐、鱼目混珠的情况。由此，建立统一化质量检验标准与产品检验是关键一步。只有把好质量关卡，才能让西火特色农业或特色农产品走可持续发展之路。

积极开展人才振兴，带动农村产业发展。农业管理和经营人才是业界最需要的人才。中国现代农业发展的突出矛盾是小生产和大市场的矛盾。小生产是由中国国情决定的，而大市场是由“人民对美好生活的向往”决定的。为了解决小生产和大市场的矛盾，要推进新型合作社、农村专业技术合作社、第一、二、三产业整合、企业+农民、企业+基地等多种形式的农业组织革新。所有这些新的组织形态，本质上都是土地、资本、技术、经营的先进结合。起开始、调整、推进作用的是经营人才。农业管理和经营人才要具备广阔的领域视野和认识资源、进行开发和分配、成功开展事业的独特眼光。要关心党的农业农村农民政策，深入贯彻政策文件精神。要求能够把握市场规律和市场动向，有较高的感情，热爱农业，了解农业。而学生代表从了解过程中发现，西火镇的技术型人才与管理型人才都是十分匮乏的，特别是青年新型人才。由此可见，此方面的改进是西火现阶段要面临的一个重要问题。人才的引进、使用、培养以及激励是人才振兴中最关键的部分。当然，当今的西火也在逐步重视和引进人才，从而振兴乡村产业发展。

5.加强资源结合，增强产品认同感

了解客户需求，精准客户定位。西火的资源主要为特色农产品与红色旅游业，在树立品牌的同时，将二者有机结合，相互促进，更有利于打响西火特色产业的知名度。而在客户的需求方面，因为农产品的需求者大多为普通大众，既要树立品牌形象，也要根据产品特征及目标群体来选择合适的营销方式，明确合理的销售渠道，并对产品进行合理推广，产品的品牌营销和研发设计都应围绕主要消费群体的购物习惯来展开，塑造特色产品的形象。

6.合理规划品牌销售，重视消费体验

产品营销策划公司认为，品牌企业在市场上如果没办法和消费者沟通，消费者不能理解产品的用处和特点，甚至不知道产品是干什么的，那么企业在市场上一定很难将商品销售出去。

企业产品的营销策划需要消费者理解，消费者能够理解才愿意更深刻地了解产品，最后去购买品牌的产品。正是因为如此，西火的产业发展就应更清楚地把产品的信息更好地向消费者传递，让消费者有良好的消费体验，从而达到发展特色农产业的效果。

五、实践总结

乡村振兴是化解新时代主要矛盾的必然选择，是建设社会主义现代化强国的必然要求，是打破乡村衰落铁律的重大举措，是新时代关于“三农”问题的总战略，具有十分重大的战略意义。无论通过什么样的方式，采取什么样的手段，目的都是乡村振兴。而在如今时代大背景的影响下，在西火镇当地条件的约束下，“电商+旅游+品牌建设+特色农业”便成了一条可持续发展道路。要在旅游资源分散的条件下开拓出一条合适的旅游线路，挖掘旅游资源与特色农产品之间的内在联系，开展相关宣传培训使当地村民了解电商、运用电商，对当地特色农产品进行二次加工包装宣传……将这些问题切实高效地解决好，使当地乡村振兴再上一个台阶。与此同时，要坚持城乡一体化、平等发展的原则，统筹发展城乡发展理念。城乡发展都要服务于城乡一体化发展全局，这样才可以有效解决中国经济社会发展不平衡、不充分的现实问题。

案例二 “电商＋内容营销”模式为高原特色农业发展带来的新机遇研究

2019年8月，“青春护农”实践队前往云南昆明开展调查研究，以云南高原特色农产业发展研究为出发点，运用长尾理论、4P理论、SWOT分析模型等相关专业理论，分析国内外相关研究现状，提出当地要充分利用云南高原特色农产业的优越自身条件，加以“电商+内容营销”的发展新模式，推动云南高原特色农产业由追求产量向数量质量效益并重转变，加快农业供给侧结构性改革步伐，同时推动农业实体经济发展。

一、实践背景

实体经济是推动一座城市经济发展的强劲力量，昆明市在2018年开年即出台了《昆明市降低实体经济企业成本实施办法》（昆政发〔2018〕1号），为实体经济企业发展减税费、降成本。近年来，由于互联网科技的逐步渗透，开启了农村电子商务的发展模式，这是农产品销售的一大转型升级。云南省基于自己独特的高原特色农产品和农业自然资源提出了高原特色农业战略。在昆明农业企业中，有效地推动高原特色农业由追求产量向数量质量效益并重转变，加快农业供给侧结构性改革步伐，同时推动农业实体经济发展，推动“电商＋内容营销”趋势发展迫在眉睫。

二、实践目的

（1）通过调研，为政府相关部门及社会相关行业进一步了解我国西南部城市目前的农村经济状况和发展需求提供参考，做出更有利于改善经济发展状况、完善国家推行的经济发展政策。

（2）通过对当地政府及相关部门的对接，挖掘特色农产品、特色文化，主力推广特色产品，帮助提高当地特色产品的知名度及美誉度，扩大市场，推动当地农业产业发展。

（3）帮助挖掘特色农产品的文化底蕴，结合创意片、文化报的多样形式，丰富“丝绸之路”沿线农村地区的精神世界，充分发挥大学生的创造性和能动性，进行精神扶贫。

三、实践内容

学院组建社会实践队参加了全国大学生暑期社会实践昆明专项活动，并立项为重点团队（图9–3），在近10天的实践过程中，调研了禄劝、寻甸、东川等地，基于云南高原特色农产业发展模式，提出了以“电商+内容营销”的发展新模式，利用所学专业知识理论，参考相关文献，积极为云南地区高原特色农产业的发展添砖加瓦（图9–4）。

图9–3　实践队员参加全国大学生昆明暑期社会实践活动总结大会

图9–4　实践队在寻甸县调研

（一）禄劝县

1.禄劝县农产品发展现状

开展了“禄品成熟的西柚鲜生”App平台，打造“禄品牌”“绿色系”。昆明兰露梦农业科技有限公司被国家机关事务管理局作为定点生产供应企业，撒坝猪获得国家地理标志认证，重楼、草乌、板栗、白芸豆的国家地理标志认证正在评审中，野生菌、核桃、板栗、花椒、黑山羊、撒坝火腿、乌骨鸡、水库鱼、蜂蜜、郎之汤酒深加工产品深受青睐，民族刺绣名扬省内外。

2.禄劝县农产品营销渠道

（1）线下营销模式。①农户直接销售；②多层中间商的销售模式；③以“加工+销售”为主的农产品销售模式。

（2）线上营销模式。以“数字乡村贫困户动态管理信息系统+电商平台”的电商模式，实现两个平台有效对接，将精准扶贫与电子商务进农村综合示范县创建有机结合，推动境内农产品走出农村走向市场。

3. 主要营销成果

一是建立起禄劝县电子商务公共服务中心，二是搭建起多个知名电商交易平台，三是培育和创建市级电子商务示范企业。

4. 电商与服务覆盖范围

建成面积6700m^{2}的县域电子商务公共服务中心，打造16个乡镇（街道）服务站和130个村级电子商务服务站点，构筑了县乡村三级服务体系。建成县级物流仓储中心和物流分拣配送中心，开通16条县到乡镇物流干线，116条乡镇到村物流直达线路，实现物流配送直达农村。

（二）寻甸县

1. 寻甸县农产品发展现状

寻甸县是云南省16个商品羊基地县、36个商品牛基地县之一，24个生猪调出大县之一。2018年，全县蔬菜种植面积19万亩（1亩=666.7m^2），蔬菜总产量48万吨，蔬菜总产值近6亿元。实施农业综合开发良种繁育和优势特色种养示范项目、脱毒马铃薯良种繁育基地建设项目、农业产业化资金项目、2016年省级扶持村级集体经济发展试点县等重大建设项目，累计投入资金5015.23万元。寻甸县被认定为云南省首批20个“云药之乡”之一。2018年全县种植中药材2.91万亩，产药材干品3379t，产值4.5亿元。全县有中药材种植、加工企业（合作社）共18家。2018年，全县渔业养殖面积3.7243万亩，产量1.005万t，产值1.6亿元。截至2019年5月，全县已获“三品一标”认证的企业24家，共50个产品，其中无公害农产品40个，绿色食品5个，有机农产品5个。注册了寻甸牛肉干、寻甸牛干巴等特色农产品商标13个。构建了完善的产业化发展体系，加快了现代农业发展进程。

2. 寻甸县农产品营销渠道

（1）线下营销模式。①农户直接销售；②多层中间商的销售模式；③以“加工+销售”为主的农产品销售模式。

（2）线上营销模式。创建市级电子商务进农村综合示范县，“淘实惠”“乐村淘”“全民科技”等电商平台以及本土的“幸福寻甸”生活类城市电商平台在寻甸蓬勃发展，苏宁电器直营店、京东县域服务中心、阿里巴巴农村淘宝县域运营中心在寻甸县成功运营。

3. 主要营销成果

一是建立起寻甸县电子商务产业园，二是打造寻甸县青年人才创业实践基地，三是推进电子商务进农村综合示范县项目建设。

4.电商与服务覆盖范围

全县建成139个乡镇、村级电商服务站点，实现乡镇全覆盖，村级站点建设覆盖率达70%，开通了淘宝、京东、天猫等多个线上销售渠道。

（三）东川区

1.东川区农产品品种现状

已通过工商注册的农产品商标有“缅桂”“金愿”牌面条，“钦铜山”挂面，“红土情”农产品，“鹅名堂”品牌鹅制品，“太阳谷”系列农产品等10余个。

2.东川区农产品运输状况

东川地处交通要冲，但交通建设起步晚、水平低，区域间综合交通网络尚未建成，城乡间交通通而不畅的问题依然存在。运力受限，设备逐渐老化，铁路的作用没有充分发挥。与川滇两省四地五县相毗邻，功东高速、东格高速贯穿东川南北，金东大桥连通川滇两省，随着东川通用机场、金沙江东川港、东川至巧家铁路等重大交通基础设施的建成，成为川滇结合部乃至整个滇东北地区的重要交通枢纽城市。

3.东川区农产品营销渠道

（1）线下营销模式。①农户直接销售；②多层中间商的销售模式；③以“加工+销售”为主的农产品销售模式。

（2）线上营销模式。东川区引进国家级电子商务进农村示范县项目。东川区电子商务公共服务中心、东川区O2O线下体验中心，其中东川区电子商务公共服务中心发挥统筹全区电子商务工作。

四、实践分析

（一）云南高原特色农产品优势分析

1.独特的自然环境增强区位优势

云南自然资源富集，自然资源“综合优势度”“人均优势度”“总丰度”三项指标均居全国前列。云南省的土地资源、气候资源、生物资源、光热资源和水资源是云南省建设绿色经济强省的物质基础，也是农业可持续发展最重要的永续资源，更为云南省优势特色农业的发展提供了有利条件和选择空间。

2.产业规模化发展引领产业发展

农业龙头企业规模扩大、效益逐步提高。2008年，全省有各类农业产业化龙头企业

4500家。如麦咨达、希望集团的邓川乳业、昆明晨曦、思茅龙生等。

龙头企业有力地带动农业结构调整和农民增收。目前，云南省90%以上的龙头企业与农户建立了相对稳定的产销合同关系，在抓基地建设的同时，还与农业技术推广机构、农民合作经济组织等签订订单，稳定和扩大基地建设、开辟销售渠道。在财政资金的引导下，呈现出国家、集体、个人、外资多方投入农业产业化经营的局面。

3. 充足劳动力资源为高原特色产业提供保障

目前云南农业产业开发层次较低，农村第二、第三产业发展较为薄弱，农业结构相对单一，农村剩余劳动力和季节性剩余劳动力约占农村劳动力总量的50%以上，劳动力资源充足。例如昆明市东川区，大量的人口聚集，使东川区规模逐年扩大，其辐射带动作用不断增强。

4. 便利的交通为高原特色农业发展提供绿色通道

"八出省五出境"，真正实现条条大路通罗马。目前，云南铁路规划中沪昆、云桂、南昆、渝昆等8条出省铁路或已开通运营，或正在建设和规划之中；中越、中老、中缅等5条出境铁路部分开通运营，部分已开工建设。未来5年，云南铁路运营里程将超过5000公里（1公里=1000m），其中高铁运营里程达到1200公里以上。云南还畅通了更多国家的国际通道，真正实现国与国之间的互联互通，有利于将"云品"逐步推向全国、推向全世界。

（二）高原特色农产品产品劣势分析

1. 生态环境恶劣

云南省内地形崎岖，地质构造复杂，境内山高坡陡，沟壑纵横。以东川区为例，岩溶范围占国土面积的93.5%，石漠化面积占国土面积的54.4%。高原特色农业发展的重要影响因素还有一个就是环境，例如水土流失、农药肥料的大量使用等污染了原来的农业生态环境。

2. 发展空间不足

云南属山地高原地形，山地面积占国土面积的88.64%，境内可用农业建设用地面积极少。同时，高原特色农业建设用地指标的不足严重制约着高原特色农业招商引资项目的落地和产业规模化发展。

3. 自然灾害频发

境内自然灾害频发，倒春寒、洪涝、大风冰雹、夏季低温冷害、秋季连阴雨等多种气象灾害，与气象因素密切相关的森林火灾、滑坡、泥石流和崩塌等偏多，受灾面积广、灾情严重，经济损失巨大、人员伤亡惨重，对高原特色农业的发展起着严重的制约作用。

4.交通条件的制约

农业交通基础设施相对落后，区域间综合交通网络尚未完善，城乡间交通基础通而不畅的问题依然存在。以东川区为例，东川是昆明和云南境内少数拥有铁路支线的县区，但运力受限，设备逐渐老化，导致农产品的保存时间缩短，不能及时与市场相联系。城市规划管理不够、建设水平不高、管理精细化不够。农产品在运输方面的成本加大，对高原特色农业的发展有很不利的影响。

（三）高原特色农产品机遇分析

1.有广阔的市场前景

（1）与泰国、柬埔寨、孟加拉国、印度等国相距不远。形成背靠祖国内地，面临印度洋和太平洋的对外环境；南昆线横贯滇中腹地，使滇中各地成为我国西部地区最近的出海口，国外不断增加的市场需求，市场广阔。

（2）具有质量和价格的竞争优势。从国际市场上看，中国一些劳动密集型的特色产品，如蔬菜、水果、花卉、咖啡和水产品、畜产品具有较强的竞争优势，如猪肉、牛肉、羊肉价格分别低于国际市场57%、84%和54%；苹果、柑橘价格分别比国际价格低41%和47%；蔬菜、花卉价格也由于我国劳动力成本低而低于世界平均水平。这些在国际市场上具有竞争优势的农产品正是云南省的特色产业产品。从国内市场来看，由于云南具有丰富的生物资源和气候资源优势，烤烟、蔬菜、花卉、咖啡、葡萄、香料、药材等生产成本较低、品质较好，在国内市场上有较强的价格和质量竞争优势（图9-5）。

（3）农产品具有民族特色。云南是个多民族省份，人口超过5000人的少数民族有25个，各民族在长期的生产生活实践中继承了自己独特的文化，开发了许多具有浓郁民族特色的土特产品和风味食品。例如，宣威火腿、版纳酸笋、大理梅子系列产品等，具有较广阔的市场前景。

图9-5　实践队员调查当地葡萄种植园

2. 有发展特色农业的坚实基础

国家实施西部大开发战略，为开发农业特色资源，推进优势农产品向最适宜区和主产区集中，加快优势农产品产业化经营创造了有利条件。近年来，云南省农业产业化经营取得新的发展，农业基础设施得到明显增强，尤其是全省累计建成高产稳产农田地3000多万亩，粮食生产能力和安全保障能力得到有效增强，为发展特色优势农产品奠定了坚实基础，为农业结构调整拓展了空间。

3. 具有发展特色农业的后发优势

落后地区由于起步较晚，随着时代的进步、环境的变迁，能获得先发展地区原来缺乏的新机遇，这就是后发优势。其一，按照技术梯度的演进规律，越是排列在低势位的技术形态，向高技术形态跨越的幅度和潜力越大，而新技术革命积累和创造的丰厚技术资源以及云南的产业技术形态正处于较低势位，这不仅为云南产业技术的升级换代提供了较大的技术选择余地，而且节约了时间和成本；其二，云南可以广泛借鉴发达国家和地区在发展中积累的经验和教训，增加发展的预见性；其三，任何地区都有其自身的特点和优势，这种特点和优势随着社会和经济的发展而变化，如环境优势就是现代社会对绿色健康食品需求增加的产物。

4. 政府给予政策扶持

云南省农村信用社深入贯彻省委省政府关于高原特色现代农业的决策部署，全力打造高原特色现代农业全产业链金融支撑，助力“云花”“云菜”“云茶”等品牌走出去，计划从2016年到2020年，力争每年新增贷款不低于100亿元，重点支持高原特色现代农业产业发展，并围绕粮食、烟草、茶叶、花卉园艺、林下经济等优势产业，加大金融支持力度，为高原特色农业注入强大金融动能。各个农业开发企业得到政府的财政补贴，可支撑其“农产品+电商”更快地走出去（图9-6）。

图9-6　实践队员调研当地花卉种植产业园

（四）高原特色农产品的营销问题分析

1.意识薄弱和品牌投入力度不足

云南高原特色农业品牌意识较弱体现在：一是大部分农业生产者把品牌的价值看得较轻；二是大部分农户或者龙头企业对品牌建设认知存在一定误解。

2.农产品营销方式较少

销售方式普遍为农户自行销售，且各自为价，缺乏市场竞争力，导致整体效益低下。电商模式在计划当中，但尚未开通。

3.农业营销人才培养引进难

高素质专业技术的营销人才资源匮乏，引不进、留不住的问题较为突出。劳动力素质普遍不高，缺乏一定的文化水平，对于新技术、新知识的接受速度较慢，开拓性很低，从而限制了农业的规模化、产业化发展进程。

4.农业营销管理体制尚未完善

云南目前的农业营销管理体制基本上属于职能型管理模式，但各个部门是相对割裂的。农业部门主管部门缺乏农业和农村经济体制改革和政策拟定的总体协调机构。农业科技体制创新不足，农业科研单位提供的有市场生命力、成熟的配套研究成果有限，农业科技成果的转化率和普及率不高。

5.物流制约着农产品的营销

农产品大多运输成本高，许多农产品的物流成本通常超过商品成本的100%，高昂的快递成本严重制约了电商的发展，导致大多数农产品电商平台处于持续亏损状态。农村物流“最后一公里”制约着农村电商的发展。2017年8月2～4日，天猫和聚划算举办“抢空云南山珍”活动失败就是这个原因。解决物流问题也是高原特色农业发展的一大重点。

五、实践总结

（一）创新营销模式

通过对禄劝县、寻甸县、东川区的调研，发现他们的农产品在销售方面主要靠线下销售，线上销售主要靠散户、龙头企业在淘宝等平台零散开展网络销售，有些生产基地农产品并没有电商平台去销售产品，因此，他们的销售面较窄，销售额较少。“电商+内容营销”模式正是为农产品搭建一个聚集型的电商平台。在电商环境下，农产品物流也呈现出了一些新的特点，如供应链各环节功能的改变、各参与主体作用的变化、客户对农产品可得性的增强等。该模式体现出以下特点。

（1）优化农产品物流体系，建立一种低成本、高效率、高效益的农产品物流发展模式，实现线上和线下营销渠道的结合。

（2）企业通过充分整合所具有的媒体资源，将内容作用于消费者，打造具有农产品特色的品牌。

（3）以企业的目标消费者为中心，运用大数据深度挖掘消费者的需求，通过不同的媒体，与目标消费者建立直接和间接的联系，以更优质的内容营销，向消费者传达企业的理念，提高产品知名度。

（二）强化品牌战略

1. 树立品牌培育意识

长期以来，农户习惯了传统的生产和销售方式，大部分农户的营销观念和品牌意识严重缺乏。一方面，农户受文化素质不高的条件限制而不懂营销。另一方面，企业经营者在要不要创建品牌，怎样创建品牌等方面存在认识误区，有些企业认为只要产品品质好，就不需要创建品牌；有的企业虽创立了品牌，但不懂如何经营品牌，不注重品牌维护。这些因素都直接制约了农产品品牌营销发展。因此，树立品牌的培育意识对农产品的发展是十分重要的。对于农产品的“电商+内容营销”模式，品牌效应的作用尤为显著。内容营销的目的是让潜在消费者建立品牌意识，通过直观生动的视频或图片传播信息，更有效地呈现品牌旗下的产品或提供的服务。

2. 依据产品内容构建相对应特色品牌文化

在互联网时代，品牌化运营是产品及企业发展的必经之路，而建立特色品牌需要依据产品内容来完成。企业通过内容传递其品牌理念时，要将企业的品牌理念同内容相结合，以更加自然的方式向消费者传递信息，而不是为了传递信息而生搬硬套，那样只会适得其反。

以禄劝县昆明兰露梦科技有限公司为例，他们这里有一个很有意思的葡萄品牌，名为“红唇”，在问到当地负责人为什么叫“红唇”的时候，他解释，“该种葡萄在变成熟的过程中，颜色由绿色慢慢变成红色，再加上葡萄的形状饱满，很像红唇一样”。这就将产品的形状、口感的内容与品牌结合起来了。再以东川区小江干热河谷火龙果种植基地为例，在东川区调研的过程中了解到该基地的西瓜品牌为“清河西瓜”。原因是该种西瓜生长在清河旁边，“清河西瓜”是将品牌与产品的生长环境相结合。

内容营销注重品牌信息、内容，使消费者在接受内容的过程中接收到企业所传达的信息，并通过各种营销方式的整合，最终达到增强品牌知名度、认知度、忠诚度的效果。

3.提高产品品牌认知度和转换率

在树立品牌培育意识和打造特色品牌之后，需要提高产品的认知度，可以从以下三个方面来推广品牌，提高品牌认知度和转换率。

（1）形成交易互动群落。随着电子新媒体日新月异，人们也习惯在网络上沟通和交流，利用短视频的形式结合产品的内容营销来达到推广品牌的目的。

（2）丰富内容营销，让营销内容更加直观。对于品牌而言，在产品精准定位的基础上，借助选择合适的深度内容营销，不仅能与消费者群体市场需求高度吻合，大大提升品牌热度，有效促进品牌普及，拓展品牌用户群体，还可以通过情感渗透和社群联系，进一步提升产品品牌的用户黏度，提高产品的市场渗透率，帮助实现品牌推广传播。

（3）加速忠实观者群落形成。当今媒体所制作的短视频十分具有颠覆性，具有多种创新形式，如果这些短视频创新内容产生了新媒体资料，通过消费群体的交流和讨论，更有助于忠实观者的形成。内容营销将体验营销和内容相结合，通过视频展示营销内容，不仅可以强化体验营销的趣味性，还能够充分发挥网络营销的优势，提升营销效果。

（三）拓宽营销渠道

1.利用网络媒介增强产品内容输入

短视频是移动互联网时代的新兴产物，具有短、平、快等特点，所含信息丰富、易于传播，具有极强的社交属性。内容营销的介质多达16种，在当前互联网传播速度快、传播面积广的条件下，应该尽可能丰富营销手段，实现多样化营销，加快产品及企业品牌的建立，扩大品牌知名度和传播深度，获得更多消费者的喜爱，提高顾客忠诚度，以最小的成本真正实现产品营销效益最大化。比如，山水寻甸的电子商务公共服务中心，不仅有自己的产品商城，还在社区论坛、公众号发表推送文章。他们建立“一品一码”系统，消费者通过扫描产品的二维码来了解该产品的基本情况，感受产品质量、食品绿色安全的诚意，提升了消费者对于产品的忠诚度。

2.利用社交媒体开拓跨境电商销售渠道

目前，全球总人口约为75亿，上网人数突破40亿，使用社交平台的人数已超过30亿。而众多社交媒体也推出了购物功能。因此，使用社交媒体进行跨境电商是一个绝佳选择。Facebook和Instagram作为全球两大最受欢迎的社交平台，已经成为进行跨境电商活动的绝佳媒介。Facebook和Instagram平台在全球重要出口国家的使用率高达90%，Facebook和Instagram强大的全球覆盖网络使商家随时触及世界各地在线用户成为可能，因此，国内商家可以充分把握Facebook、Instagram 两大平台的强大流量和精准网络，推动农产品走出国内市场，助力中国品牌走向海外客户（图9–7）。

图 9–7　实践队员身着少数民族服饰通过网络直播推广当地农产品

（四）增强产品认同

1. 了解客户需求，找准客户定位

要根据产品特征及目标群体选择合适的内容营销方式，进一步确定传播内容，明确传播渠道，对产品进行传播推广，并促使产品的品牌营销和研发设计都围绕目标群体的购物习惯和偏好展开，塑造产品及企业品牌形象。

2. 以人为本，注重消费者体验

实地调研中发现寻甸电子商务运营中心的“一品一码”系统，消费者可以通过该系统直接与生产厂家对接，加强消费者与生产厂家之间的沟通联系，与厂家建立良好的信任度，为消费者提供高质量的服务。同时，在消费者通过该系统浏览产品信息过程中，搜集消费者内容选择偏好，通过大数据了解他们的消费行为。企业与消费者之间形成良好互动，以及消费者对产品的体验，是内容营销战略实施取得成功的必要手段。内容营销主题必须与消费者的利益相关。

（五）优化资源配置

1. 加强人才队伍建设

农业电子商务本身就是一个复杂的工程，涉及部门多、领域广、质量要求高、结构合理，而且需要既懂农产品知识又懂商务、网络技术和法律法规的人才能进入农产品电子商务发展的人才队伍。企业可与高等院校加强合作，为高校学生提供实习或者科研实训场地，将理论知识用于科研实践，培养出真正符合特色农产品"电商+内容营销"模式需要的复合型人才。加大激励制度，吸引和留住那些涉农专业的大学生和高级人才到企业工作，培养农产品内容营销的主力军。加强特色农产品电商企业和特色农产品实体商贸企业的合作，实现行业跨界融合创新人才培养。创办正规的培训机构，开展有效的特色农产品专业人才培训。企业可对特色农产品生产地农民进行信息化和网络化知识培训，开展电商知识普及教育，帮助农民认识了解特色农产品电商和内容营销方面的知识，提高其计算机操作能力和信息素养，在农民队伍中培养专业化人才。

2. 构建专业的内容营销生产团队

农产品网络平台的建设和维护，网络宣传平台信息的采集和发布都需要构建专门的内容生产团队。在宣传方面主张"内容为王"，只有生产出优质的内容，才能吸引更多的网民关注本企业的优质农产品，提高产品知名度和贸易成交量。从网络平台的宣传、产品的广告设计、营销活动的策划等各个方面打造一支专业的内容生产团队。企业积极组织网络营销培训，教授互联网的基本操作、营销方法，并传授与消费者互动的经验知识，着力于产品内容的生产。

3. 发挥专业性资源支撑作用

在构建专业的内容营销生产团队的同时，也需要配置相应的设备，在硬件上为内容营销生产团队提供稳定舒适的环境，保证宣传效果。企业可设置专门的硬件设施购置预算，购买专业的配套设备，如网络直播设备、摄影摄像设备等，充分发挥专业性资源在内容营销方面的支撑作用。

（六）提高产品质量

1. 注重农产品安全，构建质量监测体系

企业在农产品的电子商务发展中，应该着力解决并且加大投入农产品的标准化建设，在企业内部对农产品的种植、生产以及最后的包装都要制定一系列标准，如评测农药残留，根据农产品的质量对其进行分类等，并且在农产品的生产和销售整个过程中要实行标准化生产和管理，保证产品质量。在农产品的电子商务经营中，注重对农产品的品牌建设、质量监测、包装分级等方式，使本企业产品成为有区别的、可鉴别的产品。

2. 加强农产品苗种培育，提高产品口感

企业可围绕延长产业链条和提高农业综合效益的目标，强化技术开发和创新，提高科技成果运用和转化率，改进加工生产工艺，提升产品精深加工水平和产品档次，全面提升高原特色农业整体效益。加强市场及流通的基础设施建设，构建辐射国内外的现代物流体系，加快以冷藏和低温仓储运输为重点的出口农产品冷链基础设施建设步伐，保障鲜活农产品品质，努力把云南建成西部地区重要的外向型特色产业基地和优势特色农产品出口贸易基地。

第十章 文化传播主题社会实践案例分析

PART 10

红色文化是中国共产党领导下的中国革命过程中形成的革命理论、革命经验和革命精神凝结而成的革命传统及其载体，它是物质文化、精神文化、制度文化三者的有机统一体。作为党的优良革命传统、中华民族宝贵的精神财富，红色文化蕴含了共产党和人民群众自新民主主义革命时期以来深厚的马克思主义信仰、爱国主义情怀，实事求是、敢创新路的精神面貌，勤俭朴素、艰苦奋斗的优良作风与为实现国家富强、社会进步、人民安居乐业的共产主义远大理想而奋斗的信念。红色文化作为中国先进文化的组成部分，是高校思想政治教育的重要内容。

案例一 追寻红色足迹·以青年之力传承时代使命

长期以来，党中央、各级部门分别以不同形式，重点部署青年马克思主义者培养工程相关工作，也从全局和战略高度指明了我国高校的历史方位、职责使命和发展方向，指导如何做好新形势下高校思想政治工作、培养中国特色社会主义合格建设者和可靠接班人。

本调研报告基于武汉纺织大学青马实践队（第六期）追寻革命先辈光辉足迹，接受革命传统教育的实践内容，分析革命传统教育和理想信念实践教育对新时代青年的影响，并深度剖析新时代青年应如何在习近平新时代中国特色社会主义思想的指导下不断完善自己，加强道德修养，坚定理想信念，用自己的力量传承时代赋予新青年的使命。

一、实践背景

马克思主义从诞生之日起，就体现出鲜明的实践品格。真正的马克思主义者，首先是立足客观实际的实践者。中国共产党立党、兴党的政治优势，就在于始终坚持把马克思主义基本原理与中国具体实践相结合。当代中国的有志青年要成长为坚定的马克思主义者，不仅要有深厚的理论素养，更要具有鲜明的实践品格，在实践中历练、靠实践去检验。把学理论与深入开展实践活动结合起来，使高校青年马克思主义者学会用理论来指导实践，在实践中检验和发展理论，从而深刻领会马克思主义科学本质，增强克服教条主义和辨别非马克思主义的能力。青年具有旺盛的精力、饱满的热情、大胆探索的精神和不怕困难的毅力，充满了发展和创新潜力。马克思主义者是革命事业的实践者和推动者，必须按照时代要求，积极投身实践。因此，高水平的创新能力、实践能力和组织协调能力是青年马克思主义者必须具备的基础特质。青年马克思主义者，是指用马克思主义中国化最新理论成果武装起来的，理想信念坚定、政治素质过硬、理论水平扎实、勇于创新创造、矢志艰苦奋斗的中国特色社会主义事业的合格建设者和可靠接班人。

二、实践目的

在新时代背景下，武汉纺织大学组建青马实践队，从“追寻先烈足迹，传承红色精神”“深入基层一线，感悟乡村振兴”“漫步历史长河，探寻非遗文化”“夯实理论基础，坚定理想信念”四个维度探索实践育人新模式，旨在围绕“立德树人”根本任务，增强高校青年学子的“四个正确认识”，强化思想政治教育，并不断探索完善高校实践育人布局，让队员们在实践探索中牢固树立“把红色资源利用好、把红色传统发扬好、把红色基因传承好”，用自己的力量传承时代赋予新青年的使命。

三、实践内容

为了倡导红色文化，使红色革命精神深入人心，武汉纺织大学青马实践队多次前往革命老区（图10-1），感受革命先烈的精神力量，体验我党的艰辛历程。同时，积极开展党课和思想教育实践活动，培养学员们的人生观与价值观，旨在将个人投入社会主义建设中，增强社会责任感，担起时代赋予青年的重任。

图10-1 青马实践队参观革命老区红安

（一）追寻先烈足迹，传承红色精神

在艰苦卓绝的革命斗争中，涌现出了一大批革命烈士和英雄楷模，留下了许多革命文物、战斗遗址和纪念场所等红色资源。武汉纺织大学青马实践队本着“强理论、重实践”的原则，踏着革命先烈的光辉足迹，来到全国重点红色革命基地红安，缅怀革命先烈，重温入党誓词，接受革命传统教育。在革命历史纪念馆、七里坪长胜街革命旧址，学员们现场聆听革命烈士的英勇事迹，详细了解老一辈革命家的传奇一生及红四方面军战史、新四军第五师发展史。“将军县”光辉的战斗历程，真切地感受了革命先烈们抛头颅洒热血为革命事业不怕牺牲的大无畏精神。

队员们怀着无比崇敬的心情参观了董必武故居、黄麻起义和鄂豫皖苏区革命烈士陵园、红四方面军诞生地纪念牌、秦基伟故居、李先念故居纪念园等革命遗址。通过听取主题报告、瞻仰革命遗迹、播放纪录片等多形式的现场式教学，队员们纷纷被革命先烈慷慨赴义所展现出的对国家和人民无限忠诚和热爱的气节而深深触动，从思想深处接受了一次爱国主义教育和革命传统教育的洗礼。在理论上对党有了新的认识，提高了自己的思想境界，明白了作为青马学员，要继承和发扬革命先辈留下的革命精神，努力学习，追求进步，不断提升自己的思想道德修养，为早日实现中国梦、实现中华民族的伟大复兴贡献自己的力量。

为增强青年马克思主义者学员“不忘初心，牢记使命”的责任感，自觉锻炼意志品质，增强坚守初心的使命感，武汉纺织大学青马实践队，走进荆楚纺织非遗馆和武汉纺织大学科技馆，深入了解荆楚纺织非遗文化和学校校情校史。

青马班成员和大学生骨干班的学员们也走进了辛亥革命武昌起义纪念馆（图10-2），重温辛亥革命那段壮丽时刻，进一步接受爱国主义教育和党的优良传统教育，以提升青年同志的思想境界，使之继承和发扬革命先烈的光荣传统。青马班的学员们也表示将通过不断实践诠释“崇真尚美”的校训，不忘初心，牢记使命，以校史铸心，用坚持不懈的努力实现自己的人生目标。

图10-2 实践队参观辛亥革命武昌起义纪念馆

（二）深入基层一线，感悟乡村振兴

武汉纺织大学青马实践队来到襄阳市保康县尧治河村党员干部教育基地开展“不忘初心，牢记使命，学习尧治河精神”主题实践活动（图10-3）。在实践教学过程中，学员们一起学习并深入了解了尧治河艰苦创业30年的奋斗历程。在尧治河创业园的龙门广场，队员们一起回顾了淳朴的基层党员和村民们的艰苦奋斗创业发展经过，尧治河村民在村党委的带领下，“劈山修路、炸石开矿、筑坝办电、改田建园、兴工办厂”，经过30年的艰苦创业和快速发展，终于甩掉了贫困的帽子，创造了贫困、边远、高寒山村快速脱贫致富的奇迹。通过听取主题报告、参观乡村建设、观看纪录片等多种教学形式，鄂西北贫困山区尧治河村党支部带领群众脱贫致富的经历，尧治河人敢闯敢干、坚持不懈的愚公精神和“筚路蓝缕、以启山林”的创业精神，让青马队员的心灵受到了强烈震撼。通过实地体验和交流，使队员们树立起争做脚踏实地、不忘初心、开拓创新、服务基层的新时代新青年的信念。

图 10-3 青马实践队深入尧治河村感受乡村振兴

（三）漫步历史长河，探寻非遗文化

非物质文化遗产是一个国家和民族历史文化成就的重要标志，它不仅对于研究人类文明的演进具有重要意义，而且对于展现世界文化的多样性具有独特作用，是人类共同的文化财富。为增强青年马克思主义者学员“不忘初心，牢记使命”的责任感，自觉锻炼意志品质，增强坚守初心的使命感，武汉纺织大学青马实践队，走进荆楚纺织非遗馆和武汉纺织大学纺织科技馆，深入了解荆楚纺织非遗文化和学校校情校史（图 10-4）。

在参观过程中，队员们沉浸在荆楚纺织文化的浓厚底蕴下，当接触到黄梅挑花、红安大布，看到传统手工织布机时，队员们体会到了非遗文化的深厚底蕴，在结束了荆楚纺织非遗馆的参观后，队员们又走进校科技馆，就学校现状、历史沿革、办学成果、重大活动、校园故事等方面进行学习了解。一张张珍贵的历史照片、一件件纺织作品，全方位地展示了武汉纺织大学辉煌的办学成果，彰显了学校的风雨征程与春华秋实，使队员们深刻体会到了纺大人在学校的建设与发展中的奋斗历程以及学校为纺织技艺发展所作出的卓越贡献。通过本次参观活动，队员们表示会牢记历史，学习前辈的精神和经验，再接再厉，汲取更多的知识，争做学校的优秀先锋代表。

图 10-4 青马实践队参观荆楚纺织非遗馆和科技馆

（四）夯实理论基础，坚定理想信念

为了进一步加强青年马克思主义者理论素养，严格按照党章的规程严格要求自己，不断提高政治思想认识和觉悟，做好自己的本职工作，坚定革命理想信念和政治定力。青马实践队开展读书分享活动强化理论学习，选取了相关书目进行精读和研讨（图 10-5）。此次活动成功举办，帮助队员们树立了良好的读书习惯，丰富了同学们的精神文化，让队员们进一步坚定了走中国特色社会主义道路的信念，决心投身于祖国社会之中。

图 10-5　青马实践队线上读书分享会

学校领导以“聚焦全会精神·书写时代篇章”为主题，给青马实践队宣讲十九届五中全会精神（图 10-6）。报告会提出，面对时代的机遇与挑战，当代大学生要立志做一个志存高远的追梦者、做一个研精覃思的学习者、一个躬体力行的实践者、要做一个高情远致的奋斗者。此次会议使青马队员们进一步了解了十九届五中全会所传达的精神和重要意义，对党和国家的建设进程有了更深刻的认知。队员们也定会树鸿鹄之志，为时代答卷添上遒劲一笔，用青春的力量为祖国贡献一份力，与祖国共同进步。

图 10-6　青马实践队线下理论学习

四、实践分析

实践活动的顺利开展，学生们在参观纪念馆、烈士陵园时了解艰苦卓绝的革命战争年代的故事，观看烈士遗物，了解生平事迹，了解红色文化，接受精神上的洗礼。红色文化展现了中国共产党探寻人民解放、民族复兴之路的艰辛历程，反映了党领导全国各族人民艰苦奋斗、干事创业的宏伟征程，记录了中国特色社会主义发展壮大的历史印记。红色文化以其客观真实的革命事迹和物质遗存反映了中华民族站起来的历史逻辑，揭示了中国共产党长期执政和中国特色社会主义形成的历史必然性。这一过程能够有效引导鞭策大学生奋发成才，促进大学生自我反省。大学生是社会主义现代化建设的生力军，他们肩负着红色江山代代传的重要使命，理应是红色文化资源的传播者和弘扬者。高校应该将红色文化资源的魅力以理论和实践相结合的方式打入新时代大学生的内心，坚定他们对红色文化资源的认同。在大学生中开展红色文化教育，有助于培养大学生迎难而上、艰苦奋斗的作风。

中国一直以来是一个农业大国，“三农”即农村、农业、农民问题关系国民素质、经济发展及社会稳定。人才是乡村振兴的基础，乡村振兴有赖于人才队伍的建设与更新。青年大学生走进乡村，在耳濡目染中增进对基层就业和创业环境的了解，通过一次次这样的走访实践，吸引一批、留住一拨对乡村有了解、有感情的优秀青年大学生在基层乡村工作。同时，引导一批优秀学农学子到基层工作，增加乡村振兴中人才队伍的活力。

非物质文化遗产是我国优秀传统文化保护和传承的重要内容之一，它根植于中国优秀传统文化血脉，承载着民族精神和价值观，也是一代又一代中国人实现文化价值观认同的一项重要内容。将中华优秀传统文化融合在校园文化之中，对增进大学生对中华优秀传统文化的认同意义颇深。培养学生的文化认同意识，将非物质文化遗产继承与高校专业优势有机结合。通过学科专业优势为非物质文化遗产的继承提供理论视角，将更深入开展研究活动为创建文化情境提供合理性，促进学生对文化的认同。武汉纺织大学的纺织服装类专业在全国名列前茅，学校凭借专业优势并与汉绣民间艺人合作，共同建立文化情境陶冶学生，促进保护和传承文化的进一步发展。

回顾历史，每一个时代，从国家的缔造到国家的建设，青年都是最有活力、最具创新精神、最富责任感和使命感的群体，他们始终以社会推手的姿态站在社会前进的最前沿，青年作出的奋力推进象征着不可变更的发展方向。作为父辈旗帜的承接者，青年肩负着承前启后、继往开来的伟大使命和历史重任。随着中国特色社会主义进入新时代，更加需要青年投身于新时代的伟大事业中，为实现国家的繁荣富强贡献力量。青年兴则国家兴，青年强则国家强，青年有希望，未来的发展就有希望。社会主义现代化需要青年去建设，中华民族的伟大复兴需要青年去奋斗。作为新时代的青年，应当义无反顾，接过历史的接力棒，以青春之力传承时代使命。

五、实践总结

本次实践调研活动通过“访”，在“红色足迹”的追寻中感知了红色文化，加深了对红色文化的认知和感悟，并逐步积累；通过“写”，在“红色基因”的传承中升华了红色文化。用文字表达、梳理、升华自己的所思、所感、所悟，以丰富充沛的情感因素，强化对中华优秀传统文化的认知。通过“讲”，在“红色传统”的弘扬中坚定了红色文化。由社会实践团成员宣讲红色文化，分享“红色基因”传承中孕育的内在精神、价值体现和时代意义。

实践活动的开展，让队员们意识到，面对新时代新形势新要求，新时代青年马克思主义者培养的本质内涵就是要教育培养青年马克思主义者自觉担当起实现民族复兴大任的历史使命，强化践行社会主义核心价值观这一精神标识，始终以成为社会主义的建设者和接班人为基本要求，具备信仰坚定、素质过硬、堪当大任的基本素质。要想成为一名合格的青年马克思主义者，就必须做到以下几点。

（一）具有坚定的马克思主义信仰，做中国特色社会主义信念的坚守者

具有坚定的马克思主义信仰、共产主义远大理想和中国特色社会主义共同理想、对党和人民的忠诚，是新时代青年马克思主义者的政治灵魂和精神支柱。一方面，新时代青年马克思主义者必须坚定理想信念，补足精神之“钙”。理想信念不是无源之水、无根之木，不会凭空而来，它来自共产党执政规律、社会主义建设规律、人类社会发展规律的正确把握和科学预判，来自书本学习、实践验证后发自内心的真诚信仰，更来自党史国史上英雄人物模范事迹和献身精神的榜样引领。另一方面，牢固树立社会主义核心价值观，是当代高校青年马克思主义者思想政治素质的集中体现。高校青年应不断增强对马克思主义的崇高信仰，坚持用与时俱进的马克思主义中国化的最新成果武装头脑，指导实践；以科学发展观为统领，努力建设社会主义和谐社会；不断增强对改革开放事业的坚强信心，不断增强对中国共产党领导的高度信任。因此，当今高校马克思主义者应具有坚定的马克思主义信仰，做中国特色社会主义信念的坚守者。

（二）具有合理的马克思主义理论知识储备和能力结构

中国共产党的诞生，本身就是先进知识分子热情学习传播马克思主义先进理论的结果。当今世界正面临百年未有之大变局，新情况新问题每时每刻都在出现，各种困难、风险、挑战层出不穷。如果不加强学习特别是思想理论的学习，就会少知而迷、不知而盲、无知而乱。为此，高校青年马克思主义者需要有丰富的马克思主义理论知识指引向着正确的方向前进，应该对马克思主义充分熟悉，对马克思主义基本原理充分掌握，对马克思主义对当代社会发展的重要性具有深刻的认识，对马克思主义对中国新时代构建社会主义和谐社会的重要性具有深刻的认识，并能在实践中不断体会，只有这样，才能正确地认识马克思主义，并顺应马克思所揭示的社会发展规律为人类社会作出贡献。

（三）高度的政治自信和强烈的使命担当

中国共产党在革命、建设和改革的长期实践中，以领导人民进行伟大社会革命为根本政治目的，以增进人民福祉为社会革命的价值追求，不断发扬自我革新精神，勇于自我革命，始终坚持真理、及时修正错误。中国共产党自成立之日起，就以为人民谋幸福、为中华民族谋复兴为历史使命。特别是党的十八大以来，坚持以人民为中心的发展思想，宣示以“人民对美好生活的向往”作为奋斗目标，中国特色社会主义取得了历史性成就，极大彰显了社会主义制度的优越性，推动了人的全面发展、社会的全面进步。中国对现代化建设道路独立自主的成功探索，给世界上那些既希望加快发展又希望保持自身独立性的国家和民族提供了全新选择、带来了希望曙光、贡献了中国方案。中国之“治”引起了全球广泛关注、世界高度赞誉。当代青年马克思主义者面对国之盛举，应展现出高度的政治自信。肩负着党的嘱托、人民的期望、传统的赓续，肩负着“为实现中国梦而奋斗”的时代重任，当代高校青年马克思主义者应将使命担当转变为个人远大抱负，将个人青春梦想融入国家梦、民族梦，以坚定者、奋进者、搏击者的姿态拥抱新时代。

案例二 红色文化传承和推广研究

武汉纺织大学“红色足迹”寻访团在中国共产党成立100周年之际通过深入红色革命基地实地考察，采用实地调查、访谈等多种方法全面了解红色文化资源的发展现状，分析红色文化资源在传承中遇到的困难。通过问卷调查了解大学生对红色文化传承的认知，结合国家对红色文化传承的政策以及新时代教育发展的特点，提出相关建议和举措，促进红色文化资源在新时代大学生中更好地推广与传承。

一、实践背景

红色文化具有独树一帜的品格。与时俱进的红色文化资源见证着党踔厉奋发的光辉历史。红色文化资源的诞生和演进，根源于党领导下的革命、建设和改革实践。在马克思主义理论的指导下，党领导人民群众结合中国社会发展的实际，培育出众多具有鲜明地域特色和时代特征的红色文化资源，尽管不同时代诞生的红色文化资源的内涵有所不同，但服务人民是它们一致的价值追求。党领导下所诞生的一系列理论始终以马克思主义为指导，红色文化资源中蕴含的政治立场、价值观念和道德风尚都彰显出以人民的利益为根，以社会的稳健发展为价值追求。党领导下的人民群众既是红色文化资源生成的基础，也是其享用者和受益者。时代性是红色文化资源的魅力源泉之一。红色文化资源是马克思主义基本原理和中国具体的革命、建设实践相结合的产物，具有物质和精神双重属性，这是其独特品格的表现之一。物质层面的红色文化资源是党领导人民群众进行革命和社会主义现代化建设的直接佐证，精神层面的红色文化资源是党领导人民群众在开展各项社会实践过程中的理想信念、价值取向、道德规范等的集中表达。精神层面的红色文化资源同时还汲取了中华优秀传统文化和社会主义先进文化的精神内核，具有融合创造的功能。

红色文化资源是思想政治教育的宝贵资源。它是党领导人民群众在经年累月的革命、建设和改革过程中形成的物质和精神财富的总和。红色文化资源是民族精神与时代精神的融合体现，是党和人民宝贵的精神财富，具有春风化雨、润物无声的育人功效。因此，要整合和运用好红色文化资源，提高红色文化资源的话语影响力，帮助大学生扣好红色文化资源这颗“扣子”，更好地改造大学生的内在精神世界，助推中国特色社会主义事业良性发展的同时促进红色文化资源的薪火相传。

二、实践目的

（1）通过实地参观，接受红色文化资源熏陶。

（2）通过实地调研，分析红色文化资源在传承中的特点、存在的问题及对策。

（3）通过调查问卷，了解现阶段大学生对红色文化资源历史了解程度以及红色文化传承的认识。

（4）通过调研总结和宣讲，提高红色文化在高校青年群体中的推广深度，为红色文化传承和发展贡献青年力量。

三、实践内容

（一）实践方法

1. 实地调查法

小队成员通过实地走访，了解红色文化资源的历史、发展、宣传力度、旅客的参观体验、红色地标建设情况以及公共交通情况等，掌握第一手资料。

2. 问卷调查法

团队通过收集和整理资料，根据调研目的针对大学生群体设计问卷内容，了解现阶段大学生群体对于红色文化资源的历史了解程度和对红色文化传承的认识。由群体的调研对象完成问卷后，获取调查结果并进行汇总。

3. 访谈法

在实地调研前，小队根据调研目的针对不同的访谈对象制定了不同的访谈大纲。访谈对象主要是红色文化资源开发、保护、推广的工作人员、当地村干部等，针对红色文化资源参观情况和建设情况展开访谈，了解红色文化的传承现状。

（二）实践过程

1. 参观陈潭秋故居

陈潭秋（1896年—1943年9月27日），湖北黄冈县（今湖北省黄冈市黄州区）陈策楼人，无产阶级革命家，中国共产党第一次代表大会代表、中国共产党创始人之一。

2021年6月28日，武汉纺织大学“红色足迹”寻访团成员来到位于黄州区陈策楼镇陈策楼村的陈潭秋故居（图10-7）。故居建于清光绪二十二年（1896年），一进二重，面阔五间，硬山顶，砖木结构。居室为原黄冈县政府于1980年仿原貌复建。20年来，该馆经过不断扩建，已初具规模。现有青砖瓦房两幢，青砖楼一幢两层，另有接待室3间，占地面积280m²。

全体寻访团成员在陈潭秋故居宣誓广场前，向烈士表达无限的哀思和崇高敬意。在党旗面前，全体成员举起右手庄严宣誓，誓词掷地有声，更加坚定了作为一名优秀大学生的信念、使命和责任（图10-8）。

随后，寻访团成员参观了陈潭秋革命烈士纪念馆。纪念馆包含“年少好学，追求真理”“革命先驱，立志救国”“转战南北，不折不挠”“为党为民，血洒天山”“缅怀先烈，继承遗志”五个部分。在这里，每到一处，大家都认真参观、详细了解党的光荣历史，一件件珍贵的革命遗物、一幅幅生动的历史图片、一页页陈潭秋同志生前批阅的文稿手册，

图 10-7　陈潭秋故居

图 10-8　寻访团成员在陈潭秋故居宣誓

鲜活地再现了陈潭秋同志忧国忧民的高尚情操、大公无私的优良品质、艰苦朴素的优良传统，以及陈潭秋同志为党和人民的事业奋斗终生的伟大情怀。

在陈潭秋生平事迹展馆，寻访团了解到，2021年到目前，有近2万人次来此参观学习（图10-9）。工作人员说，还有一位前来参观的游客，指着展厅内乌鲁木齐革命烈士陵园中的陈潭秋照片说，“我到过那里，还带去了两件东西：一瓶水和一捧陈潭秋故居门前的土。‘儿行千里，忠骨埋他乡’，我想以这样的方式缅怀家乡的英雄。”

图 10-9　陈潭秋生平事迹展

来到陈潭秋中学，繁花似锦，绿树成荫，一张张活泼可爱的笑脸，让人感受到可与城区校园媲美的生动气息。近百年来，陈潭秋中学桃李天下，出类拔萃，升学率稳步上升。谈到学校的巨大变化，校长丰学能高度评价陈潭秋的儿子陈楚三对学校的大力支持，激励着全校师生员工锐意进取，改革创新，使全校教学质量不断提高。革命烈士后代的感人善举，感染着陈潭秋中学的广大师生。他们用实际行动践行诺言，“不忘初心，牢记使命”，为打造文明向上、德智双馨的校园而努力。

2.参观闻一多纪念馆

闻一多（1899年11月24日—1946年7月15日），湖北浠水县巴河镇，中国现代诗人、学者、民主战士。

2021年6月29日，武汉纺织大学“红色足迹”寻访团成员来到湖北省浠水县闻一多纪念馆参观，闻一多纪念馆占地15亩，建设面积2000余平方米，主体工程是一座庭院式仿古建筑群（图10-10）。三栋平房和一栋二层楼被回廊连成一体，屋面为青筒瓦盖的凹面大屋顶，廊顶是两旁镶红釉瓷面砖的水泥平台，其一段回廊凌驾于一泓清澈见底的水池上，其池为闻一多故居前的“望天湖”之缩影，回廊亦为碑廊，其内容以老一辈无产阶级革命家关于闻一多的唁电、悼词、挽联为主，还有各级领导和书法家为闻一多的题词或敬录闻一多的诗文。

图10-10　闻一多纪念馆

在闻一多纪念馆，寻访团成员先后参观了纪念馆实物陈列室、闻一多生平事迹简史、碑廊三个展厅，面对闻一多先生画像，齐声诵读《红烛》，吟唱起《七子之歌》，不禁惊叹着闻一多先生的博学多才和义无反顾的爱国情怀，“红烛啊！匠人造了你，原是为烧的。”“请将你的脂膏，不息地流向人间，培出慰藉的花儿，结成快乐的果子！”“灰心流泪你的成果，创造光明你的原因。”“红烛啊！莫问收获，但问耕耘。”读着闻一多先生的这些诗句，纷纷表示红烛不惜牺牲、无私奉献的精神是闻一多先生一生的写照。大家感受到了老一辈民主人士的家国情怀和高尚风范，更加坚定了“四个自信”。以“红烛”为标志的爱国主义精神，深深地触动了每一位前来参观学习的寻访团成员。作为当代大学生要深刻领会“红烛”精神，以坚定的理想信念、高度的敬业精神、扎实的工作作风，为建设社会主义现代化强国作出新的贡献。

作为一名新入党的党员，闻一多先生的事迹让寻访团成员裴俊辉感慨颇多，“被他的英勇事迹和无私奉献精神所鼓舞，让我更加坚定了作为一名共产党员应该牢记责任使命。”

3.参观新四军第五师旧址群

随州市曾都区新四军第五师旧址群包括九口堰新四军第五师司令部、政治部旧址，抗大十分校，兵工厂，被服厂，医院，边区建设银行，挺进报社编辑部，报社印刷厂，十三旅部，随南县委等革命旧址。随南九口堰村位于大洪山北麓随南白兆山中心区。抗战时期，中国共产党在随南建立和发展了随南白兆山抗日根据地。九口堰是这一中原敌后抗战根据地的指挥中心，新四军第五师在这里组建和壮大，师长兼政委李先念在这里就职。这支活跃在豫鄂敌后的抗日队伍，英雄辈出，战果辉煌，沉重打击了日本侵略军，成长为华中抗日的一支劲旅。

新四军第五师九口堰纪念馆成立于1982年，是以新四军第五师司令部、政治部旧址为基础的孙家大院，一直保存完好，共有房屋56间，三进两院落。旧址始建于清雍正十一年（公元1733年），是一处保存完整的明清时期的古民居。2015年为纪念抗日战争胜利70周年，纪念馆进行改（扩）建，并征集到一批珍贵的历史图片和实物，现展出照片、图表、油画共230多幅。同时，修建了广场，广场前树立了李先念铜像，重建了革命烈士纪念碑，重新整理新五师革命旧址文史资料。2012年秋，随州于旧馆附近兴建纪念园，并于2015年9月建成开放，以丰富的资料和实物全面展现了新四军第五师的发展历程。

2021年6月30日，武汉纺织大学“红色足迹”寻访团成员来到新四军第五师旧址群参观（图10–11、图10–12），寻访团成员在讲解员的指引和讲解下进行参观，一篇篇文字记载，一幅幅先烈的图片，一座座浴血奋战的雕塑，一件件珍贵的历史文物，带领寻访团成员走进记忆，走进栩栩如生的往昔，让大家再一次真切地感受到，没有共产党就没有新中国，今天的美好生活来之不易。寻访团成员还瞻仰了革命烈士纪念碑、烈士公墓、抗大十分校等革命遗迹。拜读九口堰新四军第五师历史，这些可歌可泣的革命先辈，这段浴血奋战的峥嵘岁月，这片洒满鲜血的红色土地，无不令人肃然起敬！

图10–11　新四军第五师九口堰纪念馆

图10–12　新四军第五师旧址群纪念广场

参观后，寻访团与相关部门人员走访座谈，共同回忆中国共产党历经艰难曲折，为了国家和人民的解放，为了人民的幸福和国家的强盛，抛头颅洒热血，感慨今天在中国共产党的领导下，中国不断发展富强，人民生活水平不断提高，历史证明只有共产党才能救中国，只有在共产党的领导下才能建设和发展中国（图10–13）。

图10–13　寻访团与有关部门座谈

四、实践分析

（一）红色革命基地参观现状

1.陈潭秋故居参观现状

据调研结果显示，陈潭秋故居纪念馆坚持以红色文化为载体，以其所承载的革命历史、业绩和精神为内涵，接待社会各界开展缅怀学习活动、红色旅游活动和党史教育。今年截至目前，该馆已经接待有组织的学习单位105个左右，累计讲解90余场次，接待量达1.3万余人次，日接待量最高近2300人次。

2.闻一多纪念馆参观现状

闻一多纪念馆在1998年被确认为“湖北省爱国主义示范基地”，2001年6月连续两年被黄冈市旅游局授予“优秀景点”称号。2002年被国家旅游局评定为“国家AA级旅游景点”。2006年被国家文物局核定为全国重点博物馆。纪念馆接待游客累计超过1000万人次。

3.新四军第五师旧址群参观现状

九口堰新四军第五师革命旧址是“全国红色旅游经典景区”“全国爱国主义教育示范基地”“国家国防教育基地”。每年有60多万人来此缅怀先烈，瞻仰和研学。

（二）红色文化资源开发利用中存在的问题

1.红色文化资源开发利用的经费投入不足

就目前情况来看，红色文化资源较为丰富的地区，其经济发展水平大都有待增强。但是在走访调查中发现，红色文化资源开发还是存在资金短缺的情况。开发资金短缺导致的直接结果是红色文化资源的利用手段和展示形式单一以及开发运行的质量欠佳。由于缺乏必要的资金投入，开发出来的物质形态的红色文化资源只能采取最为基础的陈列和布展，缺少视觉传达等艺术层面的模块设计，难以长时间捕捉游客的眼球，红色文化资源的感染力和吸引力难以完全彰显。同时，由于缺乏必要的资金投入，也存在着开发红色文化资源时硬件设施跟不上、配套设施不齐全和软件保障能力羸弱等问题。如部分红色旅游景区对红色文化资源的内涵与要义挖掘得不够，游客只能“走马观花”式地看看引发其情感共鸣的撼动力不够，教化心灵的功能难以凸显。

2.红色文化资源开发利用过度商业化

走访中发现，受到市场经济趋利性和盲目性的不良影响，把红色文化资源看作创造经济收入工具的现象仍然存在，忽视了红色文化资源的人文属性和社会属性。他们在开发过程中缺乏对红色文化资源深层次内涵、价值的挖掘和把握，只是将红色文化资源的外在表象静态地呈现给游客，缺乏必要的文字解说或是没有以艺术的相关形式深化红色文化资源的主题，难以发挥其资政育人的功效。红色文化资源本身蕴含着崇高的精神和信仰，同时也具有意识形态属性的特征，开发利用主体要始终把红色文化资源的政治价值和教育价值摆在首位，强化红色文化资源思想政治教育功能的同时体现经济价值，避免红色文化资源开发利用的过度商业化。

3. 红色文化资源的保护问题凸显

虽然红色文化资源具有时代性的特征，会随着党执政的不断深化涌现出更多的形态。但从历史的视野来分析，已经形成了的物质形态的红色文化资源也具备不可再生性。由于规划与建设的不科学、不规范，部分具有重大革命历史价值的红色文化资源遭受了破坏。当前，红色文化资源保护的规章制度及法律条款仍有待深化和完善。时至今日，国家层面用以保护红色文化资源的法律条款仍未出台，在一定限度上削弱了地方部门保护红色文化资源的动力，且原因是多层面的。一则多元的文化理念冲淡了人民群众心中的“红色记忆”，部分红色文化资源面临着消逝的危机，也在无形中削弱了人民群众保护红色文化资源的观念与意识；二则红色文化资源保护与老旧城区改造、新农村建设的矛盾凸显，不少建筑类的红色遗址受到了破坏。但因保护红色文化资源的法律条款没有出台，即便是破坏了红色文物，也只是受到行政处罚，难以追究刑事责任，责罚较轻。

（三）大学生群体对红色文化传承的认知

1. 大学生对红色文化传承的认知与分析

寻访团成员面向大学生群体制作调查问卷，了解大学生群体对红色文化的了解以及认识。用微信小程序“问卷星”面向武汉纺织大学在校大学生共发放出496份问卷，回收问卷共496份，有效问卷480份，问卷有效率达96.8%。

据调查结果显示，大学生群体知悉红色文化的途径是多种多样的，其中通过新闻媒体了解的占比63.75%，81.25%的大学生参观过红色文化基地，有62.5%的大学生通过纪录片的形式了解了红色文化的历史，55%的大学生购买红色文化相关的文创产品（图10–14）。

在参观红色文化资源这一调查中，68.75%的大学生有自发参观红色文化资源的经历，主要是出于增强自身文化底蕴。46.25%的同学有参与学校、父母所在单位等组织的参观活动（图10–15）。

红色文化资源最吸引人的原因排名前三的有红色故事、红色遗址以及红色精神，分别占到了78.75%、76.25%和72.5%。深入挖掘红色资源、讲好红色故事、弘扬红色精神是

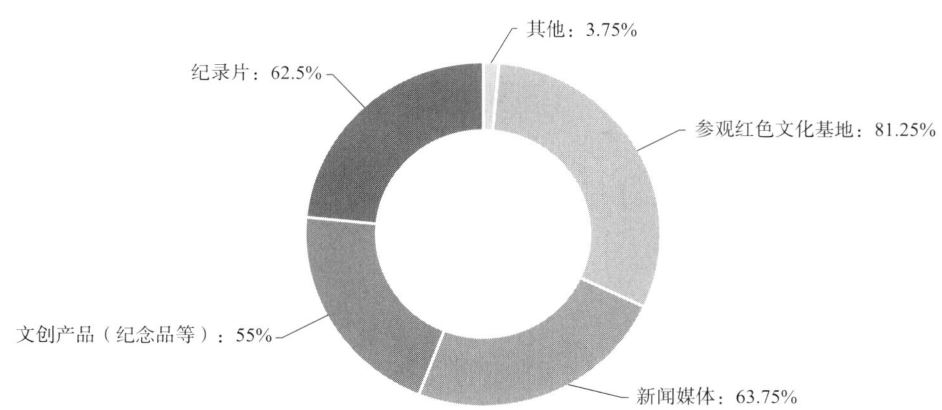

图 10-14　了解红色文化途径的调查结果

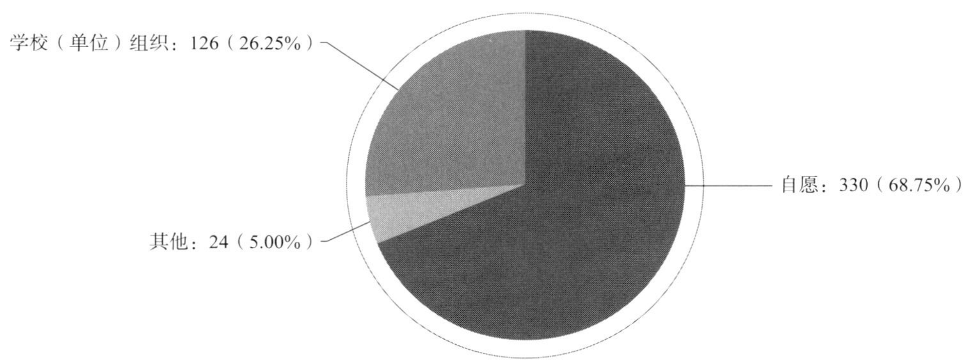

图 10-15　参观红色地区的原因调查结果

红色文化得以传承的不竭源泉（图 10-16）。

调查结果显示，有 41.25% 的大学生认为红色文化资源在改善思想道德素质方面作用很大，51.25% 的大学生认为有一些作用，7.5% 的大学生认为没有作用（图 10-17）。

在学校思政教育课程是否含有红色文化资源的相关内容的问题中，有 68.13% 的同学回答“有很多”，22.08% 的同学认为“偶尔有”，9.79% 的同学认为“没有”（图 10-18）。

调查结果显示，在“你认为哪些红色文化育人的方式比较好”的问题中，有 66.25% 的大学生认为开展文化主题活动，63.75% 的同学认为开展社会实践活动，有 51.25% 的同学选择了自主学习，38.75% 的同学认为应该将红色文化融入校园环境中，35% 的同学认为应该开展红色文化理论课教学（图 10-19）。

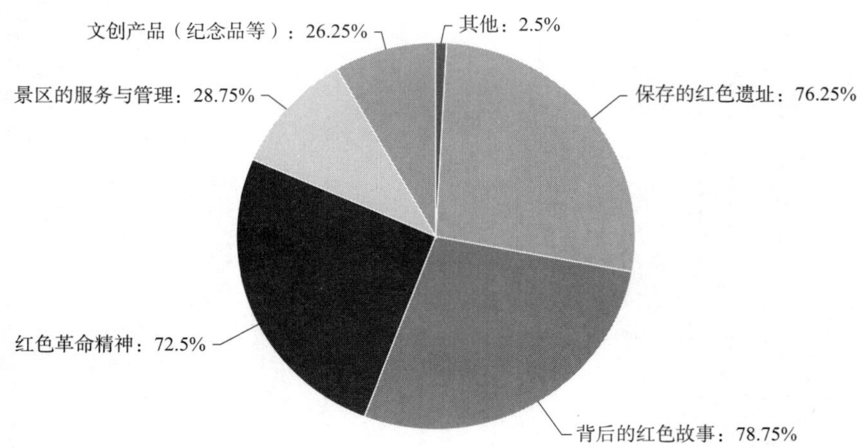

图 10-16　红色地区最吸引人的地方的调查结果

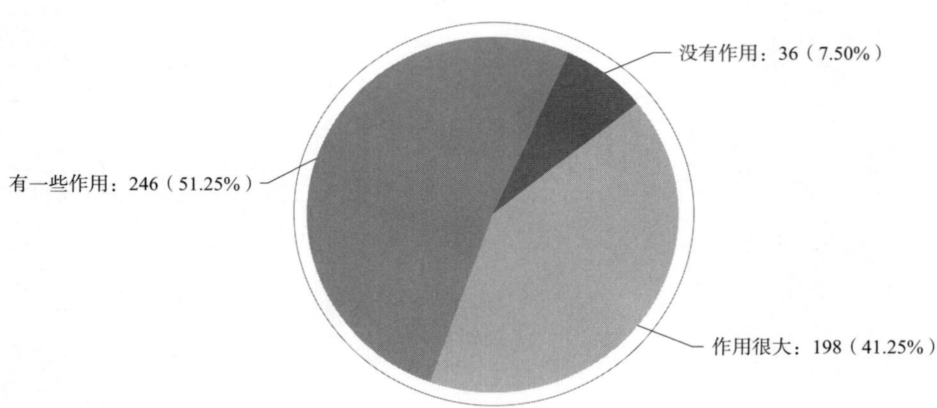

图 10-17　红色文化资源对改善思想道德素质作用调查结果

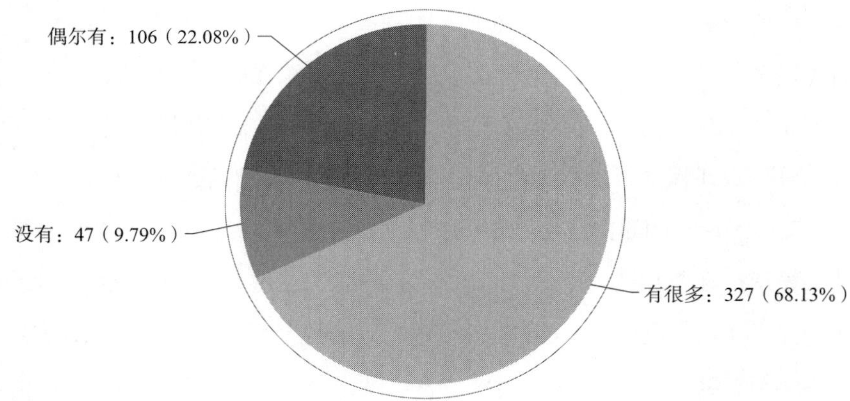

图 10-18　学校思政教育课程是否含有红色文化资源的相关内容调查结果

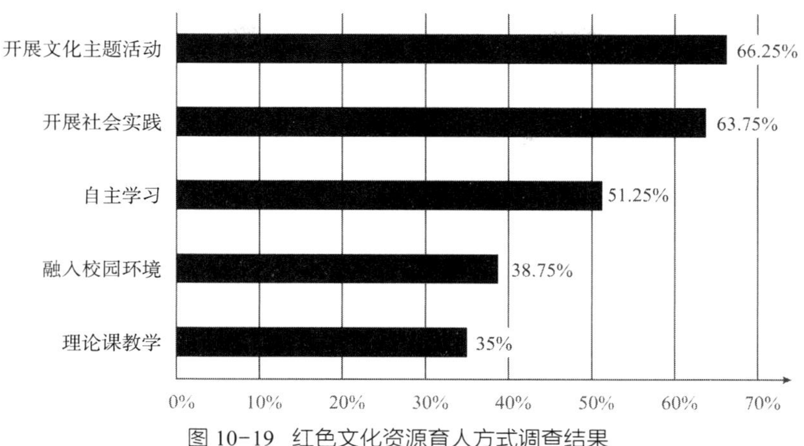

图 10-19 红色文化资源育人方式调查结果

2. 调查结论

通过此次问卷调查，可以得出以下几点结论。

第一，新时代大学生对红色文化资源的认知率较高，有意愿了解和认识红色文化资源。大多数大学生同时也认为红色文化资源能够对个体的成长发挥积极的作用。但是，还有不少大学生对红色文化资源的认知仅停留在表层，对深层次的内涵知道得不多。

第二，红色文化资源与思想政治理论课的融合度有待提高。积极探索红色文化资源与思政课教材体系之间的匹配性和关联度，将能够利用的红色文化资源科学融入思政课教材内容中。

第三，大学生对高校利用红色文化资源开展育人实践持认同态度。大部分同学认为应该在大学校园文化生活以及学习中，融入红色文化资源。因此，高校应积极探索创新育人途径，寻找新的教育载体，不断满足大学生精神世界的成长需求。

五、实践总结

（一）做好红色文化资源的挖掘与传播

红色文化资源见证了中国共产党的百年奋斗史，目睹了党从幼小到壮大、从革命党到执政党的峥嵘岁月，是党及其领导的人民群众共同开展社会实践的产物，是保证党执政合法性地位的历史佐证，是保证党执政长治久安的现实依靠。红色文化资源是我党革命加拼命、谦虚谨慎、戒骄戒躁、艰苦奋斗、勤俭节约、不畏强敌、不惧风险、敢于斗争、敢于胜利的真实写照。新时代背景下，红色文化资源是鼓舞人民群众为实现中华民族伟大复兴的精神旗帜。以史为镜可以知兴替，红色文化资源就像是一面镜子，时刻提醒着人们现在的幸福生活来之不易，应倍加珍惜。

1.加大红色文化资源的宣传力度

各地应加大红色文化的宣传力度，深入挖掘红色历史题材，创造更加优秀的艺术作品。拓宽宣传渠道，通过报纸报刊、电视广播、微信公众号、微博、短视频等打造红色文化宣传矩阵。建设红色文化公益服务体系，吸引更多的人关注红色文化的发展。

2.加大红色文化资源的资金投入度

从投入方面来讲，各地可以尝试建立以公共财政投资为主渠道，吸引社会资本和产业资本的参与，打造红色文化资源开发利用专项基金。有关部门可以采取招标竞争、红色文化产品的委托生产和特许经营、红色文化资源开发过程中的项目外包等方式提高资金的利用率。加大红色文化资源相关文化产业的投入力度，破除红色文化资源只开发不利用的局面。

3.提升红色文化基地的服务质量

要在利用红色文化资源服务人民群众的效度上下功夫，让形式多样的红色文化资源满足人民群众日益增长的精神生活诉求。主管部门要为红色文化资源相关的事业单位设定相应的考核目标，把红色文化资源开发利用和保护情况、人民群众到访后的主观评价设立为考核的主要指标，根据指标内容定期对红色文化资源相关的事业单位进行绩效考核并辅以适当的奖惩措施，积极改革服务方式，明确服务规范，提升服务质量。

（二）发挥红色文化资源在大学生中的育人作用

红色文化资源作为中国共产党在长期革命战争和社会主义建设实践中积累的优质资源，凝练而成的红色精神，都承载着革命先烈和仁人志士们的爱国、奉献、奋进等优秀思想道德元素，每一处革命遗址、每件珍贵文物，每一段令人动容的烈士事迹等，都能折射出革命先辈崇高的理想信念，是引领大学生树立正确的世界观、人生观和价值观，开展思想政治教育的生动教材。

社会主义步入了新时代，发展是国家的第一要务，实现社会主义现代化强国还需加倍努力地奋斗，坚信幸福是拼搏出来的。应该发挥红色文化资源的影响力，以革命先烈的光辉事迹感染大学生，厉行节俭。运用红色文化资源教育新时代的大学生继续发扬迎难而上、艰苦奋斗的优良作风，抵制享乐主义、拜金主义等不正之风。

1. 积极推进红色文化资源进课程

校本课程是指学校充分开发和利用区域范围内的优质教学资源，以学校为本位，由学校根据大学生心理成长的实际需求开发出来的与国家、地方课程相对应的课程。将红色文化融入校本课程能够让大学生了解共产党奋斗的峥嵘岁月，体悟革命胜利果实的来之不易，强化大学生对红色文化资源的认同感。

2. 将红色文化资源更好地融入校园文化建设

校园文化作为思想政治教育隐性教育的重要组成部分，对大学生成长成才发挥着春风化雨、润物无声的功效。将红色文化资源融入校园文化建设，推动爱国主义教育、理想信念教育和革命传统教育的深入开展。把红色文化与校园人文自然环境建设相结合，打造校园内的红色雕塑、建筑、道路、文化长廊等物质载体。结合国家和校园范围内的重大仪式、重大节日庆典，开展红色主题的校园文化活动。同时，充分发挥学生社团的作用，在社团开展的活动中渗透红色基因，如邀请红色革命前辈或英雄模范人物开展专题报告、举办红色主题的理论研讨会等。

3. 营造红色文化资源传播的浓郁氛围

红色文化资源育人需要相应的载体作为依托，无论是课堂上的理论教学，还是课后的实践教学，以及校园文化活动都是重要的载体。宣传媒体是传播红色文化资源的重要载体。高校应在积极开展红色网站、新浪微博、微信公众号和抖音平台的建设的同时，重视发挥传统媒体如校报、广播电台等平台的作用。

参考文献

REFERENCES

[1] 张涛，于国英．关于大学生社会实践管理的探讨［J］．科技信息，2011（22）：197–198．

[2] 莫春梅．“90后”大学生社会实践存在的问题和策略思考［J］．四川文理学院学报，2015（2）：125–128．

[3] 吴英．基于网络环境下大学生虚拟社会实践问题研究［D］．武汉：中南民族大学，2012．

[4] 刘文萍．特色社会实践活动，全面提升学生素质［J］．西部素质教育，2019（4）：8–9．

[5] 王仕葆．实践育人视域下大学生社会实践活动实效性研究［D］．西安：西安科技大学，2020．

[6] 钟林海．论通过实践认知提升大学生社会责任感的途径［J］．现代企业教育，2014．

[7] 方正泉．高校社会实践育人实效性探析［J］．学校党建与思想教育，2017（19）：79–82．

[8] 李琦．大学生思想政治教育中社会实践教育研究［D］．成都：四川师范大学，2017．

[9] 刘同国．大学生社会实践活动现状与发展研究［D］．济南：山东师范大学，2010．

[10] 牛磊．改革开放30年大学生社会实践活动探析［J］．当代青年研究，2009（2）：77–80．

[11] 余沁欣．浅谈大学生社会实践活动的重要性和原则性［J］．山东青年，2012．

[12] 肖青山．大学生社会实践考核评价问题探析［J］．新西部（中旬刊），2018（35）：111–112．

[13] 卢欣，雷麟莉．关于大学生在社会实践中的法律问题及对策分析［J］．法制博览，2020（7）：25–27．

[14] 冉中华．开展综合实践活动全面推进新课程改革——浅谈构建综合实践活动培养模式［J］．科学咨询，2014（7）：5–6．

[15] 陆婷婷．助力乡村振兴实践活动的育人思路探索——以南京工业职业技术大学机械工程学院“三下乡”暑期社会实践为例［J］．产业与科技论坛，2021（8）：101–102．

[16] 张秀敏．在线调查系统的设计与开发［D］．天津：天津师范大学，2008．

[17] 梁宁．基于医疗卫生机构视角的L市政府卫生投入效果评价研究［D］．南宁：广西医科大学，2019．

［18］冯永辉，徐伟巍，杨娟．“对分课堂”教学模式在高校课堂教学中的应用［J］．教育文化论坛，2020（2）：69–73．
［19］张民平．大学生思想政治教育的创新途径和方法研究［J］．南昌教育学院学报，2013（11）：10–11．
［20］跃动．首都大学生社会实践二十年［J］．中国青运史辑刊，2004．
［21］余家鹏．新时期大学生社会实践的功能及其运行机制研究［D］．贵阳：贵州大学，2009．
［22］李淑艳，孙艳敏．构建实践教学体系的探讨［J］．陶瓷研究与职业教育，2007（2）：31–33．
［23］王宇超．大学生社会实践管理机制研究——以上海SF大学为例［D］．上海：上海师范大学，2018．
［24］曹银忠，胡树祥．新中国成立以来大学生社会实践活动的回顾与展望［J］．思想理论教育导刊，2010（5）：84–88．
［25］黄鸣刚．从媒体角度看网络调查方法［J］．中国传媒科技，2004（11）：22–26．
［26］金红暖．大学生虚拟社会实践整体构建的思考［J］．才智，2011（23）：1．
［27］刘晓庆．上海市旅游咨询中心服务效应评价研究［D］．上海：上海师范大学，2010．
［28］陈丽华．从主体间性哲学的视角透视课程评价的发展趋势［J］．教育测量与评价（理论版），2008（2）：19–21．
［29］梁标，邓言平．新形势下构建学习型书院育人的路径选择——基于大学生生活书院制改革的思考［J］．法制与经济（中旬刊），2012（8）：111–112．
［30］杨爱林．提高健美操课堂教学质量的有效途径［J］．青春岁月，2013
［31］陈向明．从“范式”的视角看质的研究之定位［J］．教育研究，2008（5）：30–35．
［32］张兄武．高校文科本科专业应用性研究［D］．苏州：苏州大学，2014．
［33］汪馨兰．高校思想政治理论课实践教学研究［D］．成都：电子科技大学，2013．
［34］黄敏．实践活动：大学生成长的重要载体［J］．高校辅导员学刊，2010（5）：12–14．
［35］程庭润．关于提高大学生法制意识的思考［J］．法制与社会，2021（12）：159–160．
［36］潘莎莎，毕永福．基于“课程设置+社会实践”模式下高校思政课实践教学改革路径研究［J］．科学咨询，2022（7）：36–39．
［37］朱思泊．社会实践对大学生就业能力提升作用分析［J］．大陆桥视野，2022（3）：86–89．
［38］李长松．大学生社会实践创新研究［D］．重庆：西南大学，2006．
［39］宋少卫．青少年社会化过程中环境因素的作用［D］．北京：中国人民大学，2008．
［40］罗雅璐．浅析社会实践对提高大学生思想政治素质的作用［J］．山东青年，2011．

[41] 罗红恩，叶勇，王超，等. 高校实践教学基地建设问题评述及对策研究［J］. 新疆广播电视大学学报，2017（1）：47–50.

[42] 任强. 民族院校大学生社会实践模式优化研究［D］. 大连：大连理工大学，2016.

[43] 谭德礼，易刚明. 乡村振兴视域下农村青年社会责任感探析［J］. 中国青年社会科学，2020（2）：42–47.

[44] 谭建光. 中国青年志愿服务的发展方向——新中国70年青年志愿服务回顾与展望［J］. 中国青年社会科学，2019（2）：102–108.

[45] 杨红莲. 大学生社会实践发展与创新的趋势与特点［J］. 湖北开放职业学院学报，2019（16）：10–11.

[46] 罗万成，林红. 数学建模竞赛的深化与拓展［J］. 工程数学学报，2005.

[47] 孙永祥. 新时代高校思想政治工作队伍建设研究［D］. 武汉：华中师范大学，2020.

[48] 马晖. 高职院校大学生暑期社会实践现状分析与发展建议［J］. 宁波职业技术学院学报，2018（1）：20–24.

[49] 王韦唯，尤添革，傅玮韡. "西部计划"大学生志愿者的倦怠成因分析——以新疆、四川为例［J］. 南方论刊，2018（10）：72–76.

[50] 帅建强，唐斌. 重庆市大学生"六个一"社会实践活动探析［J］. 重庆科技学院学报（社会科学版），2013（6）：183–184.

[51] 王善浚，齐巍. 大学生社会实践中"形式主义"问题的成因及对策研究［J］. 北京电子科技学院学报，2021（3）：95–102.

[52] 何会宁. 新时期思想政治教育视域下的大学生研究［D］. 重庆：西南大学，2011.

[53] 肖湘愚，李茂平. 新时代大学生扶贫志愿服务的实践原则及理论基础［J］. 湖南财政经济学院学报，2021（4）：59–67.

[54] 张志刚. 改革开放以来大学生社会实践活动的历史回顾与启示［J］. 福建教育学院学报，2008（1）：16–19.

[55] 张有平. 二十年大学生社会实践的回顾与思考［J］. 临沂医学专科学校学报，2004（6）：474–476.

[56] 巴雪冰，崔强，周福良. 疫情防控常态化下大学生社会实践的探索与思考［J］. 北京教育（德育），2022（Z1）：116–119.

[57] 张宏敏，孟季凤. 独立学院大学生社会实践安全问题及解决路径［J］. 科教文汇，2014（7）：200–201.